Putzke

Juristische Arbeiten
erfolgreich schreiben

Juristische Arbeiten erfolgreich schreiben

Klausuren · Hausarbeiten · Seminare
Bachelor- und Masterarbeiten

von

Dr. Holm Putzke, LL. M.
Professor an der Universität Passau

3. Auflage

Verlag C. H. Beck München 2010

Verlag C. H. Beck im Internet:
beck.de

ISBN 978 3 406 60701 1

Wilhelmstraße 9, 80801 München
Druck: Nomos Verlagsgesellschaft
In den Lissen 12, 76547 Sinzheim

Satz: DTP-Vorlagen des Autors

Gedruckt auf säurefreiem, alterungsbeständigem Papier
(hergestellt aus chlorfrei gebleichtem Zellstoff)

Vorwort

Gut! Lesend halten Sie dieses Buch in den Händen. Das ist ein wichtiger Schritt hin zu einer besseren Bewertung Ihrer schriftlichen Leistungen. Denn wenn Sie wenigstens die wichtigsten Empfehlungen beherzigen, werden Sie in Zukunft viele Dinge beherrschen, die das Niveau Ihrer juristischen Ausarbeitungen deutlich anheben. Und Sie werden auch wissen, welche Dinge Sie vermeiden müssen, an denen ein Korrektor erfahrungsgemäß Anstoß nimmt.

Solche Kritikpunkte werden Ihnen meist erst nach Rückgabe der Arbeit bewusst, nämlich wenn ein verärgerter Korrektor mit unerquicklichen Randbemerkungen und einer kümmerlichen Note seinem Verdruss Luft verschafft hat. Spätestens dann dreht der Spieß sich um: dann ärgern Sie sich. Doch Sie können vorbeugen, indem Sie gewisse Standards einhalten. Viele davon wird Ihnen dieses Buch vermitteln. Ich versichere Ihnen: Sie werden davon profitieren.

Dass mein vorstehendes Versprechen kein bloßer Werbegag ist, zeigt die große Beliebtheit, die dieses Anleitungsbuch bundesweit genießt. Andernfalls wäre es kaum möglich, innerhalb kurzer Zeit eine dritte Auflage vorzulegen. Erneut habe ich einige Passagen optimiert und Anregungen aus der Leserschaft aufgegriffen.

Wenn Ihnen das Buch hilft, schriftliche Arbeiten erfolgreicher und müheloser anzufertigen, hat es seinen Zweck erfüllt. Ob das der Fall ist, interessiert mich sehr. Kritik und Anregungen sind deshalb willkommen, am besten per E-Mail unter: **formalien@web.de**.

Bochum & Passau, Frühling 2010 *Holm Putzke*

Aus dem Vorwort der Vorauflage

[…] Hervorgegangen ist dieses Buch aus einem Leitfaden für die Studierenden der Juristischen Fakultät der Universität Bochum (unterstützt haben mich damals *Dr. Carolin Küll* und *Sebastian Weinzierl*). Die Resonanz war beeindruckend, ein deutliches Zeichen, dass ein enormer Bedarf an einem solchen Leitfaden bestand. Daran hat sich nichts geändert – und es gibt nach wie vor nichts Vergleichbares.

Für Lob, Kritik und Widerspruch danke ich in besonderem Maße Diplomjuristin *Christina Klaas*, Prof. *Dr. Rolf Dietrich Herzberg* und *Dr. Jörg Scheinfeld*. In technologischer Hinsicht hat mich *Peter Rados* von der Firma „think about IT GmbH“ unterstützt. […]

Gebrauchshinweise

Jedes Fachbuch sollte ein Ziel verfolgen. Das Ziel dieses Buches und damit auch sein Inhalt orientierten sich an den Anforderungen, die von Ihnen bei schriftlichen juristischen Arbeiten erwartet werden. Wollen Sie als Jurist erfolgreich sein, etwa im Studium gute Leistungen erzielen, müssen Sie folgende (Kern-)Kompetenzen vereinen:

1. Sie müssen Wissen haben.
2. Sie müssen das Wissen anwenden, d.h. transformieren können.
3. Sie müssen effektiv, also wirkungsvoll arbeiten.
4. Sie müssen gewisse Formalien (Äußerlichkeiten) beachten.

Das eine ohne das andere entfaltet nicht die volle Kraft. Wer viel weiß, aber nicht in der Lage ist, eine Klausur zu lösen, also das Wissen anzuwenden, wird scheitern. Wer mit viel Wissen einen Hausarbeitsfall richtig löst, aber kein Literaturverzeichnis hinzufügt und fremde Gedanken nicht kenntlich macht, sprich die Formalien missachtet, wird ebenfalls nicht erfolgreich sein. Und wer schließlich blitzgescheit ist und die perfekte Form einhält, aber für eine zweistündige Klausur drei Stunden bräuchte oder für eine vierwöchige Hausarbeit fünf Wochen, der wird es auch nicht weit bringen.

Natürlich werden die Formalien nie so wichtig sein wie die Fähigkeit, ein juristisches Problem überzeugend zu lösen. Aber um wirklich erfolgreich zu sein, sind alle genannten Kompetenzen wichtig, vor allem, weil der Korrektor vom äußeren Eindruck oft (und manchmal vorschnell) auf den Inhalt schließt.

In diesem Buch geht es nicht um die Vermittlung juristischen Wissens (dafür gibt es Lehrbücher), auch steht nicht die juristische Methodenlehre im Vordergrund. Nichtsdestoweniger erhalten Sie hier methodisches Rüstzeug, etwa im Kapitel 5: Muster schriftlicher Arbeiten (S. 81 ff.).

Der eigentliche Nutzen dieses Buches liegt in Folgendem: Nach seiner Lektüre werden Sie in der Lage sein, Ihr Wissen in schriftlichen Arbeiten wirkungsvoll (Kompetenz Nr. 3) und formal korrekt (Nr. 4) anzuwenden. Dies zu erreichen, ist das Ziel meines Buches.

Dazu erhalten Sie …

- im **Kapitel 1** Empfehlungen, wie man an schriftliche jur. Ausarbeitungen (Klausur, Hausarbeit, Seminararbeit, Häusliche Arbeit, Bachelor- und Masterarbeit sowie Dissertation) herangehen sollte,
- im **Kapitel 2** einige grundlegende Hinweise zur Sprache,
- im **Kapitel 3** eine umfassende Anleitung zur formalen Gestaltung von schriftlichen juristischen Ausarbeitungen,
- im **Kapitel 4** Hinweise zum richtigen Umgang mit Literatur und Rechtsprechung, konkret zur Zitierweise sowie zur Gestaltung der Fußnoten und des Literaturverzeichnisses,
- im **Kapitel 5** zwei komplett abgedruckte Musterausarbeitungen, nämlich eine Hausarbeit und eine Häusliche Arbeit sowie
- im **Kapitel 6** Anleitungen zur Umsetzung von Formatierungen, die Sie zur Erstellung Ihrer Arbeit benötigen, mit dem gängigen Textverarbeitungsprogramm „MS Word" (Version 2003 und 2007).

Zusätzlich finden Sie …

- im Anhang Vorlagen zur Gestaltung von Deckblättern schriftlicher juristischer Arbeiten.

Sie können das Buch auch als Nachschlagewerk nutzen – nicht nur während Ihres gesamten Studiums, sondern auch darüber hinaus (etwa für die Anfertigung einer juristischen Dissertation). Die „Halbwertszeit" anderer (Studien-)Bücher ist, abhängig von Ihrem Studienfortschritt, oftmals deutlich kürzer.

Worauf Sie in diesem Buch nicht stoßen werden, sind Verweise, ob und warum irgendjemand anderer Meinung ist, also zum Beispiel eine andere Zitierweise empfiehlt. Es handelt sich hier um einen praxisorientierten Leitfaden, nicht um eine wissenschaftliche Diskussionsplattform. Ein wichtiges Ziel war, den Inhalt benutzerfreundlich zu gestalten, also strukturiert und anschaulich. Dieses Buch soll Ihnen einen schnellen Zugriff ermöglichen, vor allem mit Blick auf formale Fragen.

Wenn Sie sich an das hier Empfohlene halten, verspreche ich Ihnen, dass Sie niemand mit Kritik konfrontiert, der den Anspruch hat, sachlich zu sein. In der Regel präsentiere ich Ihnen die üblichen Varianten zur formalen Gestaltung und empfehle sodann – unter Nennung guter Gründe – eine davon, die ich persönlich für sinnvoll halte. Weil Beispiele die Anschaulichkeit deutlich erhöhen, ergänze ich damit in geeigneten Fällen die abstrakten Erläuterungen.

Inhaltsverzeichnis

Abkürzungsverzeichnis

a.A.	anderer Ansicht
a.a.O.	am angegebenen Ort
Abb.	Abbildung
Abs.	Absatz
AcP	Archiv für die civilistische Praxis
a.F.	alte Fassung
AG	Amtsgericht
Alt.	Alternative
amtl.	amtlich
Anm.	Anmerkung
APuZ	Aus Politik und Zeitgeschichte
Art.	Artikel
AT	Allgemeiner Teil
Aufl.	Auflage
AVR	Archiv des Völkerrechts
Az.	Aktenzeichen
BAG	Bundesarbeitsgericht
BayObLG	Bayerisches Oberstes Landesgericht
BayObLGSt	Entsch.-sammlung des BayObLG in Strafsachen
Bd.	Band
bearb.	bearbeitet
Begr.	Begründer
Beschl.	Beschluss
BFH	Bundesfinanzhof
BGB	Bürgerliches Gesetzbuch
BGBl	Bundesgesetzblatt
BGH	Bundesgerichtshof
BGHSt	Entscheidungssammlung des BGH in Strafsachen
BGHZ	Entscheidungssammlung des BGH in Zivilsachen
BR-Drucks	Drucksache des Bundesrats
BSG	Bundessozialgericht
BT	Besonderer Teil
BT-Drucks.	Drucksache des Bundestags
BVerfG	Bundesverfassungsgericht
BVerfGE	Entscheidungssammlung des BVerfG
BVerfGG	Bundesverfassungsgerichtsgesetz
BVerwG	Bundesverwaltungsgericht
BVerwGE	Entscheidungssammlung des BVerwG
bzw.	beziehungsweise
ca.	circa (ungefähr, etwa)
DB	Der Betrieb

d.h.	das heißt
Diss.	Dissertation
DÖV	Die Öffentliche Verwaltung
DRiZ	Deutsche Richterzeitung
DVBl	Deutsches Verwaltungsblatt
EGMR	Europäischer Gerichtshof für Menschenrechte
Entsch.	Entscheidung
etc.	et cetera (und so weiter)
et al.	et alii (und andere)
EuG	Europäisches Gericht erster Instanz
EuGH	Europäischer Gerichtshof für Menschenrechte
EuGRZ	Europäische Grundrechte-Zeitschrift
EuR	Europarecht (Zeitschrift)
EuZW	Europäische Zeitschrift für Wirtschaftsrecht
f.	folgende (Einzahl, z.B. Seite)
ff.	folgende (Mehrzahl, z.B. Seiten)
Fn.	Fußnote
FS	Festschrift
GG	Grundgesetz
ggf.	gegebenenfalls
GA	Goltdammer's Archiv für Strafrecht
GG	Grundgesetz
grds.	grundsätzlich
GrS	Großer Senat
GS	Gedächtnisschrift
GRUR	Gewerblicher Rechtsschutz und Urheberrecht
GVG	Gerichtsverfassungsgesetz
h.M.	herrschende Meinung
Hrsg.	Herausgeber
hrsg.	herausgegeben
InsO	Insolvenzordnung
i.d.R.	in der Regel
i.S.d.	im Sinne des
i.S.v.	im Sinne von
JA	Juristische Arbeitsblätter
JGG	Jugendgerichtsgesetz
JR	Juristische Rundschau
JURA	Juristische Ausbildung
JuS	Juristische Schulung
JZ	JuristenZeitung
KOM	Kommissionsdokumente
lat.	lateinisch
Lfg.	Lieferung
LG	Landgericht
LK	Leipziger Kommentar
m.	mit
m.a.W.	mit anderen Worten
MDR	Monatsschrift für Deutsches Recht

m.E.	meines Erachtens
MüKo	Münchener Kommentar
n.F.	neue Fassung
NJW	Neue Juristische Wochenschrift
NK	Nomos-Kommentar
N.N.	nomen nescio („den Namen weiß ich nicht“)
Nr.	Nummer
NStZ	Neue Zeitschrift für Strafrecht
NVwZ	Neue Zeitschrift für Verwaltungsrecht
NWVBl.	Nordrhein-Westfälische Verwaltungsblätter
o.	oben
OLG	Oberlandesgericht
OVG	Oberverwaltungsgericht
PKS	Polizeiliche Kriminalstatistik
ProdHG	Produkthaftungsgesetz
Rn.	Randnummer(-n)
Rs.	Rechtssache
RStGB	Reichsstrafgesetzbuch
Rspr.	Rechtsprechung
S.	Seite(-n)
s.	siehe
SK	Systematischer Kommentar
Slg.	Sammlung der Rspr. des EuGH und EuG
s.o.	siehe oben
sog.	so genannte(-s/-r)
StGB	Strafgesetzbuch
StK	Studienkommentar
StPO	Strafprozessordnung
StrRG	Strafrechtsreformgesetz
StV	Strafverteidiger (Zeitschrift)
s.u.	siehe unten
u.a.	und andere
Urt.	Urteil
usw.	und so weiter
v.	von, vom, vor
VergabeR	Vergaberecht
VG	Verwaltungsgericht
VGH	Verwaltungsgerichtshof
vgl.	vergleiche
WRP	Wettbewerb in Recht und Praxis
z.B.	zum Beispiel
zfs	Zeitschrift für Schadensrecht
zit.	zitiert
ZStW	Zeitschrift f. die gesamte Strafrechtswissenschaft

Kapitel 1: Effektives Arbeiten

Im folgenden Kapitel erfahren Sie, wie man herangeht an die Lösung eines juristischen Falles oder an die Bearbeitung eines juristischen Problems – das notwendige Wissen jeweils vorausgesetzt. Die Herangehensweise hat sich an der zu erledigenden Aufgabe zu orientieren. Für die Bewältigung einer Klausur sind andere Schritte notwendig als für die Bearbeitung einer Hausarbeit; eine Hausarbeit wiederum verlangt andere Fähigkeiten als sie bei einer Häuslichen Arbeit nützlich sind; erst recht gibt es Unterschiede bei einer Dissertation. 1

A. Wann ist eine schriftliche Leistung vorzüglich?

Alle Empfehlungen zur Herangehensweise und formalen Gestaltung müssen sich an der zu erbringenden Prüfungsleistung orientieren, also an den Erwartungen eines pflichtgemäßen und sorgfältigen Prüfers. 2

Das Justizprüfungsamt beim Oberlandesgericht Hamm hat einen Leitfaden „Prüfen in der staatlichen Pflichtfachprüfung" erstellt. Zwar ist er in erster Linie an Prüfer gerichtet und zugeschnitten speziell auf Klausuren. Die darin gegebenen Hinweise zur Bewertung sind aber genauso wichtig für Sie, die Prüfungskandidaten. Zudem lassen sich die Bewertungsmaßstäbe (im Großen und Ganzen) auch fruchtbar machen für andere schriftliche Arbeiten (wenngleich etwa der Gutachtenstil bei Seminararbeiten oder Häuslichen Arbeiten kaum eine Rolle spielt).

Im Folgenden stelle ich die vom JPA ausgearbeiteten Kriterien zusammenfassend dar (und werde sie ab und zu kritisch kommentieren): Jeder Prüfer ist dazu angehalten (so das JPA), einen eigenen Bewertungsmaßstab zu erstellen. Dabei soll er zwischen fachspezifischen und prüfungsspezifischen Wertungen unterscheiden. 3

- Die fachspezifische Bewertung lenkt den Blick auf die korrekte Bearbeitung der Prüfungsaufgabe, d.h. ob sie fachlich richtig, falsch oder vertretbar gelöst wurde. 4

  Ob etwas vertretbar ist, kann schwierig zu beurteilen sein. Denn nicht immer lässt sich im juristischen Bereich eindeutig bestimmen, ob etwas falsch oder noch vertretbar ist. Sowohl das BVerfG als auch das BVerwG haben sich mit dieser Frage mehrfach befasst und festgestellt, dass eine mit gewichtigen Argumenten folgerichtig begründete Lösung nicht als falsch gewertet werden darf (siehe BVerfGE 84, 34, 49). Es kommt also auf die Begründung an, nicht darauf, ob Sie einer so genannten herrschenden Meinung folgen, einer Minderheitsmeinung oder sich selber Argumente ausdenken.

Das JPA in Hamm erwähnt beispielhaft folgende Kriterien für die Bewertung in fachspezifischer Hinsicht:

- Erfassen der Aufgabenstellung,
- Herleitung und Vertretbarkeit der Lösungsansätze für die materiellen und prozessualen Probleme,
- Schlüssigkeit der Gesamtlösung und
- Einhaltung des Gutachtenstils.

An dieser Stelle muss man das JPA kritisieren. Das bedingungslose Einfordern des Gutachtenstils verleitet Prüfer dazu, an jedem Satz ohne „wenn", „könnte", „kann", „folglich" usw. missbilligend zu vermerken: „Gutachtenstil!?" – oder Ähnliches. Es gibt indes viele Stellen in einer Klausur, wo der Gutachtenstil überflüssiges Wortgerassel ist und die Lösung nicht wirklich voranbringt. Viele Prüfer erlauben völlig zu recht auch schon vor dem Referendariat den maßvollen Einsatz des Urteilsstils. Setzen Sie ihn also an unproblematischen Stellen (etwa bei der Prüfung, ob ein Auto eine Sache im Sinne des § 303 StGB ist) getrost ein.

- Die prüfungsspezifische Bewertung soll dazu dienen, die erbrachte Leistung einem „standardisierten Leistungsbild" zuzuordnen. Es geht m.a.W. darum, die Leistung auf der juristischen Notenskala „unterzubringen". Um einen Vergleichsmaßstab zu haben, solle der Prüfer fiktiv festlegen, wo eine durchschnittliche Leistung anzusiedeln ist und mit Blick auf die zu bewertende Arbeit entscheiden, ob sie einer solchen fiktiven Durchschnittsleistung entspricht oder ob es Abweichungen nach oben oder unten gibt.

  Das JPA gibt den Prüfern folgende Kriterien an die Hand:

  - Präzision beim Erfassen und Herausarbeiten der maßgeblichen Probleme,
  - Geschick bei der Darstellung der rechtlichen Probleme,
  - Präzision, Tiefe und Überzeugungskraft der Argumentation,
  - Schwerpunktsetzung (d.h. Verhältnis des Umfangs der Ausführungen von Haupt- und Nebenproblemen),
  - Gewichtung der Vorzüge und der Mängel der Bearbeitung und
  - Gesamteindruck der Bearbeitung.

5 Die vorstehend genannten Kriterien stellen keine verbindlichen Vorgaben dar, sondern sollen (wie das JPA selbst sagt) als Hintergrundinformationen dienen und die Prüfertätigkeit erleichtern. Den

Prüfern die Arbeit zu erleichtern, sollte auch *Ihr* oberstes Ziel sein. Sicherlich meine ich damit nicht die Abgabe leerer Seiten, um den Prüfer in die Lage zu versetzen, mit wenig Aufwand die Note „ungenügend“ zu vergeben. Vielmehr meine ich, dass Sie sich an den vom JPA in Hamm gegebenen Empfehlungen unbedingt orientieren sollten.

Zugegeben, es ist einigermaßen schwierig, den abstrakten Kriterien des JPA eine Anleitung zu entnehmen für konkretes Herangehen an eine juristische Arbeit. Die Kriterien des JPA dienen deshalb lediglich als Orientierung, damit Sie wissen, worauf Prüfer schauen (sollen).

Die folgenden Ausführungen zu schriftlichen Arbeiten berücksichtigen diese Aspekte, indem Sie konkrete Empfehlungen zum effektiven Arbeiten erhalten.

B. Arbeitsweise bei juristischen Texten

I. Klausur

Eine Klausur überrascht denjenigen, der sich nicht bereits im Vor- 6
feld zum richtigen Herangehen Gedanken macht. Hat man dafür eine Technik entwickelt, kann man der Klausur viel entspannter entgegenblicken, weil sich mit einer guten Methode auch schwierige Probleme leicht lösen lassen. Klausuren im Öffentlichen Recht, im Zivil- und im Strafrecht unterscheiden sich ganz erheblich voneinander. Allgemeingültige Hinweise zur Fallbearbeitung macht dies nahezu unmöglich. Es gibt jedoch Gemeinsamkeiten, die ich Ihnen hier erläutern möchte.

1. Arbeit am Sachverhalt

Fast jeder Klausur liegt ein zu lösender Sachverhalt zu Grunde (auf 7
Klausuren, bei denen das nicht der Fall ist, soll hier nicht eingegangen werden). Sie müssen sich klar machen, dass das Durchdringen des Sachverhalts die Basis für eine gute Klausur ist. Übersehen Sie wichtige Details, gehen Ihnen Punkte verloren. Legen Sie daher besonderen Wert auf die Arbeit am Sachverhalt. Dieser sollte zunächst völlig unbefangen gelesen werden. Ignorieren Sie beim ersten Lesen auch die Fallfrage, weil sich Ihr Augenmerk sonst möglicherweise sogleich auf bestimmte Teile des Sachverhalts fixiert. Nach dem Lesen resümieren Sie in Gedanken die Situation, um zu erkennen, welche Textabschnitte Sie bereits verinnerlicht haben und an welchen Stellen Sie noch einmal nachlesen müssen.

8 Haben Sie mithilfe dieser Methode den Sachverhalt vollständig erfasst, können Sie sich der Fallfrage widmen, den Sachverhalt erneut lesen und Markierungen mit Blick auf die Fallfrage vornehmen. Notieren Sie auch bereits bei diesem zweiten Lesen Ideen, die Ihnen spontan zu den einzelnen Textpassagen einfallen, am Rand des Textes, damit sie Ihnen später nicht verloren gehen. Bei komplexen Sachverhalten empfehle ich Ihnen, eine Skizze mit den Beteiligten und deren Verbindungen untereinander anzufertigen.

Dringend abzuraten ist davon, noch bevor Sie den Sachverhalt richtig durchdrungen haben, das Gesetz zur Hand zu nehmen und darin irgendwelche Anspruchsgrundlagen, Straftatbestände oder Ermächtigungsgrundlagen zu suchen. Wie sollen Sie das Richtige finden, wenn Sie den Sachverhalt nur halb verstanden haben? Die Schnittstelle vom Sachverhalt und seiner Fallfrage zum Gesetz ist ausgesprochen fehleranfällig. Und nichts ist ärgerlicher, als den Sachverhalt missverstanden und deshalb eine falsche Norm geprüft zu haben.

9 Erst wenn Sie sicher sind, den Sachverhalt und seine Feinheiten zu kennen, also nach der zweiten oder gar dritten Lektüre, sollten Sie versuchen, alle relevanten Normen zu finden und diese neben der jeweiligen Textstelle zu notieren.

Etwa im Strafrecht sollten Sie dazu das Inhaltsverzeichnis des StGB zu Hilfe nehmen. Diese Vorgehensweise mag Ihnen umständlich erscheinen. Bedenken Sie jedoch, dass Sie so *alle* relevanten Normen aufspüren können, insbesondere entlegene Vorschriften, die Ihnen durch Nachdenken nicht einfallen würden.

2. Lösungsskizze

10 Im zweiten Schritt sollte eine Lösungsskizze erstellt werden. Es gibt allerdings auch die Möglichkeit, sofort mit dem Schreiben zu beginnen und währenddessen die Lösung „weiterzudenken". Manche von Ihnen kommen so besser zurecht. Stören Sie sich also nicht an Kommilitonen, die nach der Sachverhaltslektüre umgehend mit dem Schreiben beginnen.

11 Zu welchem „Typ" Sie gehören, müssen Sie herausfinden. In meinen Augen hat das Anfertigen einer Lösungsskizze einige Vorteile:

- Erstens: Eine Lösungsskizze hilft Ihnen, Ihre Gedanken zu ordnen und in eine sinnvolle Reihenfolge zu bringen. Nichts ist für den Korrektor ärgerlicher, als ein konfus bearbeitetes Thema. Inhaltlich können Sie den Nagel auf den Kopf getroffen haben; erkennt der Korrektor dies wegen einer unstrukturierten Darstellung nicht auf den ersten Blick, nützen Ihnen inhaltlich zutreffende Ausführungen wenig, weil sich kein Korrektor die Mühe machen wird, Ihre Arbeit nach der richtigen Lösung zu durchsuchen.

- Zweitens: Beim Anfertigen einer Lösungsskizze können leichter Korrekturen vorgenommen werden. Stellen Sie z.B. im letzten Teil Ihrer Lösungsskizze fest, dass Sie im ersten Teil einen gravierenden Fehler gemacht haben, lässt sich dieser leicht „ausbügeln". Derjenige, der jedoch schon den gesamten Text zu Papier gebracht hat, muss alles noch einmal schreiben. Das kostet Zeit, die Sie während einer Klausur nicht haben.

Ihre Lösungsskizze sollte bereits die Struktur aufweisen, die auch **12** die Niederschrift haben soll. Das erleichtert Ihnen später das Schreiben. Notieren Sie auf Skizzenpapier die einzelnen gesetzlichen Merkmale und prüfen Sie diese gedanklich. Keinesfalls sollten Sie z.B. Definitionen aufschreiben, da dies viel Zeit kostet. Allenfalls bei zu diskutierenden Problemen sollten Sie in einfachen Stichpunkten die jeweiligen Argumente notieren. Diese Ideen sind damit „gesichert" und können nicht mehr verloren gehen. Fallen Ihnen beim späteren Schreiben noch mehr Argumente ein, können Sie diese noch zusätzlich aufnehmen.

Haben Sie die Lösungsskizze erstellt, können Sie sich noch Gedanken zum **13** Umfang der einzelnen Prüfungspunkte machen. Sie können dabei kennzeichnen, an welcher Stelle Sie Schwerpunkte setzen wollen, also streng den Gutachtenstil einhalten müssen, und an welchen Stellen Sie sich kurz halten, also den Urteilsstil verwenden können. Dieser Schritt ist jedoch nicht unbedingt erforderlich. Während der erfahrene Bearbeiter dies erst bei der Niederschrift entscheidet, hilft es dem unerfahrenen Bearbeiter, Schwerpunkte zu setzen.

3. Niederschrift

Mithilfe Ihrer Lösungsskizze können Sie nun den Klausurtext ver- **14** fassen. Soweit noch nicht geschehen, sollten Sie sinnvolle Gliederungspunkte wählen. Gliedern Sie jedoch nicht übermäßig, da ständige Unterbrechungen durch neue Überschriften den Lesefluss stören.

Beachten Sie stets, dass Sie „am Fall" argumentieren und nicht ein Problem abstrakt darstellen, d.h. losgelöst vom Fall. Behalten Sie stets den Sachverhalt im Auge und verknüpfen Sie die verschiedenen Ansichten (aus Rechtsprechung und Literatur) mit ihm. Versuchen Sie vor allem, methodengerecht auszulegen, um dem Korrektor nicht nur zu zeigen, dass Sie das jeweilige Problem „gelernt" haben, sondern um zu dokumentieren, dass Sie die juristische Methodik beherrschen. Sollten Sie am Ende der Niederschrift noch genügend Zeit haben, lesen Sie Ihren Text zur Korrektur und nehmen Sie ggf. Verbesserungen vor.

4. Zeiteinteilung

15 Wichtig ist die richtige Zeiteinteilung. Andernorts werden vielfach konkrete Zeitangaben für die einzelnen Arbeitsschritte angegeben. Ich halte das für gefährlich. Jeder hat seinen eigenen Arbeitsrhythmus. Der eine kann sich so konzentrieren, dass er wirklich *jedes* Merkmal gedanklich prüft und am Ende der Lösungsskizze den Fall bis ins letzte Detail durchdacht hat. Dieser Student muss seine Lösungsskizze am Ende nur noch in einen Klausurtext umwandeln, da inhaltlich bereits alles aus seiner Lösungsskizze hervorgeht. Der andere Student kann seine Gedanken jedoch erst beim Schreiben vervollständigen und braucht somit für die Niederschrift entsprechend mehr Zeit (aber auch dieser Student sollte seine Lösungsskizze so gut durchdenken wie es eben geht). Orientiert sich der zuletzt genannte Klausurtyp an dem vielfach gegebenen Hinweis, die Hälfte der Bearbeitungszeit für die Lösungsskizze aufzuwenden, wird er mit Sicherheit in arge Zeitnot geraten. Deshalb ist die Zeiteinteilung sehr individuell und muss im „Selbstversuch" herausgefunden werden. Allgemeingültige Hinweise halte ich für nicht hilfreich.

5. Gestaltung der Klausur

16 Halten Sie sich stets vor Augen, dass der Korrektor nicht allein *Ihre* Arbeit liest. Er hat keine Zeit, sich mit Ihrer Klausur genauer auseinanderzusetzen. Im Gegenteil: Er wird vermutlich nur sehr wenig Zeit für eine Klausur aufwenden können (und wollen). Umso wichtiger ist es, dem Korrektor das Lesen so einfach wie möglich zu machen. Zu den formalen Anforderungen (Aufbau, Zitierweise etc.) bei einer Klausur → S. 29 ff.

II. Hausarbeit

1. Arbeitsschritte

17 Zunächst zum Begriff: Eine Hausarbeit besteht aus einem Sachverhalt (Fall), zu dem eine Lösung anzufertigen ist. Genau genommen ist es eine Klausur, für die Sie mehr Zeit haben. Deshalb sollten Sie an eine Hausarbeit genauso herangehen wie an eine Klausur (siehe dazu bereits → S. 3 ff.). Sie haben richtig gehört: Sobald Sie den Text in den Händen halten, nehmen Sie sich drei Stunden Zeit und lösen Sie ihn als wäre eine Klausur zu schreiben. Das funktioniert vortrefflich. Der

große Vorteil dieser Methode besteht in Folgendem: Sie halten nach drei Stunden eine gegliederte und durchdachte Lösung in den Händen. Darauf lässt sich aufbauen, viel besser aufbauen, als wenn Sie „traditionell" herangehen, nämlich nach kurzer Textlektüre hier und da mal was lesen, wozu Sie meinen, es gehöre zum Thema. Das ist unstrukturiert und Sie werden nach einer Woche noch nichts Richtiges zu Papier gebracht haben. Glauben Sie mir, das lehrt die Erfahrung!

Wenn Sie nun die „Klausurlösung" in den Händen halten, können Sie die Gliederung verfeinern. Dazu greifen Sie am besten zu einem Kommentar. Dort finden Sie die wesentlichen Meinungen zu einem Problem. Stellen Sie fest, dass es weitere Problembereiche gibt, die Sie noch nicht gesehen haben, dann ergänzen Sie Ihre Gliederung.

Nach und nach wird sich so Ihre Gliederung vervollständigen. Wenn Sie feststellen, dass eine Problematik vertiefter Behandlung bedarf, dann greifen Sie zu weiterer Lektüre, etwa Lehrbüchern oder Aufsätzen zu dieser Thematik. Lesen Sie die Texte intensiv.

Falls es zu einem Problem verschiedene Meinungen gibt, sollten Sie **18**
sich nicht sogleich auf die Argumente der jeweiligen Vertreter werfen. Sie blockieren dadurch Ihre eigenen Ideen. Besser ist, wenn Sie das Problem methodisch angehen, also das Gesetz mit den anerkannten Auslegungsmethoden (Wortsinn, Systematik, Historie, Sinn und Zweck) analysieren. Sie werden feststellen, dass Sie Ihre Arbeit dadurch viel kreativer gestalten können. Das hebt das Niveau Ihres Textes ganz entscheidend. Es langweilt und ermüdet den Korrektor, gebetsmühlenartig aneinander gereihte Meinungen, deren Argumente Pro und Kontra und schließlich eine (Pseudo-)Streitentscheidung lesen zu müssen, ganz im Stile von: 1. Meinung, 2. Meinung, Diskussion … Bevor Sie mich missverstehen: Ich geißele nicht die Meinungen und die dazugehörigen Argumente, sondern ihre Darstellung. Auch bei einer methodengerechten Vorgehensweise sollten Sie auf gar keinen Fall die verschiedenen Meinungen unterschlagen. Erwähnt werden sie allerdings während des Auslegungsvorganges. Dort erfolgt auch die Auseinandersetzung mit ihnen, nicht erst in einer separaten „Diskussion".

Das ist ganz einfach zu bewerkstelligen, denn die von Ihnen gefundenen unterschiedlichen Meinungen sind ja nicht vom Himmel gefallen (zugegeben, manchmal bin ich mir nicht sicher …), sondern entstanden, indem das Gesetz ausgelegt wurde. Und manche legen dabei eben mehr Gewicht auf den Wortsinn, andere auf die Systematik, wiederum andere berücksichtigen ein historisches Argument usw. So entstehen Meinungen. Auf dieser Spielwiese können und sollten Sie mitspielen. Wie elegant und leicht das möglich ist, können Sie den Musterarbeiten in Kapitel 5 entnehmen (→ S. 82 ff. und 117 ff.).

19 Wer Meinungsblöcke bildet und eine „Diskussion“ (die meist keine richtige ist, weil sie lediglich die bereits genannten Argumente wiederholt) anschließt, der steht – um im Bild zu bleiben – am Rand der Wiese und beschränkt sich darauf, vom Spiel Fotos zu machen. Er gibt damit auch dem Korrektor nicht die Gelegenheit, das Spiel zu beobachten, sondern zwingt ihn dazu, die Fotos anzuschauen. Es liegt auf der Hand, was spannender ist.

Wenn Sie in der beschriebenen Art und Weise Meinungen diskutieren, dann ist ein Hinweis ganz wichtig: „Übernehmen Sie … niemals die Darstellung einer Meinung, die Sie selbst ablehnen wollen, von einem ihrer Kritiker, weder in einem Fallgutachten noch gar in einem Referat, vor allem aber nicht in einer eigenen wissenschaftlichen Arbeit“ (*Puppe*, JuS 1998, 287, 288). Kurz: Gehen sie kritisch mit Kritik um, übernehmen Sie also nicht blind die Darstellung von Kritikern. Es wäre nicht das erste Mal, dass ein Kritiker einer kritisierten Meinung zunächst etwas andichtet, was die Meinung gar nicht hergibt, um sie sodann kritisieren zu können. Ein solches Vorgehen ist nicht wissenschaftlich.

20 Skizzieren sollten Sie den Weg und das Ergebnis der Auslegung bereits in der Phase, wenn Sie die Gliederung erstellen. Oft hängt das weitere Vorgehen nämlich davon ab.

21 Erst wenn Sie Ihren Fall gegliedert, also durchdacht haben, sollten Sie mit dem eigentlichen Formulieren des Gutachtens beginnen (Textarbeit). Dabei können Sie die Gliederung natürlich noch anpassen. Hier gilt im Wesentlichen das Gleiche, was ich zur Seminararbeit und Häuslichen Arbeit geschrieben habe (→ S. 18).

2. Formalien

- Zu den formalen Anforderungen (Aufbau, Zitierweise etc.) bei einer Hausarbeit → S. 32 ff.

22 Lesen Sie den Text zur Korrektur mehrmals. Drucken Sie ihn dazu aus, denn allzu schnell übersieht man auf dem Bildschirm kleine Fehler. Wichtig ist das nicht nur mit Blick auf die Formulierungen, sondern auch zur Kontrolle der Seitenangaben in der Gliederung, in den Fußnoten und hinsichtlich der sonstigen Formalien, etwa der richtigen Zitierweise. Vergessen Sie auch nicht, das Deckblatt und das Literaturverzeichnis kritisch zu überprüfen.

23 Unterschätzen Sie die Rechtschreibung und Grammatik nicht (hierzu → S. 23 f.). Kommafehler mag man noch verzeihen. Wer aber ständig die deutsche Schriftsprache misshandelt, der wird es nicht weit bringen. Unterziehen Sie Ihren Text also einer sorgfältigen Schlusskorrektur. Zudem ist es normalerweise ratsam, Ihre Arbeit von mindestens zwei weiteren Augen Korrektur lesen zu lassen. Dem Verfasser eines Textes ist das Geschriebene nämlich derart bekannt, dass sein Gehirn beim Lesen Fehler einfach „wegrechnet“, meist also darüber hinweg gelesen wird. Allerdings sind Sie in der Regel verpflichtet, Ihre Arbeit

ohne fremde Hilfe anzufertigen. Deshalb ziehe ich die Empfehlung der Drittkorrektur wieder zurück …

Wenn Sie inhaltlich alles kontrolliert haben, dann empfehle ich vor dem Ausdruck der endgültigen Fassung folgende Schritte: **24**

- Stimmen auf dem Deckblatt alle Angaben? Genauer: Ist das Thema richtig angegeben, ist der Name des Dozenten korrekt geschrieben, sind die Angaben zu Ihrer Person vollständig usw.?

  Neulich gab jemand an unserem Lehrstuhl eine Schwerpunktbereichsarbeit ab, bei der auf dem Deckblatt geschrieben stand: „Seminararbeit … an der Rhein-Rhur-Universität Bochum". Für alle Süddeutschen und Österreicher: Die **Ruhr-Universität** Bochum liegt weder am Rhein noch gibt es im Ruhrgebiet einen Fluss, der Rhur heißt … – Im Ernst: So ein Patzer ist übel. Warum? Lesen Sie auf S. 27 f. meine Ausführungen zu den Formalien!

- Ist das Literaturverzeichnis ästhetisch formatiert? Genauer: Sind alle Namen kursiv gesetzt (→ näher S. 62)? Fehlt bei den Seitenangaben ein „S." (→ näher S. 66)? Sind die Angaben überall vollständig (exakter Titel, genaue Fundstelle)? Ist alles einheitlich (entweder überall ein „S." vor den Seitenangaben oder nirgends)? Soweit Sie Abkürzungen verwenden: Haben Sie an den Verweis auf ein gängiges Abkürzungsverzeichnis gedacht (→ dazu allgemein S. 36 sowie als Beispiele S. 92 und 122)?
- Haben Sie vor dem Ausdruck die Seiten der Gliederung aktualisiert? Zur Vorgehensweise → S. 168 f.
- Stimmen im Haupttext alle Formatierungen? Genauer: Verwenden Sie die richtige Schriftgröße überall einheitlich? Halten Sie sich an alle Vorgaben (z.B. 1/3 Rand oder Zeilenabstand 1,5)? Ist Ihr Text als „Blocksatz" formatiert (→ S. 37)?
- Haben Sie die automatische Silbentrennung aktiviert (→ S. 172) oder wenigstens „per Auge" kontrolliert, ob Wörter besser manuell getrennt werden sollten, um zu große Lücken in einer Zeile zu vermeiden (→ näher Rn. 114)?

  Manchmal trennt die automatische Silbentrennung Wörter höchst seltsam, z.B. „oder" nach dem „o". Das ist unschön. Hier hilft nur eine List: Markieren Sie das Wort und gehen Sie auf „Extras" und dort auf „Sprache". Dann wählen Sie z.B. „Afrikaans" als Sprache aus und schon bleibt das Wort beisammen. Falsch getrennte Wörter (z.B. „Oster-weiterung" statt „Ost-erweiterung") lassen sich dann ggf. manuell trennen (→ Rn. 114).

- Zum Schluss sollten Sie in „Word" die Funktion „Suchen und ersetzen" nutzen, und zwar für folgende Maßnahmen: **25**

- Achten Sie darauf, dass Sie zwischen die Wörter im Text nur ein einziges Leerzeichen gesetzt haben. Ob Sie versehentlich zwei oder mehr eingetippt haben, sehen Sie bei sichtbar gemachten Formatierungen (→ S. 150 ff.).

  Nun wäre es zuviel verlangt, jedes Leerzeichen zu kontrollieren. Dafür können Sie die Funktion „Ersetzen“ nutzen. Gehen Sie dafür in der Kopfzeile von „Word“ (Version 2003) auf „Bearbeiten“ und sodann auf „Ersetzen“ (oft funktioniert auch die Tastenkombination „Strg+H“). Geben Sie in das obere Feld zwei Leerzeichen ein (durch zweimaliges Betätigen der Leerzeichentaste auf der Tastatur). In die darunter befindliche Zeile geben Sie ein einziges Leerzeichen ein. Dann drücken Sie auf „Ersetzen“. Sie können jetzt alle doppelten Leerzeichen ersetzen. Abraten möchte ich davon, die Funktion „Alle ersetzen“ zu verwenden. An einigen Stellen können doppelte Leerzeichen ganz bewusst eingesetzt worden sein (etwa im Literaturverzeichnis, um eine Zahl o.Ä. auf die nächste Zeile zu verschieben). Diese sinnvollen Doppelungen würden beim Ersetzen von *allen* doppelten Leerzeichen natürlich auch wegfallen.

- Leicht setzt man doppelt Satzzeichen am Satzende oder in der Fußnote, meist Punkte.. Nutzen Sie die Suchfunktion (gleiches Vorgehen wie „Ersetzen“), um sie aufzuspüren und einen davon zu löschen. Geben Sie dafür in das Suchfeld zwei Punkte ein.

- Suchen Sie auch nach dem „Seiten-S“ (falls Sie es verwenden), weil man manchmal den Punkt vergisst. Das gilt auch für „Rn.“ und „Fn.“ (soweit Sie nicht auf den Punkt verzichten).

  Geben Sie in die Suchmaske nicht nur „S“, Rn“ oder „Fn“ ein, sondern danach jeweils ein Leerzeichen. Sonst zeigt Ihnen „Word“ sämtliche „S“ bzw. auch sämtliche Wörter mit der Kombination „Rn“ an (z.B. „ge**rn**“). Zusätzlich sollten Sie in der Suchmaske auf „Erweitern“ drücken und dort in den Suchoptionen „Groß-/Kleinschreibung“ und „Nur ganzes Wort suchen“ anklicken.

- Suchen Sie mit der Suchfunktion auch nach den Rauten # (falls Sie davon Gebrauch machen, → S. 12). Sie einzusetzen kann sinnvoll sein, um Stellen zu markieren, die später einer Ergänzung etc. bedürfen. Ebenso sinnvoll ist es, dass sich in der Abgabefassung keine dieser Zeichen mehr befinden.

- Werfen Sie noch einen Blick auf die Zeilenenden (auch im Literaturverzeichnis). Dort sollten folgende Wörter, Abkürzungen und Zeichen (soweit sich eine Zahl anschließt) nicht einsam und alleine stehen: Band, S., §, Art., Abs., Hs., Nr. … Das gleiche gilt bei Ordnungszahlen, etwa „2. Aufl.“, „6. StrRG“. Es sieht unschön aus, wenn die Zahl einer Seite, eines Paragrafen, eines Absatzes, einer Nummer, eines Halbsatzes, eines Artikels etc.

erst auf der nächsten Zeile auftaucht (vgl. das Beispiel „Unschön“ auf S. 37; dort sehen Sie ein „rumhängendes“ §-Zeichen).

Um die spätere Suche nach solchen „Separatisten“ zu vermeiden, sollten Sie zwischen den oben genannten Abkürzungen und Zeichen und der nachfolgenden Zahl ein so genanntes geschütztes Leerzeichen einfügen. Es verhindert, dass Zeichen, die durch ein Leerzeichen getrennt werden müssen, sich auf verschiedenen Zeilen befinden; das geschützte Leerzeichen „schweißt“ sie untrennbar aneinander. Wie es eingebaut wird und „aussieht“, erkläre und zeige ich Ihnen im 6. Kapitel (→ S. 173).

- Wenn Sie „Verknüpfungen“ verwenden, vergessen Sie nicht, diese zu aktualisieren.

Verknüpfungen kann man verwenden, um innerhalb eines Textes etwa auf eine Seite, Überschrift oder Fußnote zu verweisen. Der Vorteil: Selbst wenn sich die Seite, Überschrift oder Fußnote einmal ändert (etwa weil Sie zuvor eine neue Fußnote eingefügt haben), müssen Sie den Verweis darauf nicht manuell ändern, denn er ist verknüpft. Beim Aktualisieren passt sich der Verweis automatisch der neuen Situation an. – Achten Sie aber darauf, dass Sie nicht versehentlich einen Bezugspunkt für einen Verweis löschen, ohne gleichzeitig den Verweis zu entfernen. Denn sonst erscheint in „Word“ folgender Hinweis: „**Fehler! Textmarke nicht definiert.**“ (So geschehen in der veröffentlichten Fassung meiner Dissertation auf Seite 106. Darüber ärgere ich mich noch heute. Andererseits: Ohne diese Nachlässigkeit bei der abschließenden Durchsicht des Textes könnte ich Ihnen das Beispiel jetzt nicht nennen.)

3. Empfehlungen

Fühlen Sie sich eher im Chaos oder mehr im Perfektionismus zu- **26**
hause? Beides schadet, wollen Sie erfolgreich eine mehrere Wochen dauernde schriftliche Ausarbeitung anfertigen. Sowohl der Chaot als auch der Perfektionist laufen Gefahr, mit der gestellten Aufgabe überfordert zu sein – jeder auf seine Art. Was will ich Ihnen damit sagen? Nun, Sie müssen sich für die Dauer der Bearbeitungszeit einer Hausarbeit gewissen Notwendigkeiten unterwerfen. Das ist das eine. Das andere ist, dass Sie nicht plötzlich sieben Uhr in der Frühe aufstehen müssen, um eine halbe Stunde später in der Bibliothek oder vor dem Computer zu sitzen. Sie haben dann zwar vielleicht ein gutes Gewissen, sind aber – falls Ihr Biorhythmus sonst ein anderer ist – todmüde. Deshalb mein erster Rat: Brechen Sie nicht schlagartig mit allen Ihren Gewohnheiten, es sei denn, diese kennen keinen Fleiß und vertragen sich so rein gar nicht mit Produktivität. Irgendwann müssen Sie produktiv sein. Der eine ist es eher früh, der andere gern spät. Zum Beispiel steht bei mir die Uhr gerade auf halb zwei – nachts. Im Hintergrund läuft dezent eine CD von „gotan project“. Das ist eine meiner

Arten zu arbeiten. Finden Sie heraus, bei was Sie produktiv sein können! Das ist enorm wichtig. Lassen Sie sich nicht von anderen den Rhythmus aufdrängen. Sie müssen nicht in die Bibliothek gehen, nur weil Ihre Kommilitonen dort die Zeit verbringen. Kommt Ihre Zeit erst, wenn die Uni schon geschlossen ist, dann nehmen Sie sich eben Kopien mit nach Hause.

27 Es spricht nichts dagegen, Ihre Arbeit in gemütlicher und ruhiger Atmosphäre anzufertigen, also etwa in den eigenen vier Wänden. Schaffen Sie sich ein angenehmes Arbeitsklima. Befreien Sie Ihren Arbeitsplatz von überflüssigen Utensilien. Legen Sie notwendige Arbeitsmaterialien bereit, etwa Textmarker, Kugelschreiber, Bleistift, kleine Klebezettel etc. Treffen Sie diese Vorbereitungen schon vor Ausgabe des Sachverhalts oder des zu bearbeitenden Themas.

Es eignet sich im Übrigen auch nicht jeder Tag für produktives Arbeiten. Machen Sie Pausen – aber richtig. Entscheidend ist, dass sie sich entspannen und den Kopf frei bekommen. Anstelle Ihres Bewusstseins arbeitet inzwischen Ihr Unterbewusstsein. Es heißt, so sei *Einstein* die Formel $e = mc^2$ eingefallen.

28 Verschieben Sie Detailarbeiten nicht! Was meine ich damit? Manchmal fehlt Ihnen beim Schreiben etwa eine genaue Fundstelle. Nun gibt es zwei Möglichkeiten: Entweder Sie laufen los, um die Quelle nachzuschlagen, oder Sie lassen die Fußnote vorerst unvollständig. In dem einen Fall müssen Sie Ihren Schreibfluss unterbrechen, in dem anderen laden Sie sich eine Hypothek auf, nämlich die spätere Sucharbeit, dann vielleicht sogar nicht nur einer Stelle, sondern einer Vielzahl. Und das kostet Sie Zeit und Nerven.

Ich empfehle: Wählen Sie einen Mittelweg. Können Sie im Moment des Schreibens etwas nicht sofort klären, hindert Sie diese Lücke aber nicht am Weiterschreiben, dann schreiben Sie weiter. Markieren Sie die entsprechende Stelle.

Dafür können Sie etwa drei Rauten einsetzen, also ###. Nutzen Sie die Suchfunktion, um derart markierte Stellen zu finden (geben Sie eine einzige Raute # ein, dann finden Sie auch Stellen, die Sie versehentlich nur mit ## markiert haben). Ganz wichtig ist die Suche nach # übrigens vor dem endgültigen Ausdruck, damit der Korrektor beim Finden einer Raute keinen schlechten Eindruck bekommt. Anstelle von Rauten können Sie bei noch unfertigem Text farbige Schrift verwenden oder die gesamte Stelle farbig markieren.

Lassen Sie mit ### markierte Stellen aber auch nicht lange unbearbeitet (nehmen Sie sich etwa am Ende des Tages in der Bibliothek eine Stunde Zeit zur Bereinigung). Geraten Sie nämlich am Ende in Zeitnot, können Ihnen leicht Fehler unterlaufen, etwa wenn Sie vergessen, einen Punkt am Ende einer Fußnote zu setzen, oder wenn Sie einen

Namen nicht kursiv formatieren. Das sind kleine Berichtigungen, die zu versäumen aber einen schlechten Eindruck macht (Sie fragen nach dem Warum? → vgl. S. 27 f.).

Lassen Sie in den Fußnoten niemals Fundstellen völlig offen, indem Sie etwa lediglich schreiben: „*Burgi*, Kommunalrecht, ###". Sie werden später eine ziemliche Krise bekommen, die entsprechende Textstelle tatsächlich zu finden (es sei denn, Sie haben eine ungefähre Ahnung). Außerdem kostet Sie eine solche Suche am Ende unglaublich viel Zeit, die Sie meist nicht haben werden.

Und noch ein Tipp zum Schluss: Lesen Sie Ihre Arbeit *vor* der Abgabe, aber bloß nicht unmittelbar danach. Sie werden trotz aller Bemühungen Fehler entdecken. Daran lässt sich aber nichts mehr ändern. Woran man aber nichts ändern kann, darüber soll man sich auch nicht ärgern. Also: Abgeben und abhaken. In der Operette „Die Fledermaus" von *Johann Strauß* (Sohn) heißt es weise: „Glücklich ist, wer vergisst, was doch nicht zu ändern ist". – Recht hat er! **29**

III. Häusliche Arbeit und Seminararbeit

Bei einer Seminararbeit müssen Sie ein bestimmtes Thema umfassend bearbeiten, d.h. dem Themensteller eine Art wissenschaftlichen Aufsatz abliefern. Der Unterschied zu einer Häuslichen Arbeit ist lediglich ein formaler: Eine Häusliche Arbeit ist eine Seminararbeit, die im Rahmen eines Schwerpunktbereichs angefertigt werden muss. Weitere Unterschiede gibt es nicht. **30**

Im Gegensatz zu einer Hausarbeit, bei der immer ein vorgegebener Sachverhalt (ein „Fall") zugrunde liegt, gibt es keine „klassische" Seminararbeit. Vielmehr können dem Bearbeiter verschiedene Arten begegnen: Möglich sind Fall- oder Entscheidungsbesprechungen (z.B. „Der Denkzettelfall nach BGH [GrS], Urt. v. 19.05.1993, GSSt 1/93, BGHSt 39, 221 ff."), die Bearbeitung von spezifischen juristischen Einzelproblemen (z.B. „Der Rücktritt beim Raub mit Todesfolge") oder allgemeine Themen (z.B. „Die verfassungsrechtliche Bedeutung des Mittelstandes" oder „Die rechtliche Stellung von Personen in nichtehelichen Lebensgemeinschaften"). Bereits im Vorfeld der Themenvergabe sollten Sie sich Gedanken darüber machen, welche Art eines Seminarthemas Ihnen besser liegt. Denn dann fällt Ihnen die Auswahlentscheidung leichter, vorausgesetzt der Seminarleiter eröffnet Ihnen die Möglichkeit, zwischen verschiedenen Themen zu wählen (oft wird zugeteilt oder es entscheidet das Los). **31**

Der Vorteil sowohl einer Fall- oder Entscheidungsbesprechung als auch eines Themas, das auf ein Einzelproblem beschränkt ist, liegt darin, dass das Thema Ihnen enge Grenzen setzt, die Gefahr des „Verzettelns" also eher gering ist. Sie **32** können mit argumentativem Tiefgang und Scharfsinn punkten. Die gezogenen Grenzen bergen aber auch Risiken. Soweit es sich um keinen aktuellen Fall handelt, kann es schwierig sein, etwas zu Papier zu bringen, was nicht bereits von anderen gedacht worden ist. – Ein allgemeiner formuliertes Thema lässt Ihnen mehr Freiraum. Wo Schwerpunkte bei der Behandlung des Themas gesetzt werden, bestimmen in erster Linie Sie allein (es sei denn, der Dozent hat im Vorgespräch entsprechende Hinweise gegeben). Dieser Vorteil verkehrt sich allerdings leicht ins Gegenteil, wenn Sie den Überblick verlieren und es Ihnen nicht gelingt, eine inhaltliche Struktur zu finden.

33 Ist das Seminarthema vergeben, stehen Ihnen – grob gesagt – drei Bearbeitungsphasen bevor:

1. Literaturnutzung
2. Texterstellung
3. Textkorrektur und Formalien

1. Literaturnutzung

34 In der Phase 1 sollten Sie sich zunächst mithilfe von Fachliteratur einen Überblick über das zu bearbeitende Thema verschaffen. Kennen Sie das Problem der Arbeit, ist es in jedem Fall ratsam, vor der Lektüre der einschlägigen Literatur die eigenen Gedanken zum Lösungsweg oder zum Ergebnis zu notieren, um völlig unvoreingenommen über das eigene juristische Problemverständnis erste Erkenntnisse zu gewinnen. Oft bewahrheitet sich: Fremde Gedanken blockieren eigene. „Oft" heißt nicht „immer". Manchmal bedarf es eines Denkanstoßes und schon sprudeln eigene Ideen. Das sollte aber erst der zweite Schritt sein; zuerst ist es immer empfehlenswert, eigenständig über das Problem nachzudenken.

35 Haben Sie sich eigene Gedanken gemacht, ist anschließend eine intensive Literaturrecherche unverzichtbar. Bei der Fall- bzw. Entscheidungsbesprechung ziehen Sie am besten zunächst veröffentlichte Besprechungen aus juristischen Zeitschriften heran. Sonst sind zuerst Kommentare und Lehrbücher danach zu durchforsten, ob das konkrete Rechtsproblem oder Facetten des Themas darin behandelt werden. Schließlich sollten Sie mittels einer Abfrage beim Internetportal „juris", „beck-online", „LexisNexis" oder Kuselit" die einschlägigen Aufsätze und Monografien aufspüren. Helfen kann auch die Recherche unter: http://scholar.google.de. Suchen Sie am besten sowohl nach dem einschlägigen Paragrafen als auch nach dem Problem „in Worten".

36 Das setzt natürlich voraus, dass Sie auf die vorstehend genannten juristischen Datenbanken zugreifen können, also einen Benutzernamen und ein Passwort haben. Die meisten Juristischen Fakultäten dürften inzwischen einen Zugang frei zur Verfügung stellen.

Nehmen Sie auch Literatur zur Kenntnis, worauf in Aufsätzen verwiesen wird, z.B. in den Fußnoten. Meist finden sich dort interessante Quellen, die Ihnen bei der Recherche verborgen geblieben sind. **37**

Die gefundene Literatur muss sodann ausgewertet werden. Lehrbücher, Kommentare, Dissertationen und Aufsätze sollten – jedenfalls auszugsweise – gründlich gelesen, Wichtiges markiert und ggf. eigene Ideen am Rand notiert werden. Ergibt sich daraus bislang noch unberücksichtigt gebliebene wichtige Literatur, kann diese, falls nötig, während dieser Phase beschafft und gelesen werden. Machen Sie sich jedoch davon frei, *alles* lesen zu wollen, da dieses Vorgehen in ein „Fass ohne Boden" führt! Beschränken und konzentrieren Sie sich vielmehr auf die wichtigsten Fundstellen, da sich ohnehin vieles wiederholt. Die Kunst liegt darin, Unwichtiges auszusondern, aber dennoch alles Wichtige zu lesen und später in die Seminararbeit zu integrieren. **38**

Allerdings darf auch nicht zu wenig Literatur ausgewertet werden, weil der eine oder andere Seminarleiter besonderen Wert auf eine umfangreiche und umfassende Literaturauswertung legt, nachgewiesen durch ein quantitativ beeindruckendes Verzeichnis der verwendeten Literatur. Viele werfen sogar den ersten Blick ins Literaturverzeichnis und treffen schon aufgrund dieses Eindrucks ein (Vor-)Urteil über die Qualität der Ausarbeitung. **39**

Nach dem Lesen ist es sehr wichtig, die gefundenen Informationen zu ordnen. Häufig fühlt der Bearbeiter sich „erschlagen" von der Fülle der Informationen. Um einen besseren Überblick zu gewinnen, hat es sich bewährt, die komplette Literatur zu nummerieren (sortiert nach Aufsätzen, Lehrbüchern, Kommentaren, Dissertationen etc.) und eine gesonderte Literaturübersicht anzulegen. Sie dient bei der späteren Bearbeitung als Register und Nachschlagewerk und vermeidet Situationen wie: „Ich weiß, dass ich es irgendwo gelesen habe, aber wo?" **40**

Die Literaturübersicht sollte wie folgt angefertigt werden: Die jeweilige Nummerierung sowie der Autor und die Fundstelle werden als Überschrift notiert, z.B. „5. Wolters, GA 2007, 65 ff." Man hat so die Möglichkeit, den Aufsatz anhand seiner Ordnungsnummer sowie anhand des Autors wieder zu finden. Ferner hilft die Nummerierung, Ordnung zu halten, was gleichzeitig dem effektiveren Arbeiten dient. Unter die jeweilige Überschrift werden sodann die für das Seminarthema relevanten Thesen und Argumente notiert. Gehen Sie dabei nicht zu detailliert vor, sondern notieren Sie die wichtigen Informationen eher stichpunktartig – halten Sie sich stets vor Augen, welchem Zweck die Übersicht dienen soll. Zur Übersicht können diese Stich- **41** punkte auch durch verschiedene Farben gekennzeichnet werden, z.B Argumente, die für den Rücktritt vom Versuch sprechen mit grün, gegenteilige Argumente mit rot und allgemeine, aber dennoch relevante Informationen mit einer dritten Farbe. Bei einer mehrseitigen Literaturliste dient auch dieses Vorgehen der Übersichtlichkeit und dem schnelleren Wiederfinden von Argumenten und Informationen. Fügen Sie ferner jedem Stichpunkt die Seitenzahl, Randnummer o.Ä. hinzu, wo sich die jeweilige Information findet. So sparen Sie sich später beim Schreiben lästiges Suchen.

42 Für die bis hierher dargestellten Arbeitsschritte (also die Recherche nach Literatur, deren Lektüre und das Anfertigen einer Literaturübersicht) sollten Sie sich genug Zeit nehmen und nicht in Panik verfallen, wenn Sie nach den ersten Tagen noch nichts zu Papier gebracht haben. Bei einer Bearbeitungszeit von vier Wochen können Sie für diese genannten Arbeitsschritte durchaus die komplette erste Woche einkalkulieren. Machen Sie sich immer bewusst, dass eine gründliche Vorbereitung das eigentliche Schreiben später ganz erheblich erleichtert.

43 Als nächstes kann die Gliederung skizziert werden, d.h. Sie müssen Ihrer Arbeit eine inhaltliche Struktur geben. Jeder gedankliche Schritt muss auf dem vorigen aufbauen; nichts darf „in der Luft" hängen, es muss am Ende „eine runde Sache" sein. … Ich weiß, das zuletzt Gesagte klingt nichtssagend – ist es auch. Denn es hilft Ihnen nicht wirklich weiter, weil es abstrakt bleibt. Allerdings ist es nicht einfach zu sagen, wann eine Sache „rund" ist. Was manche Dozenten für „rund" halten, ist für andere vielleicht eher ein Fünfeck – und umgekehrt.

44 Manchmal spielen auch irrationale Aspekte eine Rolle, etwa ob der Korrektor gerade einen guten Tag hat oder ob er Ihren Schreibstil mag. Das liegt in der Natur der Sache; jeder Korrektor wird sich zwar ganz sicher bemühen, solche Einflüsse auszuschalten, doch unterbewusst wirken sie eben doch. Niemand wird ernsthaft bestreiten, dass ein und dieselbe Arbeit, korrigiert von zwei Personen, meist unterschiedliche Bewertungen erhielte. Im Bereich einer Notenstufe (also etwa zwischen 4 und 6, 7 und 9 oder 10 und 12 Punkten) sind die Noten sowieso mehr oder weniger beliebig. Grämen Sie sich darüber nicht, sondern akzeptieren Sie es – ändern lässt es sich nicht.

45 Aber: Zum einen können Sie einiges dafür tun, damit der Korrektor Ihren Schreibstil mag oder damit sein Tag doch noch schön wird. Dafür müssen Sie etwa seine Erwartungen mit Blick auf Selbstverständliches erfüllen, etwa korrekte Formalien. Zum andern gibt es auch hinsichtlich der Inhaltsgestaltung genügend objektive Bewertungskriterien, auf die Sie Einfluss nehmen können.

Wichtig ist anfangs, dass Sie kurz ausführen, warum es lohnt, über das vorliegende Thema überhaupt etwas zu sagen. Das ist unerlässlich, um bei dem Leser das Interesse zu wecken. Schreiben Sie also möglichst anschaulich, bilden Sie etwa ein lebendiges und einprägsames Beispiel oder stellen Sie Fragen in den Raum, deren Beantwortung Sie in Aussicht stellen. Zudem sollten Sie die Struktur Ihrer Vorgehensweise skizzieren, sollten also (leicht übertrieben formuliert) den Weg auf der Landkarte präsentieren, bevor Sie den Leser an die Hand nehmen und mit ihm zügig zum Ziel wandern. Diesen Abschnitt können Sie „Einleitung“, „Einführung“ oder auch „Problemaufriss“ nennen; keinesfalls „Vorwort“, „Prolog“ oder gar „Introduktion“. (Schmunzeln Sie nicht, das ist alles schon vorgekommen!)

Nach der Einleitung müssen Sie das Thema möglichst umfassend **46** und vollständig behandeln. Das kann etwa heißen: Verschaffen Sie sich Klarheit darüber, welche Probleme diskutiert werden. Merken Sie allerdings, dass es endlose Diskussionen zu diversen Aspekten des Themas gibt, müssen Sie entscheiden, welche besonders wichtig sind (welche Sie also ausführlich behandeln müssen) und welche weniger Relevanz haben (welche Sie also ganz weglassen können oder deren Erwähnung am Rande genügt). Wie sind aber Themen zu behandeln, die sich nicht auf einige Probleme beschränken lassen, sondern noch allgemeiner gefasst sind, etwa „Die Rolle des Reichsgerichts im Ersten Weltkrieg“? Dort sollten Sie sich zunächst Klarheit darüber verschaffen, welche (Lebens-) Bereiche das Thema streift. Es kann etwa nötig sein, den Aufbau und die Aufgaben einer Institution darzustellen, die Wirkungen in der Gesellschaft sowie die rechtlichen Grundlagen. Es gibt einfach zu viele Themenbereiche, als dass sich allgemeingültige Kriterien für deren inhaltliche Behandlung finden ließen. Wie gesagt: Der Leser muss stets den Eindruck haben, etwas zu lesen, was mit dem zuvor Gesagten in Zusammenhang steht, sich bestenfalls daraus zwangsläufig ergibt.

Abgerundet wird die Arbeit mit einer Zusammenfassung. Alternativ **47** bezeichnen können Sie dieses Kapitel etwa als „Ergebnis“, „Fazit“, „Resümee“ oder „Schluss“.

Der Gliederung sollten Sie besonders viel Aufmerksamkeit schen- **48** ken. Ohne eine vorab durchdachte Gliederung wird es Ihnen kaum gelingen, einen strukturierten Text zu formulieren. Trotz durchdachter Gliederung kann diese selbstverständlich beim anschließenden Schreiben noch verändert und angeglichen werden.

Bereits an dieser Stelle sei gesagt, dass es kaum einen Seminarleiter überzeu- **49** gen wird, wenn der Bearbeiter nur stur alle gefundenen Meinungen nacheinander darstellt und am Ende sich einer dieser Ansichten anschließt, indem er ihre Vorzüge lobt und die Nachteile der anderen geißelt. Ein solches Vorgehen führt meist zu einer Wiederholung der Argumente. Ganz schlimm ist es, bei der Darstellung der später favorisierten Meinung deren stärkste Argumente zu verschweigen, um sie erst in der „Diskussion“ einzusetzen. Das soeben geschilderte Vorgehen ist in doppelter Hinsicht fatal: Zum einen käuen Sie nur das wieder, was andere bereits geschrieben haben; zum andern langweilen Sie den Korrektor, weil er genauso gut ein Lehrbuch aufschlagen könnte, um die verschiedenen Meinungen zu lesen.

Wie machen Sie es besser? Ganz einfach: Lösen Sie das Problem mittels methodengerechter Auslegung. Dabei können Sie die in der Literatur gefundenen Argumente geschickt einfließen lassen (vgl. dazu schon die Ausführungen zur Hausarbeit, → S. 6 f.). Dieses Vorgehen müssen Sie natürlich bereits bei Ihren Überlegungen zu der Strukturierung Ihrer Arbeit, also deren Gliederung berücksichtigen. Vorbildliches methodengerechtes Vorgehen finden Sie in den Musterarbeiten im 5. Kapitel diese Buches, dargeboten in einer Hausarbeit (→ S. 82 ff.) und in einer Häuslichen Arbeit (→ S. 117 ff.).

50 Auch diese Arbeit darf durchaus bis zu drei Tage in Anspruch nehmen. Insgesamt können Sie bei einer Bearbeitungszeit von vier Wochen für die Phase 1 somit guten Gewissens anderthalb Wochen einkalkulieren.

2. Texterstellung

51 Während Phase 2 wird der eigentliche Text verfasst. Dazu nimmt man sich die Gliederung und die zuvor erstellte Literaturliste zur Hand. Gehen Sie schrittweise vor und widmen Sie sich zunächst dem ersten Teil der Gliederung.

Das kann die Einleitung sein – muss es aber nicht. Manchmal ist es klug, die Einleitung erst zu verfassen, wenn der Text schon „steht“.

52 Mithilfe der Literaturliste können Sie die Ordnungsnummern der für den konkreten Gliederungspunkt relevanten Literatur neben die einzelnen Gliederungspunkte notieren. So wissen Sie beim Schreiben stets, welchen Aufsatz, welchen fremden Text (etwa aus einem Kommentar) Sie an welcher Stelle der Gliederung berücksichtigen müssen oder können. Vergessen Sie dabei nicht, Ihre vorab notierten Gedanken zur Lösung des Problems einfließen zu lassen. Mittels dieser Vorgehensweise kann der gesamte Text verfasst werden. Nach jedem geschriebenen Abschnitt (oder nach jeder größeren Einheit) sollten Sie jedoch innehalten und das Verfasste zunächst auf dem Bildschirm lesen, dann ausdrucken, erneut lesen und ggf. Verbesserungen vornehmen. Auf diese Art und Weise können erste Korrekturen schon während des Schreibens vorgenommen werden, was das abschließende Korrekturlesen erleichtert.

53 Sinnvoll ist es, die Gliederung anhand eines Zeitplans abzuarbeiten. Kleine Arbeitsschritte sind besser überschaubar und Sie haben während der Bearbeitungszeit (hoffentlich) immer wieder kleine Erfolgserlebnisse. Hinzu kommt, dass sie den Arbeits- und Zeitaufwand besser einschätzen können. Nichts ist fataler, als am letzten Wochenende vor der Abgabe festzustellen, dass Sie den anfallenden Arbeitsaufwand unterschätzt haben.

Neben dem ersten Eindruck darf man auch den letzten nicht unterschätzen. Der Abschluss sollte pointiert sein, formulieren Sie also die wesentlichen Gedanken und Ergebnisse Ihrer Arbeit möglichst kompakt, und greifen Sie (soweit vorhanden) die Ausgangsthese(n) auf! Manchmal kann auch ein „Ausblick" sinnvoll sein, etwa in Form eines Gesetzesvorschlages. **54**

Für das Schreiben des Textes (Phase 2) können Sie sich viel Zeit lassen. Bestenfalls sollten Sie anderthalb Wochen dafür einplanen, aber auch zwei komplette Wochen sind angemessen. **55**

3. Textkorrektur und Formalien

➢ Zu den formalen Anforderungen (Aufbau, Zitierweise, Umfang etc.) bei einer Seminararbeit oder Häuslichen Arbeit → S. 39 ff.

Nach Phase 1 und 2 bleibt Ihnen bei einer Bearbeitungszeit von vier Wochen im besten Fall noch zwischen einer halben und einer Woche für Korrekturarbeiten, Deckblatt, Literaturverzeichnis, Gliederung und Formatierungen. Die zur Hausarbeit gegebenen Hinweise gelten auch bei einer Seminararbeit und Häuslichen Arbeit (→ S. 8 ff.). **56**

4. Empfehlungen

Wollen Sie eine erstklassige Arbeit abliefern, müssen Sie sich stets die Bewertungskriterien vor Augen führen. Dazu zählen jedenfalls folgende Aspekte: **57**

- Erfassen und Durchdringen des Themas,
- wissenschaftliches Vorgehen (Qualität der Literaturrecherche, Schlüssigkeit der Argumentation etc.),
- eigene Überlegungen zum Thema, d.h. vor allem methodengerechte Argumentation und Verzicht auf bloße Wiedergabe fremder Gedanken,
- sorgfältige formale Gestaltung (Zitierweise, Literaturverzeichnis, Rechtschreibung und Grammatik etc.).

Wenn Sie sich danach richten, haben Sie den richtigen Weg gefunden. Jetzt müssen Sie nur noch loslaufen! Auf diesem Weg ist die oben beschriebene Phase 1 besonders wichtig. Zwar kommt es letztlich auf den geschriebenen Text an, doch werden Sie nie einen guten Text anfertigen, ohne das Problem gründlich und umfassend durchdacht zu haben. Der Grundstein einer guten Arbeit wird in Phase 1 gelegt.

58 Eine Seminararbeit lebt auch von kreativen Ideen in Form von Argumenten. Manche fallen Ihnen schnell ein, andere müssen reifen. Haben Sie mal etwas geschrieben, was irgendwann nicht mehr richtig passt, dann löschen Sie es nicht. Kopieren Sie es vielmehr in eine separate Datei (die Sie „Fragmente" oder „Steinbruch" nennen können). Stellen Sie bei einer späteren Durchsicht dieser Passagen fest, dass aussortierte Textteile doch passen, dann recyceln Sie diese Teile einfach. So geht kein Gedanke verloren.

59 Und ganz wichtig (gilt generell für schriftliche Arbeiten): Fertigen Sie Sicherungskopien an. Am besten speichern Sie Ihre Datei im Abstand von einigen Stunden (oder nachdem Sie ein besonders wichtiges Kapitel fertig gestellt haben) unter einem neuen Namen ab. Ich empfehle Ihnen, zur besseren Identifizierung der Dateien die Art der Arbeit sowie das Datum (zuerst das Jahr, dann der Monat und schließlich der Tag) und die Uhrzeit des Speicherns in den Dateinamen aufzunehmen. Etwa bei einer Hausarbeit könnte der Name einer Datei, die am 2. Mai 2008 um 15 Uhr gespeichert wird, lauten: „HA_2008_0502_1500" (wenn Sie am 3. Mai 2008 um 9 Uhr eine Speicherung vornehmen, heißt die Datei folglich: „HA_2008_0503_0900" usw.).

IV. Bachelor- und Masterarbeit

60 Bachelor- und Masterarbeiten sind in der juristischen Ausbildung (noch) selten. Inhaltlich gibt es keine Unterschiede zu den schriftlichen Leistungen, die schon bisher die juristische Ausbildung geprägt haben: Eine Bachelorarbeit entspricht einer Seminararbeit (bzw. Häuslichen Arbeit), wobei die Bachelorarbeit umfangreicher sein kann. Auch eine Masterarbeit ist inhaltich nichts anderes als eine Seminararbeit, wenngleich Umfang und die argumentative Gründlichkeit deutlich in Richtung Dissertation zeigen. Kurz: Schauen Sie sich die Ausführungen zur Seminararbeit an (→ S. 13 ff.), dann sind Sie bestens gewappnet!

V. Dissertation

Literatur: *Putzke*, Erfolgreich zum Doktortitel. Hinweise und Empfehlungen vom Beginn bis zum Abschluss, in: Beck'scher Referendarführer 2009/10, hrsg. v. Klaus Winkler, München 2009, S. 15–20.

61 Eine Dissertation ist eine wissenschaftliche Abhandlung zur Erlangung des Doktorgrades. Genau genommen ist es nichts anderes als eine Seminararbeit (oder Häusliche Arbeit) – die Auseinandersetzung mit dem Thema ist allerdings viel ausführlicher.

1. Arbeitsschritte

Das Herangehen ist also ähnlich, abgesehen davon, dass Sie sich noch besser organisieren, sprich mehr Literatur bewältigen und überblicken müssen. 62

Bei der Themenwahl wird Ihnen der Betreuer der Arbeit behilflich sein. Oft wird es sich um ein Thema handeln, mit dessen Bearbeitung der Betreuer ein gewisses eigenes Interesse verbindet. Aktuelle Themen sind gefährlich. Wie leicht veröffentlicht jemand zum gleichen Thema etwas vor Ihnen. Es ist zwar unwahrscheinlich, dass selbst bei Themengleichheit der Inhalt identisch ist, doch schön ist eine solche Parallelveröffentlichung nicht. Aber auch Themen, zu denen bereits sehr viel geschrieben wurde, sind mit Vorsicht zu behandeln. Derartige Arbeiten enthalten überwiegend Zusammenfassungen fremder Gedanken, weniger innovative eigene Ideen. Es gibt natürlich Ausnahmen. 63

Ist die Entscheidung für ein bestimmtes Thema gefallen, kann man mit der Lektüre dessen beginnen, was dazu bereits geschrieben wurde. Man kann sich aber auch zunächst eigene Gedanken machen. Meist gilt: Fremde Ideen blockieren eigene. Es ist natürlich eine hohe Kunst, selbst zu denken. 64

Wer Zeit und Muße hat, dem lege ich die Lektüre des Kapitels XXII („Selbstdenken") aus „Parerga und Paralipomena II" von *Arthur Schopenhauer* ans Herz. Eine besonders treffende und zudem schöne Formulierung findet sich dort in § 262: „*Die Leute, welche ihr Leben mit Lesen zugebracht und ihre Weisheit aus Büchern geschöpft haben, gleichen denen, welche aus vielen Reisebeschreibungen sich genaue Kunde von einem Lande erworben haben. Diese können über Vieles Auskunft ertheilen: aber im Grunde haben sie doch keine zusammenhängende, deutliche, gründliche Kenntniß von der Beschaffenheit des Landes. Hingegen Die, welche ihr Leben mit Denken zugebracht haben, gleichen Solchen, die selbst in jenem Lande gewesen sind: sie allein wissen eigentlich wovon die Rede ist, kennen die Dinge dort im Zusammenhang und sind wahrhaft darin zu Hause.*"

Zum Selbstdenken fordere ich Sie nicht auf, um Ihnen überhaupt irgendwas zu erzählen. Nein, es gibt ganz gewichtige Sachgründe für diese Empfehlung. So kann Ihnen im Verlauf einer Dissertation leicht die Luft (und Lust) ausgehen. Diese Gefahr verringert sich, wenn Sie, statt fremde Gedanken zu sammeln, eigene produzieren. Die Sache wird einfach interessanter für Sie. Zudem wird Ihnen das Schreiben leichter fallen. Eigene Gedanken lassen sich müheloser zu Papier bringen als fremde. Das mag auf den ersten Blick unsinnig klingen, denn fremde Gedanken gibt es ja schon und man braucht sie bloß abzuschreiben. Ganz so bequem ist es indes nicht. Beim Abschreiben müssten Sie ständig wörtliche Zitate benutzen. Inflationär verwendet steht das einer wissenschaftlichen Arbeit nicht gut zu Gesicht. Also bleibt Ihnen nichts anderes übrig, als die Idee des anderen zu verfremden. Und das macht die Sache so schwierig. Sie müssen nämlich aufpassen, eine fremde Idee nicht sinnwidrig zu entstellen.

Ein weiterer Gesichtspunkt, welcher eigenes Denken vorzugswürdig macht, ist der „wissenschaftliche Zugewinn“, den eine Dissertation haben sollte. Manche Arbeiten sind voll davon, in anderen sucht man danach vergebens. In letzterem Fall spielt meist die Herangehensweise eine Rolle. Wer sich auf die Wiedergabe und Diskussion fremder Meinungen beschränkt, läuft Gefahr, Gesagtes bloß zu wiederholen.

Eigenes Denken darf freilich nicht dazu führen, andere Meinungen zu ignorieren. Eine Dissertation lebt selbstverständlich auch vom wissenschaftlichen Diskurs. Um ihn zu führen, muss man sich mit fremden Gedanken auseinandersetzen. Sichtbarer Ausdruck einer solchen Auseinandersetzung sind die Fußnoten, woran sich erkennen lässt, dass Sie andere Personen zu Wort kommen lassen. Achten sollten Sie freilich darauf, dass die anderen – um im Bild zu bleiben – nicht ständig sprechen. Wie Sie korrekt zitieren und das richtige Maß finden, das erfahren Sie in einem separaten Kapitel (→ S. 45 ff.).

65 Zum Schluss: Der Inhalt einer Dissertation sollte eine „runde Sache“ ergeben. Wie das gelingen kann, habe ich schon bei der Seminararbeit und Häuslichen Arbeit ausgeführt (→ S. 16 ff.).

2. Formalien und Empfehlungen

- Zu den formalen Anforderungen (Aufbau, Zitierweise, Umfang etc.) bei einer Dissertation → S. 42 ff.

66 Alles das, was ich bereits zum Verfassen einer Hausarbeit, einer Seminararbeit und Häuslichen Arbeit gesagt habe, gilt bei einer Dissertation mehr oder weniger auch, beginnend bei der sprachlichen Gestaltung bis hin zur Schlusskorrektur.

Kapitel 2: Sprache

Literatur: *Hattenhauer, Christian:* Stilregeln für Juristen, JA-Sonderheft für Erstsemester 2008, S. 53 ff.; *Walter, Tonio:* Kleine Stilkunde für Juristen, 2. Aufl. 2009; *Wieduwilt, Hendrik:* Die Sprache des Gutachtens, JuS 2010, S. 288 ff.

„*Die deutsche Sprache darf nicht verlottern*“, soll unsere Bundes- 67
kanzlerin, *Angela Merkel*, irgendwann und irgendwo mal gesagt haben. Was hat das mit Jura zu tun? Die Sprache ist die Waffe der Juristen. Denn Recht ist vor allem Sprache. Wem die Sprachkompetenz fehlt, der wird Denkkompetenz kaum erlangen. Folgerichtig sind sprachliche Mängel zugleich sachliche Mängel und schlagen sich deshalb in der Bewertung nieder. Treffend führt das OVG Münster aus:

„*Zur Rechtsanwendung gehört auch die Fähigkeit, sich bei Falllösungen wie überhaupt bei Rechtsausführungen grammatikalisch korrekt, in verständlicher Sprache und in einem sachangemessenen Stil in Wort und Schrift auszudrücken*“ (NWVBl. 1995, S. 229).

Das Justizprüfungsamt Hamm schreibt in seinen allgemeinen Hinweisen ganz schlicht:

„*Die Regeln der Grammatik und der Rechtschreibung sind sorgfältig zu beachten.*“

Diese Hinweise wären überflüssig, ließen die sprachlichen Fähigkeiten 68
nicht oft zu wünschen übrig. Gerade weil dieser Aspekt enorme Bedeutung hat, belasse ich es hier bei einigen wichtigen Empfehlungen. Verweisen möchte und muss ich Sie vielmehr auf ausführliche sprachliche Anleitungen, von denen es viele und gute gibt (s.o. Literatur).

Exkurs: Wie nennt man jemanden, der mit einer (auch) sprachlich katastro- 69
phalen Dissertation promoniert wurde? Richtig, Dr.! Das soll bei Ihnen aber keine falschen Hoffnungen wecken. Denn nicht überall versagen die Kontrollinstanzen derart krass wie in einem Fall an der Juristischen Fakultät der Universität Frankfurt am Main. Was passiert, wenn eine solche Arbeit einem Rezensenten in die Hände fällt, können Sie hier lesen: *Putzke*, ZIS 2009, S. 177–187 und *Putzke*, Mit Lob. Eine Frankfurter Promotion, in: myops 2009, S. 59–67 (dazu *Zenthöfer*, „Ein stark beschnittenes Kapitel“, in: Frankfurter Allgemeine Zeitung v. 10. Juni 2009 [Nr. 132], S. N 5).

70 Die wichtigsten Ratschläge lassen sich auf zwei reduzieren. Wer sie beherzigt, wird zukünftig weniger kritikanfällig sein:

- Schreiben Sie einfach und klar sowie richtig und elegant (also etwa keine Schachtelsätze).
- Wenn Sie sprachliche Unsicherheiten nicht ausschließen können, dann lassen Sie wenigstens jemanden Korrektur lesen, der mehr Ahnung davon hat als Sie (natürlich nicht bei einer Klausur!).

Unterschätzen Sie die Rechtschreibung und Grammatik nicht (→ hierzu bereits S. 8). Korrekturlesen ist schlicht ein Muss. Bei Prüfungsarbeiten sind Sie allerdings gehalten, fremde Hilfe nicht zu nutzen. Deshalb könnte ich eine Fremdkorrektur nur schlechten Gewissens empfehlen.

71 Abgesehen von diesen zwei allgemeinen Hinweisen, lege ich Ihnen Folgendes ans Herz, weil sich gezeigt hat, dass diese Aspekte bei einem Korrektor besonders negativ auffallen:

- Formulieren Sie kurz und prägnant. Überflüssig sind etwa folgende Wendungen: „Nun ist zu prüfen, ob ...", „laut Sachverhalt". Das gilt auch für Füllwörter, wie „zunächst einmal", „schlussendlich", „im Endeffekt" etc.
- Sprachliche Prägnanz verträgt sich auch selten mit unklaren oder irreführenden Formulierungen, etwa: „vorstehend", „vermutlich", „gewissermaßen", „bezüglich", „hinsichtlich". Solche Wendungen können sinnvoll sein, meist werden sie allerdings ohne tieferen Sinn verwendet. Auch Wiederholungen sind in der Regel überflüssig.

  Insbesondere für Definitionen gilt: Haben Sie einen Begriff schon einmal definiert, bedarf es bei der erneuten Erwähnung des Begriffs in der Regel keiner nochmaligen Definition. Ein Verweis nach oben genügt. (Je nach Charakter des Prüfers könnte er sich unter Umständen sogar beleidigt fühlen, weil Sie es offenbar für nötig halten, ihm das schon einmal Gesagte ein zweites Mal mitzuteilen.)

- Das Verwenden von „Verstärkern" offenbart, dass Ihre Begründung schwach oder nicht vorhanden ist. Dazu zählen etwa: „natürlich", „selbstverständlich", „zweifellos", „unproblematisch", „sicherlich", „gewiss", „ohne Frage".
- Vermeiden Sie anmaßenden Stil (denn der Ton macht die Musik), etwa „Die Meinung des BGH ist unhaltbar …" oder „Der Ansatz von *Scheinfeld* bietet nur den Anschein schlüssiger Herleitung …"; formulieren Sie aber auch nicht gönnerhaft und anbiedernd: „verdienstlich *Herzberg* ..." oder „zu loben ist die Idee von *Medicus* …"

- Fremdwörter bedrohen zwar nicht die deutsche Sprache, können aber gleichwohl das Textverständnis erschweren. Sie sollten Fremdwörter deshalb vermeiden (§ 184 GVG: „Die Gerichtssprache ist deutsch.“), es sei denn sie sind treffender oder eleganter.

- Vermeiden Sie die „Ich-Form“. Schreiben Sie also etwa nicht: „Ich bin der Ansicht, dass …“ oder „Meiner Meinung nach …“ oder noch schlimmer: „Widmen wir uns nun …“

Kapitel 3: Formalien

Unterschätzen Sie die Formalien nicht! Wenn Sie die in diesem Buch gegebenen Empfehlungen beherzigen, wird sich jedenfalls über die Formalien, also die äußerliche Gestaltung Ihrer Arbeit, kein vernünftiger Korrektor mehr ärgern. Dass man sich gewaltig über eine schlampige Form ärgert, dürfen und sollten Sie mir glauben. Es wäre doch auch furchtbar, einen exquisiten Rotwein in einem beschmutzten Glas serviert zu bekommen. Schmecken würde er nur noch halb so gut – wenn überhaupt. Erst recht ist die äußere Form bei juristischen Arbeiten ein Faktor, der sich unmittelbar oder mittelbar auf die Bewertung Ihrer Leistung auswirkt. Während beim Weintrinken vieles Geschmackssache ist, gibt es für juristische Formvorgaben Sachgründe.Wer dies unterschätzt oder missachtet, verschenkt leichtfertig Punkte; oft solche, die für einen Notensprung oder gar das Bestehen entscheidend gewesen wären. Ich habe einen Bekannten, dem wurde ein ganzer Punkt abgezogen, nur weil der Hinweis auf ein Standardwerk zu gebräuchlichen Abkürzungen fehlte (nämlich *Kirchner/Butz*, siehe S. 36 und 122). Der Betroffene konnte es verkraften – der Korrektor verwehrte ihm lediglich den Sprung von 17 auf 18 Punkte. Wenn es aber um die Frage geht, ob vier oder drei Punkte vergeben werden dürfen, hat ein einziger Punkt plötzlich große Bedeutung. 72

Manche Verstöße wiegen schwer (etwa falsche Angaben im Literaturverzeichnis oder in den Fußnoten) und führen bei nicht nur einmaligem Auftreten zu Punktabzug; andere wirken sich eher mittelbar aus (etwa zu kleine Zeilenabstände oder ein unschönes Druckbild) und ergeben in der Summe einen negativen Gesamteindruck. 73

Kann eine Verletzung von Formvorgaben schon als solche zu Punktabzügen führen, besteht darüber hinaus eine weitere Gefahr: Von der Form schließt man leicht auf den Inhalt. Es handelt sich um einen psychologischen Effekt. Versetzen Sie sich in einen Korrektor! Er korrigiert Ihre Arbeit in der Regel nicht aus purer Lust, sondern weil es seine Pflicht ist. Seine Grundeinstellung ist deshalb meist „leidenschaftslos", u.U. sogar von Skepsis geprägt. 74

Ist mit den Formalien alles in Ordnung, geht der Korrektor ganz anders an die Bewertung einer Arbeit heran – nämlich ohne Unmut über die Missachtung von selbstverständlichen Dingen. Zu diesen Selbstverständlichkeiten gehören nun einmal die Formalien. Mit einem positiven ersten Eindruck wird er Ihre Arbeit schlicht und einfach besser bewerten (es sei denn, Sie schreiben groben Unfug; dann retten die Arbeit selbst perfekte Formalien nicht). Sind die Formalien misslungen, dann ist die Gefahr groß, dass Ihre Arbeit mit einem negativen Vorurteil korrigiert wird. Es lautet: Wie soll jemand inhaltlich überzeugen, der noch nicht einmal in der Lage ist, formale Standards einzuhalten? Ist dieser Eindruck erst einmal entstanden, sind Ausgangsbasis bei der Korrektur vielleicht nicht zehn Punkte, sondern vier. Von dort aus haben Sie es viel schwerer, mit Ihren Ausführungen eine gute Note zu erreichen.

75

Hinweis

Die in diesem Buch gegebenen Empfehlungen sind erfahrungsgemäß weitgehend anerkannt, stellen also im Großen und Ganzen den gemeinsamen Nenner dar. Allerdings lässt sich über manche hier bevorzugte Variante möglicherweise streiten. Oft ist die Zitierweise auch schlicht und einfach Geschmackssache. Es handelt sich deshalb lediglich um Empfehlungen, die nicht den Anspruch erheben, eine allgemeine Verbindlichkeit zu entfalten. Das Buch ist keine „Bibel". Zusichern kann ich Ihnen aber: Wenn Sie sich an meine Empfehlungen halten, kann Sie Kritik nicht treffen, die den Anspruch hat, sachlich zu sein.

Ausnahmen von gängigen Zitierweisen können manchmal geboten sein, und zwar immer dann, wenn dafür ein sachlicher Grund besteht. Sobald also eine übliche Zitierweise nicht passen sollte, müssen Sie flexibel sein und sich pragmatisch und selbstbewusst für eine überzeugendere Variante entscheiden.

Schließlich gilt: Sobald Sie in einer Übung, einem Seminar etc. spezielle Vorgaben erhalten, sollten Sie diese i.d.R. beachten. Sonst riskieren Sie unnötigen Ärger. Sie sollten sich allerdings auch nicht alles gefallen lassen. Wenn Sie mit guten Gründen von den Vorgaben abweichen und nachher meinen, der Korrektor habe zu Unrecht Kritik geübt, dann suchen Sie zunächst das Gespräch. Professionelle Lehrer schenken Ihnen Gehör (weil es die erste Pflicht des Dozenten ist, Sie das Selbstdenken zu lehren); unprofessionelle reagieren genervt und abwehrend. Wenn Sie auf „geschlossene Türen" stoßen, dann geben Sie nicht gleich auf. Sie wollen erfolgreiche Juristen werden – also sollten Sie nicht jedem Konflikt aus dem Weg gehen (Querulanten werden aber meist keine guten Juristen …).

A. Klausur

I. Bestandteile

1. Deckblatt

Das Deckblatt soll enthalten:

- (üblicherweise oben links) den vollständigen Namen, die Adresse, das Fachsemester, die Matrikelnummer, möglichst auch E-Mail-Adresse und/oder Telefonnummer, **76**

  Sie können Ihren Namen gern mit „stud. iur." (= *studiosus iuris/iurisdictionis*) oder „cand. iur." (= *candidatus iuris/iurisdictionis*) versehen. In der Sache ist das allerdings nicht notwendig. Niemand zweifelt daran, dass Sie Jura studieren (dann „stud. iur.") oder gar die Voraussetzungen für die Anmeldung zum Staatsexamen gemeistert haben (dann „cand. iur."). Falls doch, dann glaubt das noch lange keiner, nur weil Sie Ihren Namen mit einem entsprechenden Zusatz versehen.

  Nicht zuletzt, um das Vorliegen von Prüfungsvoraussetzungen zu kontrollieren, ist meist die korrekte Angabe der Matrikelnummer notwendig und in diesem Fall unverzichtbar. Denn immer öfter werden Ihre Leistungen zentral von Prüfungsämtern der Juristischen Fakultäten verwaltet, wobei die Matrikelnummer maßgebliches Identifizierungsmerkmal ist.

- den Namen der Veranstaltung, **77**

  Manche Dozenten legen erfahrungsgemäß Wert darauf, dass die Veranstaltung korrekt angegeben wird. Wenig falsch machen können Sie, wenn Sie die Bezeichnung der Veranstaltung dem offiziellen Vorlesungsverzeichnis entnehmen. Schreiben Sie aber bitte nicht: „1. Klausur … im Rahmen der … Übung …" (weil „im Rahmen" keine schöne Formulierung ist).

- den Namen des Dozenten und das aktuelle Semester. **78**

  Es ist verbreitet, die Angaben zur Person etc. auf dem Blatt oben links, die Angaben zur Veranstaltung etc. mittig und das Datum oben rechts anzubringen (→ vgl. hierzu die Abbildung S. 176).

2. Gutachten

- **Gliederung:** Es ist **nicht** üblich, dem Gutachten eine Gliederung voranzustellen. Das Gutachten selbst sollte jedoch gegliedert sein, um dem Leser den Gedankengang deutlicher zu machen. Vermeiden Sie also reinen „Fließtext"! **79**

80 ▪ **Abkürzungs- und Literaturverzeichnis:** Gehören nicht zu einer Klausur.

81 ▪ **Beschriftung:** Die Blätter sind nur einseitig zu beschreiben. Lassen Sie genügend Zeilenabstand.

82 ▪ **Seitenrand:** Auf der linken Seite des Blattes mindestens 1/3 Rand einrichten (ca. 7 cm), damit der Korrektor Platz für Anmerkungen hat.

83 ▪ **Seitenzahlen:** Nummerieren Sie die Seiten durchlaufend mit arabischen Zahlen (also 1, 2, 3 usw.)! Falls Ihnen am Schluss noch eine inhaltliche Ergänzung einfällt, fügen Sie am besten eine zusätzliche Seite ein und geben ihr eine Seitenzahl mit einem kleinen „a", also z.B. „4a". Ggf. können Sie dann etwa auf Seite 4 vermerken, dass noch eine Seite 4a folgt.

Verweisen Sie nicht auf Textblöcke am Ende der Klausur oder beschreiben Sie auch nicht die Rückseite der Blätter. Dergleichen ärgert den Korrektor, weil das Nachschlagen Zeit kostet und die Klausur zudem an Übersichtlichkeit verliert. Das geht im Zweifel zu Ihren Lasten.

84 ▪ **Unterschrift:** eigenhändig am Ende der Klausur.

Geraten Sie nicht in Panik, wenn Ihnen nach der Abgabe auffällt, die Unterschrift vergessen zu haben. Mir ist kein Fall bekannt, dass daran die Korrektur einer Klausur gescheitert wäre. Examensklausuren dürfen Sie nicht unterschreiben (zur Identifizierung erhalten Sie eine Kennziffer).

II. Empfehlungen

85 Unterschätzen Sie nicht den Einfluss, den der erste Eindruck darauf hat, ob der Korrektor Ihre Arbeit wohlwollend liest oder nicht. Das hat wiederum Einfluss auf die spätere Benotung und ist somit von großer Bedeutung. Ein paar Tipps:

86 ▪ Erstellen Sie das Deckblatt nicht erst unmittelbar bevor Sie mit dem Schreiben der Klausur beginnen oder gar erst am Ende der Bearbeitungszeit! Vielmehr sollten Sie mit einem (möglichst) am Computer angefertigten Deckblatt zum Klausurtermin erscheinen. Das erspart Ihnen das übereilte Anfertigen, bewahrt Sie vor Korrekturassistenten, die nach Ablauf der Klausurzeit ungeduldig die Abgabe der Arbeit einfordern und hilft, Verwechselungen und falsch ausgestellte Scheine zu vermeiden.

Verzichten Sie bei der Gestaltung Ihres Deckblatts darauf, mit verschiedenen Schriftarten und Schriftgrößen zu experimentieren. Sie sind nicht wie ein Pfau auf der Balz, sondern sollen dem Korrektor diejenigen Informationen an die Hand geben, die er für die Bewertung und Archivierung braucht. Fettdruck, Unterstreichungen, Kapitälchen, Großbuchstaben, Einrahmungen etc. machen nicht unbedingt einen guten Eindruck. Punkten Sie besser mit dem Inhalt und korrekten Formalien!

- Schreiben Sie leserlich! In extremen Fällen führt Unleserlichkeit dazu, dass Ihre Arbeit nicht bewertet werden kann. In weniger extremen Fällen ärgern Sie den Korrektor unnötig. 87

Es ist ein Trauerspiel mit der Leserlichkeit. Wie eine hängen gebliebene CD, fast schon flehend, weise ich in meinen Veranstaltungen darauf hin, in Klausuren leserlich zu schreiben. Es halten sich meist nur diejenigen daran, die sowieso „schön“ schreiben. Bei den anderen gehen meine Worte meist ins Leere. Und später wundern sie sich, dass die Klausur mittelmäßig ist. Die Formel ist einfach: Jemand schreibt unleserlich, der Korrektor ärgert sich darüber, bekommt schlechtere Laune, sein innerer Widerstand gegen die Klausur wächst, er gibt sich weniger Mühe, alles zu verstehen, aus „noch vertretbar“ wird (weil er sich keine Mühe mehr gibt) „zu knapp“ oder „nicht überzeugend“ und schon ist die Klausur „im Teich“. – Vielleicht hört ja diesmal jemand auf meine Worte …

- Vermeiden Sie (selbsterdachte) Abkürzungen! (Auf Seite 12 weiß niemand mehr, dass „WUPR“ Werkunternehmerpfandrecht bedeuten soll.) Gibt es für einen Begriff aber eine gängige Kurzform (z.B. für „besondere persönliche Merkmale“: b.p.M.; dazu → S. 114 ff.), dann spricht nichts gegen den Einsatz. 88

- Grafische Zusätze, etwa die Unterstreichung von Wörtern, haben in einer Klausur nichts verloren (das gilt i.d.R. im Übrigen auch bei allen anderen schriftlichen Arbeiten). 89

- Heften Sie die Blätter der Klausur am Schluss fest zusammen (keine Büroklammern oder Klarsichtfolien verwenden)! Teilweise wird verlangt, den Klausursachverhalt mit abzugeben. 90

B. Hausarbeit

I. Bestandteile im Überblick

91
- Deckblatt (a)
- Sachverhalt (b)
- Gliederung (c)
- Literaturverzeichnis (d)
- Ggf. Abkürzungsverzeichnis (e)
- Gutachten (f) und Unterschrift

Die Teile b)–e) sollten mit fortlaufenden römischen Zahlen versehen werden (II, III, IV usw.), wobei das Deckblatt keine sichtbare Seitenzahl erhält, aber mitgezählt wird. Teil f) ist mit fortlaufenden arabischen Zahlen zu versehen (1, 2, 3 usw.), wobei die Zählung neu beginnt, also mit der Ziffer 1. (Wie Sie „Word" dazu „bewegen", die arabischen Seitenzahlen neu zu zählen, erkläre ich Ihnen auf S. 157 ff.)

II. Bestandteile im Detail

1. Deckblatt

92 Aufbau und Inhalt entsprechen dem Deckblatt bei einer Klausur (→ S. 29; Muster: → S. 177). Es wird nicht mit einer Seitenzahl versehen (bei der folgenden Nummerierung der Seiten aber mitgezählt).

2. Sachverhalt

93
- Seitenzahlen: Beim Sachverhalt beginnt die sichtbare Nummerierung der Seiten. Verwenden Sie römische Zahlen (also „II", weil das Titelblatt mitgezählt wird)! Üblich ist es, die Seitenzahlen rechts oben oder rechts unten anzubringen.

94
- Anders als bei einer Examensarbeit ist es nicht erforderlich, den Sachverhalt abzutippen.

> Empfehlung: Tun Sie es trotzdem! Denn das Abschreiben hilft Ihnen, den Sachverhalt besser kennen zu lernen. Achten Sie dann aber auf eine fehlerfreie Übertragung!

- Als Schriftgröße ist 12 pt üblich (keinesfalls weniger) in einer 95
geläufigen Schriftart (z.B. Arial oder Times New Roman). Der Zeilenabstand sollte mindestens 16 pt betragen, verbreitet ist aber 1,5-zeilig. Ich empfehle, vor jedem Absatz einen Abstand von mindestens 6 pt einzurichten (etwas kleiner als eine Leerzeile) oder eine Leerzeile (kostet aber mehr Platz als ein Abstand von 6 pt). Seitenrand links: 3,0 cm (wegen der Heftung), rechts: 2,0 cm.

3. Gliederung (Inhaltsverzeichnis)

Zweck der Gliederung: Die Gliederung muss Aufschluss geben 96
über die Struktur Ihrer Falllösung. Der Leser soll den Aufbau der Arbeit und den Gedankengang auf den ersten Blick erkennen.

> Empfehlung: Zergliedern Sie die Arbeit nicht, d.h. bilden Sie nicht für jede „kleinste" Voraussetzung eine Überschrift! Es reichen die wesentlichen Prüfungspunkte. Die Gliederung soll ein Fahrplan sein, keine Reisebeschreibung.

- Nummerierung der Seiten: römisch; angeknüpft wird an die Zählung 97
beim Sachverhalt (wenn Sachverhalt II, dann erste Seite der Gliederung III usw.). Schriftgröße 12 pt, Seitenrand links: 3,0 cm (wegen der Heftung), rechts: 2,0 cm.

  Um Missverständnissen vorzubeugen: Römische Seitenzahlen erhalten nur die Seiten, auf denen sich die Gliederung befindet. Hingegen sind die Seitenzahlen, die innerhalb der Gliederung auf die Überschriften des Textes verweisen, arabisch anzugeben, also 1, 2, 3 usw. (bei der automatischen Erstellung einer Gliederung [→ 167 ff.] „kümmert" sich Word um die Seitenzahlen, die auf die Überschriften verweisen.

- Sämtliche Gliederungspunkte müssen auf die Seitenzahlen verwei- 98
sen, bei denen die entsprechenden Überschriften im Gutachten wiederkehren.

> Empfehlung: Ordnen Sie die Seitenzahlen in der Gliederung rechtsbündig an und versehen Sie den Raum zwischen Text und Seitenzahl mit Füllzeichen (siehe Abb. 3).

- Jedem Buchstaben und jeder Zahl entspricht eine Gegenposition: 99
Wer „A." sagt, muss auch „B." sagen oder I. und II. (vgl. Abb. 1).

100 **Abbildung 1**

Nicht so:	Sondern so:
A. Strafbarkeit des C I. § 242 I 1. Tatbestand a) Obj. Tatbestand II. § 223 I 1. Tatbestand 2. Rechtswidrigkeit a) Notwehr, § 32 3. Schuld B. Strafbarkeit des M I. § 223 I, 27 C. Strafbarkeit des J	A. Strafbarkeit des C I. § 242 I 1. Tatbestand a) Obj. Tatbestand **b)** Subj. Tatbestand **2.** Ergebnis II. § 223 I 1. Tatbestand 2. Rechtswidrigkeit a) Notwehr, § 32 **b)** Notstand, § 34 3. Schuld B. Strafbarkeit des M I. § 223 I, 26 **II.** § 223 I, 27 C. Strafbarkeit des J

101 ▪ Es gibt unterschiedliche Möglichkeiten zu gliedern. Meines Erachtens ist die **Variante 1** der Abbildung 2 deutlich übersichtlicher als die Variante 2.

102 **Abbildung 2**

Variante 1 (!)	Variante 2
A. I. 1. a) aa) (1) (2) bb) b) 2. II. B.	1. 1.1. 1.1.1. 1.1.1.1. 1.1.1.1.1. 1.1.1.1.1.1. 1.1.1.1.1.2. 1.1.1.1.2. 1.1.1.2. 1.1.2. 1.2. 2.

- Manchmal lässt es sich nicht vermeiden, weitere Ebenen nach (1) oder (2) einzufügen. Verwenden Sie in diesem Fall arabische Buchstaben in Klammern, also (a), (aa) etc., dann griechische Buchstaben, also α, β, γ etc. Aber wirklich nur, wenn es nicht anders geht. Weitere Gliederungsebenen sollten Sie unbedingt vermeiden. **103**

- Formulieren Sie die Überschriften kurz und prägnant, also nicht als ganze Sätze (vgl. beispielhaft Abb. 3). **104**

Es spricht nichts dagegen, lange Überschriften in der Gliederung zu kürzen, etwa statt „Versuchter Totschlag durch Unterlassen durch das Nicht-ins-Warme-Schaffen (§§ 212 I, 13 I, 22, 23 I Fall 1, 12 I)“ in der Gliederung „§§ 212 I, 13 I, 22 durch das Nicht-ins-Warme-Schaffen“ zu schreiben.

Abbildung 3 **105**

1. Tatkomplex: Herausgabe des Bildes durch H	1
A. § 263 I gegenüber H zum Nachteil des A	1
I. Tatbestand	1
1. Täuschung, Irrtum und Vermögensverfügung	1
a) Handeln/Dulden/Unterlassen	2
b) Unmittelbar vermögensmindernde Wirkung	2
aa) im Vermögen der H	3
bb) im Vermögen des A	3
(1) Verlust des unmittelbaren Besitzes	4
(2) Erlöschen des Pfandrechts	4
c) Zurechnung	5
aa) Einverständnis des A	5
bb) Ermächtigungslehre und Lagertheorie	5
cc) Ergebnis zur Zurechnung	8
d) Ergebnis zur Vermögensverfügung	8
2. Vermögensschaden	9
3. Vorsatz und Bereicherungsabsicht	11
4. Rechtswidrigkeit der Bereicherung	12
II. Rechtswidrigkeit und Schuld	12
III. Ergebnis	13
B. §§ 289 I, 25 I 2. Alt. zum Nachteil des A	13
I. Tatbestand	13
II. Ergebnis	14
2. Tatkomplex: Geschehen in der Kneipe	15

4. Literaturverzeichnis

106 **Formatierung:** Nummerierung der Seiten: römisch; fortgesetzt wird die Zählung der Gliederung (es sei denn, das Literaturverzeichnis folgt dem Gutachtentext [kann man durchaus machen], steht also am Schluss der Arbeit: dann arabische Zahlen, fortgesetzt wird die Zählung des Gutachtens). Schriftgröße 12 pt in einer geläufigen Schriftart, Zeilenabstand: 16 pt (nicht 1,5-zeilig), Seitenrand links: 3,0 (wegen der Heftung), rechts: 2,0 cm.

Ausführliche Hinweise zum Inhalt des Literaturverzeichnisses und zur Darstellung des Inhalts finden Sie auf den Seiten 58 ff.

5. Abkürzungsverzeichnis

107 Manche empfehlen ein solches Verzeichnis, andere nicht. Ich halte es für verzichtbar und empfehle, Abkürzungen generell soweit wie möglich zu vermeiden. Sie stören in der Regel den Lesefluss.

108 Vor allem verwenden Sie bitte keine Abkürzungen in Überschriften und am Anfang eines Satzes (anders in Fußnoten, etwa „Vgl.“, → S. 50).

109 Beim Verzicht auf ein Abkürzungsverzeichnis hat sich eingebürgert, etwa auf der letzten Seite des Literaturverzeichnisses und nach dessen letztem Eintrag einen Hinweis anzubringen. Bewährt hat sich (selbstverständlich ohne den grauen Hintergrund; → S. 122):

> Gebraucht werden die üblichen Abkürzungen, vgl.
> *Kirchner, Hildebert:* Abkürzungsverzeichnis der Rechtssprache,
> 6. Aufl., Berlin/New York 2008

Alternativ können Sie verweisen auf: *Byrd, B. Sharon / Lehmann, Matthias:* Zitierfibel für Juristen, München 2007, Anhang II.

6. Gutachten und Unterschrift

110 Seitenzahlen: Nummerieren Sie die Seiten durchlaufend mit arabischen Seitenzahlen (also 1, 2, 3 usw.), beginnend bei der Ziffer 1 auf der ersten Seite des Gutachtens (also keine Fortsetzung der Zählung aus dem Literatur- oder Abkürzungsverzeichnis)! Die Platzierung erfolgt üblicherweise unten oder oben rechts (möglichst an derselben Stelle wie die römischen Zahlen).

111 Die Seiten mit dem Text des Gutachtens werden einseitig beschriftet. Üblich ist es, auf der linken Seite 1/3 Rand (7 cm) freizulassen (bei Examenshausarbeiten wird oft ein 1/2-spaltiger Rand gefordert: gemeint ist eine halbe Seite Rand, also 10,5 cm), auf der rechten Seite 2,0

cm (1,5 cm wären bei 7 cm linkem Rand optisch grenzwertig, bei 10,5 cm linkem Rand durchaus akzeptabel). Der Rand (links wie rechts) bleibt immer gleich, es gibt also keine weiteren Einschübe, erst recht keine Spielereien wie das Einrücken der jeweils ersten Zeile eines Absatzes (vgl. das Beispiel links in Abb. 7). Hier in diesem Buch sind solche „Spielereien“ übrigens erlaubt …

Abbildung 7 **112**

(1) Unschön:

a) Betrug gegenüber G
Indem A mit G einen
Kaufvertrag über das Arm-
band schloss und dieser
später den Kaufpreis an ihn
zahlte, könnte sich A gem. §
263 strafbar gemacht ha-
ben.
aa) Tatbestand
Er könnte G die falschen
Tatsachen vorgespiegelt ha-
ben, zur Eigentumsver-
schaffung fähig und willens
zu sein. A hat sich zur
Übereignung des Arm-
bandes verpflichtet.

12

(2) Schön:

a) Betrug gegenüber G

Indem A mit G einen
Kaufvertrag über das Arm-
band schloss und dieser
später den Kaufpreis an
ihn zahlte, könnte sich A
gemäß § 263 strafbar ge-
macht haben.

aa) Tatbestand

Er könnte G die falschen
Tatsachen vorgespiegelt
haben, zur Eigentumsver-
schaffung fähig und wil-
lens zu sein. A hat sich zur
Übereignung des Arman-
des verpflichtet.

12

- Schriftgröße 12 pt, normaler Zeichenabstand (ein kleinerer Zeichenabstand spart zwar Platz, erschwert aber das Lesen und ist deshalb grds. unzulässig), gängige Schriftart (z.B. Arial oder Times New Roman); Zeilenabstand mindestens 16 pt, üblich auch 1,5-zeilig. Vorzugswürdig ist Blocksatz (linksbündig erweckt i.d.R. einen „ausgefransten“ Eindruck, vgl. Variante [1] bei Abb. 7). **113**

- Achten Sie auf die Silbentrennung! Große Lücken im Text sehen unschön aus, wie die Variante (2) in Abbildung 7 zeigt (zwischen den Wörtern „Tatsachen“ und „vorgespiegelt“). Hilft selbst die Silbentrennung nicht weiter (etwa weil sich Wörter nicht teilen lassen), dann müssen Sie notfalls den Satz umformulieren. **114**

Verwenden Sie immer die „weiche“ Silbentrennung (Gegensatz: „harte“). Gehen Sie dafür mit dem Cursor an die Stelle, an der Sie das Wort teilen möchten, und drücken Sie die Tastenkombination „Strg“ und „-“. Bei der „harten“ Silbentrennung (also wenn Sie ein Minuszeichen „-“ einfügen) verbleibt das eingefügte „-“ selbst dann im Wort, wenn der Text sich später verschiebt und dadurch das ur-sprüng-lich ge-trennte Wort sich plötzlich mitten im Satz befindet. Die beste Lösung ist freilich, die Silbentrennung automatisch vornehmen zu lassen (zur Vorgehensweise → S. 172).

115 Empfehlung: Manchmal lässt sich eine Zeile beim besten Willen nicht ansehnlich formatieren, etwa weil trotz Silbentrennung zu große Lücken zwischen den Wörtern verbleiben oder weil eine Zahl sich nicht trennen lässt etc. In solchen (seltenen) Fällen kann man sich eines kleinen Kunstgriffs bedienen, nämlich für eine einzige Zeile die Laufweite des Zeichenabstandes auf „Schmal“ und „0,1 pt“ oder ausnahmsweise auch „0,2 pt“ einstellen (nicht mehr, sonst fällt es sofort ins Auge). Um den Zeichenabstand zu verändern, gehen Sie in den Kopfzeilen auf „Format“, dann „Zeichen“ und schließlich „Zeichenabstand“. Manchmal genügt es, den Zeichenabstand eines einzigen Wortes leicht zu verringern (dafür Wort markieren). Dieser Kunstgriff kann auch im Literaturverzeichnis höchst hilfreich sein, etwa wenn lediglich die Endseite oder das Erscheinungsjahr auf eine neue Zeile rutscht (das sieht irgendwie nicht schön aus). Greifen Sie zu diesem Mittel nur im Notfall!

116 ▪ Bilden Sie optische Sinneinheiten (angemessene Absatzbildung)! Das lässt die Augen des Lesers nicht so schnell ermüden. Die in der Gliederung gewählte Struktur muss mit den gewählten Überschriften im Text übereinstimmen.

117 ▪ Die Überschriften sollten die gleiche Schriftart haben wie der Text. Die Schriftgröße kann für die Hauptüberschriften 14 pt betragen (bei 12 pt für den Text), sonst wie der Text 12 pt. Zusätzlich können Sie die Hauptüberschriften **fett** formatieren. Verzichten Sie auf sonstige Spielereien, wie Kursivdruck oder Unterstreichungen! Für den Abstand zum Text empfehle ich die Einstellungen „vor“ 12 oder 18 pt und „nach“ 6 pt. Zur Formatierung der Überschriften → S. 165.

118 Exkurs zur Zitierweise von Artikeln und Paragrafen aus Gesetzen und Verordnungen etc.: Ich empfehle Ihnen, aus den unten dargestellten Fassungen zwischen der zweiten und dritten zu wählen (die erste ist unnötig lang). Achten Sie auf Einheitlichkeit!

§ 312 Absatz 1 Satz 1 Nummer 1 BGB
§ 312 Abs. 1 S. 1 Nr. 1 BGB
§ 312 I 1 Nr. 1 BGB

C. Häusliche Arbeit und Seminararbeit

Bei den „Häuslichen Arbeiten“ und (klassischen) Seminararbeiten gelten grundsätzlich die gleichen Formalien wie für Hausarbeiten.

I. Bestandteile

1. Titelblatt

Zum Inhalt → S. 178 (Seminararbeit) und → S. 179 (Häusliche Arbeit). Das Titelblatt wird nicht mit einer Seitenzahl versehen, bei der Nummerierung der folgenden Seiten (i.d.R. mit römischen Zahlen) aber mitgezählt. **119**

Nach dem Titelblatt findet man (jedenfalls in Monografien) meist ein Vorwort. Eine Monografie schreibt man – wenn man ehrlich ist – auch ein bisschen für sich selber (deshalb dankt man gern Personen, die hilfreich zur Seite gestanden haben). Das ist bei einer Seminararbeit oder Häuslichen Arbeit anders: diese schreiben Sie ausschließlich für den Korrektor (und dem ist es schlicht nicht zumutbar zu lesen, warum Sie gerade das gewählte Thema gewählt haben und wem Sie die Fertigstellung verdanken). Also: Bitte kein Vorwort verfassen! (Zugegeben: Ich habe auch noch nie erlebt, das jemand auf diese Idee gekommen ist. Aber man weiß ja nie …) **120**

2. Gliederung und Abkürzungsverzeichnis

Es gilt das zur Hausarbeit Gesagte (→ S. 33 ff. und 36). **121**

3. Ausarbeitung

Grundsätzlich wie beim Gutachten der Hausarbeit (→ S. 36 ff.). Zur inhaltlichen Bearbeitung des Themas → S. 18 ff. **122**

Anders als bei Hausarbeiten dürfen in den Fußnoten auch zusätzliche Informationen aufgeführt werden, die nicht unmittelbar in den Text passen, etwa Anmerkungen oder weiterführende Rechtsprechung und Literatur. Davon sollten Sie allerdings nur sparsam Gebrauch machen. In jedem Fall sollte ein enger Bezug zum Text bestehen. Verwenden können Sie etwa folgende Formulierungen (wobei die Beispiele kumulativ natürlich blanken Unsinn ergeben; im Ganzen darf eine Fußnote so nicht aussehen). In einer Hausarbeit haben derartige Verweise grds. nichts zu suchen (→ S. 50). Sparsam eingesetzt, schaden Sie aber auch nicht (wie das Beispiel auf S. 97 zeigt; dort Fn. 21). **123**

[39] Eingehend *Herzberg*, JuS 2005, 1, 3; vertiefend *Hardtung*, JURA 2005, 401, 403; differenzierend *Seier*, JuS 2002, 237, 240; zum Ganzen *Schlehofer*, StV 1997, 412, 415; zustimmend *Merkel*, DRiZ 2002, 184, 187; deutlich *Scheinfeld*, NStZ 2006, 375, 380; ablehnend *Duttge*, GA 2002, 241, 245 usw.

4. Literaturverzeichnis

124 Wie bei der Hausarbeit (→ S. 36 ff.). Bei einer Seminararbeit (und Häuslichen Arbeit) ist es allerdings durchaus nicht selten und also erlaubt, das Literaturverzeichnis erst nach der schriftlichen Ausarbeitung anzufügen.

Ausführliche Hinweise zum Inhalt des Literaturverzeichnisses und zur Darstellung des Inhalts finden Sie auf → S. 58 ff.

5. Rechtsprechungsverzeichnis

125 Sobald in einer Seminararbeit mehr als eine einzige Gerichtsentscheidung zitiert wird, verlangen Dozenten häufig ein Rechtsprechungsverzeichnis. Zur Gestaltung → S. 76 f.

II. Ausländische und historische Fundstellen

126 Grundsätzlich können Sie die Hinweise zum Zitieren deutschsprachiger Literatur heranziehen, sofern Sie eine Arbeit in deutscher Sprache verfassen. Sollten Sie aber etwa im Rahmen einer besonderen Veranstaltung (z.B. Seminar auf Englisch, Moot Court) eine Arbeit etwa auf Englisch, Französisch oder zu einem rechtshistorischen Thema verfassen, müssen Sie sich mit den Besonderheiten der Zitierweise im angloamerikanischen (→ S. 78) oder frankophonen (→ S. 79) Rechtskreis befassen bzw. rechtshistorische Eigenheiten (→ S. 80) beachten.

III. Empfehlungen

127 Der Umfang einer Seminararbeit/Häuslichen Arbeit richtet sich (soweit vorhanden) **ausschließlich** nach den Vorgaben des Veranstalters. Soweit es keine Begrenzung gibt, empfehle ich, im Regelfall nicht mehr als 25 bis 30 Textseiten abzugeben.

Es empfiehlt sich, eine Seminararbeit/Häusliche Arbeit mit einer kurzen Einleitung zum Thema zu beginnen, in welcher in die Grundproblematik und das Untersuchungsziel eingeführt wird. An den Schluss gehört eine Zusammenfassung der Ergebnisse.

Der Stil unterscheidet sich grundlegend von einer Hausarbeit. Der Gutachten- oder Urteilsstil wird in der Regel nicht verwendet. Ziel ist, ein bestimmtes Thema umfassend zu untersuchen. Dabei ist es schädlich, nur fremde Meinungen zu referieren. Vielmehr sollen Sie selbst die Sache wissenschaftlich vertiefen und dadurch die Fähigkeit zum selbständigen wissenschaftlichen Arbeiten zeigen. Ein lehrreiches und vorbildliches Beispiel, wie man eine Seminararbeit gestaltet und in ihrem Rahmen ein schwieriges Thema behandelt, finden Sie für das Strafrecht bei *Herzberg/Scheinfeld*, JuS 2002, S. 649 ff.

Umfassende Ausführungen zum Herangehen an das Thema einer Seminararbeit oder Häuslichen Arbeit finden Sie in diesem Buch auf S. 18 ff.

D. Bachelor- und Masterarbeit

Bachelor- und Masterarbeiten unterscheiden sich von Seminararbei- **128**
ten kaum; inhaltlich und formal gelten die gleichen Maßstäbe. Es wäre deshalb ohne zusätzlichen Wert, hier all das zu schreiben, was Sie auch im Abschnitt zur Seminararbeit finden können.

- Titelblatt → allgemeine Hinweise auf S. 39; Muster: → S. 180 (Bachelorarbeit) und S. 181 (Masterarbeit)
- Gliederung- und Abkürzungsverzeichnis → S. 39
- Ggf. Glossar (d.h. Erklärung von Fachbegriffen)
- Ausarbeitung → S. 39
- Zitierweise → S. 47 f.
- Gestaltung der Fußnoten → S. 48 ff.
- Literaturverzeichnis → S. 40 ff.
- Rechtsprechungsverzeichnis → S. 40 und 76 f.
- Ausländische und historische Fundstellen → S. 40 und 78 ff.

Zusätzlich empfehle ich Ihnen, auch das folgende Kapitel zur Dissertation zu lesen, weil jedenfalls eine Masterarbeit sowohl vom Umfang als auch von der argumentativen Tiefe her einer Dissertation nahe kommt.

E. Dissertation

129 Allgemeingültige formale Anforderungen an eine Dissertation gibt es genau genommen nicht. Zwei Situationen sind zu unterscheiden: Erstens folgt nach erfolgreichem Abschluss des Promotionsverfahrens die Veröffentlichung, meist in einem Verlag. In diesem Fall hängt die Gestaltung der Druckvorlage von den Vorgaben des Verlags ab. Folgende Bestandteile sind üblich:

130 A 1 Umschlag, Titelblatt und Impressum gestaltet der Verlag.

A 2 Man kann eine Danksagung an den Anfang des Buches stellen, etwa „Meinen Eltern in Liebe und Dankbarkeit" oder „Für Rita" usw. Manche wählen zudem einen Leitspruch (meist entnommen aus literarisch anspruchsvollen Werken), der zum Thema der Arbeit passt (mal mehr, mal weniger …).

A 3 Anschließend ist ein Vorwort üblich. Darin sollte man angeben, wann die Dissertation der Fakultät vorlag. Zudem ist es üblich, dem Erst- und Zweitgutachter zu danken. Der Rest ist beliebig.

A 4 Danach folgen überblicksartig die Angaben zum Inhalt (zur Gestaltung siehe das Muster auf → S. 118). Dafür gibt es zwei Darstellungsformen: Bei wem die Arbeit besonders viele Gliederungspunkte aufweist, der kann dem Inhaltsverzeichnis eine Inhaltsübersicht voranstellen.

Während das Inhaltsverzeichnis i.d.R. jede Überschrift der Arbeit als Gliederungspunkt wiedergibt, kann man sich in der Inhaltsübersicht etwa auf die Überschriften der 1. und 2. Gliederungsebene beschränken. Der Leser wird es danken, bekommt er doch einen besseren Überblick zum Inhalt der Arbeit, als wenn er ihn sich über viele Seiten eines Inhaltsverzeichnisses erst mühsam verschaffen muss.

A 5 Dem Inhaltsverzeichnis kann man, soweit die Arbeit Abkürzungen enthält, ein Abkürzungsverzeichnis anschließen. Es ist auch zulässig, auf eine anerkannte Sammlung von Abkürzungen zu verweisen, etwa auf *Kirchner* (→ S. 36 und 122).

A 6 Enthält die Arbeit viele erklärungsbedürftige Fachbegriffe, ist ein Glossar empfehlenswert.

A 7 Dem Glossar oder Abkürzungsverzeichnis (soweit vorhanden) schließt sich der eigentliche Text der Dissertation an.

A 8 Wer dem Leser einen leichten Zugriff auf Gesetzesauszüge, unveröffentlichte Gerichtsentscheidungen oder schwer zugängliche Dokumente etc. geben möchte, kann dafür einen Anhang anfügen.

A 9 Ihm folgt das Literaturverzeichnis, möglichst alphabetisch geordnet, **nicht** eingeteilt in Literaturtypen (z.B. selbständige Schriften, unselbständige Schriften). Zur Gestaltung siehe das Muster auf → S. 119 ff.

A 10 Ggf. Verzeichnis der verwendeten Rechtsprechung.

A 11 Nicht vergessen sollten Sie ein Stichwortverzeichnis (= Sachverzeichnis, Index). Es erleichtert dem Leser ungemein das gezielte Nachschlagen. Bücher ohne ein Stichwortverzeichnis sind ein Ärgernis, denn sie stehlen dem informationshungrigen Leser die Zeit.

Die andere Situation betrifft die Fassung Ihrer Arbeit, die für den **131**
Erst- und Zweitberichterstatter (Erst- und Zweitkorrektor) bestimmt ist. Diese Exemplare weichen von der Veröffentlichungsvorlage ab. Folgende Bestandteile gehören **nicht** zur Korrekturfassung:

B 1 Einen Umschlag brauchen Sie nicht zu entwerfen, es genügt **132**
eine normale Bindung mit unbeschriftetem Karton als Vorder- und Rückseite; benutzerfreundlich ist eine Spiralbindung.

B 2 Ein Impressum gehört nicht zum Korrekturexemplar.

B 3 Danksagungen, Leitsprüche und ein Vorwort sind unüblich, bei der Korrekturfassung also fehl am Platz und wirken eher lächerlich.

B 4 Ein Stichwortverzeichnis ist hilfreich, aber nicht unbedingt nötig, denn jedenfalls der Erstkorrektor wird Ihre Arbeit vom ersten bis zum letzten Satz lesen (so jedenfalls die Theorie ...).

Ob der Zweitkorrektor sich diese Mühe macht, ist hingegen nicht gesichert (er kann sich ja auf das i.d.R. ausführliche Gutachten des Erstberichterstatters stützen). Möglicherweise zieht er es aber vor, die Lektüre auf ausgewählte Passagen zu beschränken, weshalb ihm ein Stichwortverzeichnis entgegenkommen dürfte.

Übliche Bestandteile für die Korrekturfassung sind: **133**

C 1 Titelblatt,

Schon beim Titelblatt gibt es Abweichungen von Universität zu Universität. Manche Promotionsordnungen enthalten keine Vorgaben, andere schreiben vor, was auf dem Titelblatt der Dissertation stehen soll. Wie man ein Titelblatt gestalten kann, sehen Sie auf S. 182.

C 2 Inhaltsübersicht und/oder Inhaltsverzeichnis (s.o. A 4),

C 3 Abkürzungsverzeichnis, soweit erforderlich (s.o. A 5),

C 4 Glossar, soweit erforderlich (s.o. A 6),

C 5 Text Ihrer Arbeit (s.o. A 7),

Selten erhalten Sie eine Seitenbegrenzung; wenngleich man sich als Leser das manchmal wünscht. (Von *Rolf Dietrich Herzberg* stammt der weise Satz: „Wer etwas Wichtiges zu sagen hat, kann das auch auf 80 Seiten!". Andere vergeben die Note „summa cum laude" prinzipiell erst ab einem Umfang von 400 oder mehr Seiten. So ist das eben …) Fragen Sie einfach Ihren Betreuer nach seinen Vorstellungen.

C 6 ggf. Anhang (s.o. A 8),

C 7 das Literaturverzeichnis (s.o. A 9),

C 8 ggf. Rechtsprechungsverzeichnis (s.o. A 10),

C 9 ggf. Stichwortverzeichnis (s.o. A 11 und B 4).

134 Sie werden selten Vorgaben für die formale Gestaltung der Seiten erhalten. In jedem Fall sollten Sie mit Ihrem Betreuer Rücksprache halten, denn vielleicht hat er gewisse Vorlieben, die Sie beachten sollten. (Bei der späteren Veröffentlichung als Printausgabe werden Sie sowieso die Vorstellungen des Verlages berücksichtigen müssen.)

Allgemein gilt: Sie sollten eine Dissertation so gestalten, dass der Betreuer keine große Mühe beim Lesen hat. Gewährleistet ist das erfahrungsgemäß dann, wenn Sie folgende Eintellungen vornehmen:

- Als Schriftgröße ist 12 pt üblich (keinesfalls weniger) in einer geläufigen Schriftart (z.B. Arial oder Times New Roman).
- Der Zeilenabstand sollte mindestens 16 pt betragen. Ich empfehle, vor jedem Absatz einen Abstand von mindestens 6 pt einzurichten.
- Seitenrand links: 3,0 cm (wegen der Heftung), rechts: 2,0 cm.

  Fragen Sie Ihren Betreuer oder Ihre Betreuerin, ob er bzw. sie einen breiteren Korrekturrand wünscht. Falls ja, dann können Sie 1/3 oder gar die Hälfte der Seite als Rand einrichten.

Kapitel 4: Richtiger Umgang mit Fundstellen

A. Zitieren

„Zitieren“ bedeutet laut dem Fremdwörterbuch der Dudenredaktion: *„eine Stelle aus einem geschriebenen od. gesprochenen Text [wörtlich] anführen*“. Alle fremden Gedanken zu kennzeichnen, gebietet die wissenschaftliche Redlichkeit. **135**

Wer schon einmal etwas selber veröffentlicht hat, kann natürlich auch auf sich selber, genau genommen also auf seine eigenen Gedanken verweisen. Zulässig ist das allemal, um Wiederholungen zu vermeiden.

Die Notwendigkeit, beim Zitieren die Herkunft des Zitierten offenzulegen, gilt nicht nur für Gedanken aus Büchern, Aufsätzen etc., sondern auch und gerade für Passagen aus gerichtlichen Entscheidungen. Und nicht nur für wörtlich übernommene Passagen, sondern selbst für Aussagen, die Sie umformuliert haben, also mit eigenen Worten wiedergeben. Fällt dem Korrektor „Gedankenklau“ auf, stellt das einen gravierenden Mangel der Arbeit dar und führt zu Punktabzug, in schweren Fällen auch zum Nichtbestehen (Täuschungsversuch!).

Das Zitieren zeigt, dass Sie andere Meinungen zur Kenntnis genommen und sich bestenfalls mit den Argumenten auseinandergesetzt haben. Das ist ein wichtiger Aspekt von Wissenschaftlichkeit – aber bei weitem nicht alles. Genau so wichtig wie die Berücksichtigung und Auseinandersetzung mit anderen Meinungen ist die Bildung einer eigenen Meinung, also das Selbstdenken (→ S. 21). Wer eigene Gedanken produziert, kann natürlich keine Fußnoten setzen. Falls Sie mitten im Studium sind, werden Sie sich vielleicht noch nicht trauen, selbstbewusst Stellung zu beziehen. Das ist, wenngleich verständlich, ein großer Fehler. Leider erkennen das die meisten nicht und praktizieren sogar das glatte Gegenteil: Man wähnt sich auf der sicheren Seite, wenn möglichst jeder Satz mit einer Fußnote bestückt wird. Das hat nun wahrlich nichts mehr mit einer eigenen Leistung zu tun und wird den Korrektor (so meine Erfahrung mit mir selber) ziemlich verstimmen. Zumal eine solche „Aneinanderreihung“ selten einen flüssig lesbaren Text ergibt.

Üble Auswüchse inflationärer Fußnotensetzerei sind Fußnotenapparate, die nahezu eine ganze Textseite dominieren (anzutreffen vor allem in Dissertationen oder Habilitationen). Dazu ist Folgendes zu sagen: Es ist eine Unsitte, wenn „ein dünnes Textfloß auf einem Meer von Fußnoten schwimmt“. **136**

Das ist ein schöner Ausspruch, leider nicht von mir und noch bedauerlicher ist, dass ich überhaupt keine Ahnung habe, von wem er stammt. Ich erlaube mir gleichwohl, ihn zu zitieren. In einer wissenschaftlichen Arbeit sollten Sie so etwas besser nicht tun.

Rufen Sie sich den Zweck von Fußnoten in Erinnerung! Sie dienen der Entlastung des Textes, sollen nämlich Informationen enthalten, die den eigentlichen Gedankengang (den Textfluss) stören, aber gleichwohl einen engen Bezug zum Gesagten haben.

Das trifft etwa zu auf Fundstellennachweise, auch auf erläuternde und zusätzliche Informationen. Überflüssig sind Fußnoten dann, wenn die Fußnote reiner Selbstzweck ist, ohne den Verweis oder die Information also nichts verloren ginge.

Beispiel: Ein Autor versah in der Regel das Wort „Struktur" mit einer Fußnote, meist eingeleitet mit den Worten „Zum Strukturbegriff grundlegend …" (oder sinngemäß). Sodann folgten der Name eines Angehörigen des Autors und der Titel einer vor vielen Jahren verfassten Dissertation des Angehörigen. Einen Zusammenhang zwischen der Aussage im Text und dem Verweis in der Fußnote gab es genau genommen nie. – Sowohl von dieser speziellen und kuriosen Art des „name-dropping" rate ich dringend ab als auch davon, den Anschein von Wissenschaftlichkeit mit überflüssigen Verweisen erzeugen zu wollen.

137 Sie müssen beim Zitieren also das richtige Maß halten. Dabei ist die wörtliche Wiedergabe von Gedanken Dritter grundsätzlich zu vermeiden. Formulieren Sie sinngemäß und in indirekter Rede (Konjunktiv I)! Ausnahme: Es kommt auf den genauen Wortlaut an. Derartige wörtliche Zitate sind mit Anführungszeichen zu kennzeichnen („..."). Bei einem Zitat oder Ähnlichem innerhalb eines Zitates sind einfache Anführungszeichen zu verwenden („Freilich erweist sich diese ‚kühne' These schon bei oberflächlicher Betrachtung weniger als Eiche, denn als nicht tragfähiges Reis …"[18]).

138 Es spricht nichts dagegen, offensichtliche Fehler in einem wörtlichen Zitat zu korrigieren. Hat etwa der zitierte Autor beim Wort „wesenltich" zwei Buchstaben vertauscht, können Sie ihm den Gefallen tun, dies zu verbessern. Solche Veränderungen des Originals sollten aber die Ausnahme bleiben; in der Regel ist wörtlich zu zitieren, also auch in der alten Rechtschreibung. Falls Sie Fehler zitieren müssen (und wollen), können Sie hinter das falsch geschriebene Wort den Zusatz „[sic]" oder „[sic!]" setzen. Es bedeutet „wirklich so!" und stellt klar, dass der Zitierte den Fehler gemacht hat und nicht etwa Sie.

139 Freigestellt ist Ihnen, ob Sie Hervorhebungen des Originals (etwa Kursivdruck) übernehmen. Falls ja, können Sie dies in der Fußnote mit dem Vermerk „Hervorhebung im Original" kenntlich machen. Das gilt übrigens auch im umgekehrten Fall, also wenn Sie meinen, eine Hervorhebung eines Satzteils sei sinnvoll. Dann versehen Sie die Fundstelle etwa mit: „Hervorhebung nur hier" (ein Beispiel finden Sie auf S. 125, dort in Fn. 7).

B. Zitierweise

Literaturhinweise gehören nicht in den Text, etwa in Klammern hinter ein Zitat oder einen fremden Gedanken. Diese Zitierweise ist etwa in den Sozialwissenschaften üblich, nicht aber in der Rechtswissenschaft. Dafür verwenden die Juristen Fußnoten. Im Text wird der Verweis auf eine Fußnote mit einer hochgestellten Zahl[1] kenntlich gemacht (zum Einfügen mit „Word" → S. 170 ff.). Sie können die Fußnoten seitenweise zählen (also auf jeder Seite immer wieder bei [1] beginnen) oder fortlaufend (also von [1] bis [689] usw.). Ich empfehle grundsätzlich die zweite Variante. „Endnoten", also wenn alle Fußnoten erst am Ende der Ausarbeitung aufgeführt werden, sind unüblich. 140

Und noch ein Hinweis, der vor allem für Studierende wichtig ist: Aussagen zum konkreten Fall dürfen keine Fußnote erhalten. Denn kein Lehrbuchautor oder Gericht kennt den Täter A, den Schuldner B oder den Antragsgegner C des Falles. Schreiben Sie also **nicht** im Text: 141

„Folglich benutzte B eine ungeladene Schusswaffe, also kein gefährliches Werkzeug.[3]"

und sodann in der Fußnote:

„[3] *Krey/Hellmann*, Strafrecht BT 2, Rn. 197."

Wohin mit den Fußnoten im Text? Es gibt folgende Konstellationen:

- Bei einem Zitat ist der richtige Platz für die Fußnote direkt nach den Anführungszeichen. 142

Beispiel: Die Beweisbestimmung ist als „subjektive Zwecksetzung"[4] zu verstehen und kann bei einer sog. Zufallserklärung später gegeben werden.

- Bezieht sich ein Literaturhinweis auf ein bestimmtes Wort in einem Satz, gehört die Fußnote direkt ans Ende des Wortes. 143

Beispiel: Entwickelt wurde die Schulderfüllungstheorie[5], um dem Wiedergutmachungsgedanken zu stärken.

- Bezieht sich ein Literaturhinweis auf die gesamte Satzaussage, gibt es zwei Ansichten. Die einen setzen die Fußnote an das Ende des letzten Wortes im Satz, also noch vor das Satzzeichen. 144

Beispiel: Die Pressefreiheit ist konstituierend für eine freiheitliche Gesellschaftsordnung[6].

145 ▪ Andere bevorzugen die Fußnote erst nach dem Satzzeichen.

Beispiel: Die Pressefreiheit ist konstituierend für eine freiheitliche Gesellschaftsordnung.[7]

146 Empfehlung: Setzen Sie die Fußnote nach dem Satzzeichen! Der Fußnotentext ist dann immer mit einem Punkt abzuschließen.

147 Manchmal muss man nicht nur einen, sondern mehrere fremde Gedanken wiedergeben. In einem solchen Fall wäre es unschön, an jeden Satz eine identische Fußnote zu setzen (oder gar „a.a.O." zu schreiben, → dazu S. 57). Vielmehr kann man an das Ende des ersten Satzes der entsprechenden Passage eine Fußnote setzen, die auf die Quelle hinweist und dann etwa mit den Worten fortfährt: „dort auch zum folgenden Text".

So könne sich jeder teleologische Erklärungsansatz auf die Typisierung zurückziehen.[8] Dadurch sei der Immunisierung der Theorien Tür und Tor geöffnet. Deshalb dürfe man § 24 nicht auf eine unwiderlegliche Vermutung festlegen. Die Erklärung dürfe vielmehr nicht klüger sein wollen als das Gesetz.

---

[8] Vgl. *Scheinfeld*, § 24 StGB, S. 70/71, dort auch zum folgenden Text.

C. Gestaltung der Fußnoten

I. Allgemeines

148 Schriftgröße 10 pt (also kleiner als der normale Text) bei gleicher Schriftart wie der Haupttext; Zeilenabstand: einfach.

---

9 Zur besseren Abgrenzung zwischen normalem Text und dem Text in den Fußnoten kann man einen Trennstrich einfügen (wie hier vor Fußnote 9). Wenn Sie bei „Word" die automatische Fußnotenfunktion verwenden, fügt das Programm einen solchen Trennstrich automatisch ein.

10 Um die Fußnoten optisch zu trennen, kann man vor der jeweils ersten Zeile einer Fußnote (alternativ auch nach der jeweils letzten) einen Abstand von 3 pt einrichten. Wer mit Platzproblemen kämpft, sollte alles lassen, wie „Word“ es sowieso als Standard vorsieht.

100 Schöner sieht es zudem aus, wenn der Fußnotentext in einem so großen Abstand von der Fußnotenzahl angeordnet wird, dass weder beim Beginn der zwei- noch der dreistelligen Zahlen optisch Brüche auftreten. Wie das funktioniert, finden Sie im nächsten Absatz.

101 Ich empfehle darüber hinaus, den Einzug der Zeilen „hängend“ zu gestalten, wie dies in Fußnote 9, 10 und 100 zu sehen ist. In „Word“ lässt sich dies einstellen über „Format“, dann „Absatz“ und „Sondereinzug“ (zur Einstellung über Formatvorlagen → S. 161). Anderenfalls sieht es aus wie hier in Fußnote 101; m.E. ist dies weniger übersichtlich (es muss geradezu nach der Fußnote gesucht werden).

In den Fußnoten kann äußerst knapp zitiert werden, denn die vollständigen Angaben finden sich ja im Literaturverzeichnis. Fußnoten sind allein Fundstellennachweis. Vermeiden Sie Ausführungen in den Fußnoten, die eigentlich Bestandteil des Textes sein sollten (anders – in Grenzen – bei Seminararbeiten, Häuslichen Arbeiten, Dissertationen etc.; → S. 39)! Zitieren Sie immer so, dass sich die Fundstelle ohne Probleme im Literaturverzeichnis finden lässt! **149**

Zur Gestaltung lässt sich generell Folgendes sagen:

- Fußnoten sind immer mit einem Großbuchstaben zu beginnen (das gilt auch für das niederländische „*van*“, nicht aber das deutsche „*von*“) und enden mit einem Punkt. **150**

11 *Van den Brink/Kaiser*, APuZ 12/2007, 4, 6.

12 *von Bubnoff*, ZRP 2000, 60, 62.

- Bei mehr als drei Autoren genügt m.E., den ersten Autor zu nennen und für die übrigen Autoren „et al.“ oder „u.a.“ anzufügen (→ hierzu ausführlich S. 72), z.B.: *Blankenburg* et al., Die Staatsanwaltschaft, 74. **151**

152 ▪ Mehrere Fundstellennachweise trennen Sie mit einem Semikolon voneinander.

153 ▪ Manche fügen zur Seitenangabe bei Monografien und Aufsätzen ein „S." (für „Seite") hinzu. Das ist Geschmackssache. Meines Erachtens können Sie das „S." getrost weglassen, denn es kostet nur Platz. Ob mit oder ohne – achten Sie stets auf Einheitlichkeit!

Sehr verbreitet ist es, das „Seiten-S" bei unselbständigen Schriften, z.B. Aufsätzen wegzulassen, es bei selbständigen Schriften, z.B. Monografien oder Lehrbüchern, aber der Seitenzahl voranzustellen. Ein überzeugender Grund, warum das manche machen, ist mir noch nie begegnet. Es ist Gewohnheit, und Sie können sich anschließen – oder eben nicht.

154 ▪ Falls es sich nicht um ein Zitat handelt und die Quelle nicht exakt dasselbe wie der geschriebene Text besagt, kann die Fußnote mit einem „Vgl." eingeleitet werden. In Hausarbeiten ist damit äußerst sparsam umzugehen (anders bei Seminararbeiten oder Häuslichen Arbeiten, näher → S. 39).

II. Einzelfragen

1. Rechtsprechung

155 **Zitierweise:** Gericht und Fundstelle (bei einer amtl. Sammlung der Bundesgerichte genügt die Kurzform der Sammlung, z.B. „BGHZ"; nicht: „BGH BGHZ" oder „BVerfG BVerfGE"), ggf. Band der amtlichen Sammlung, Anfangsseite der Entsch., Seite mit zitierter Passage (Rn. bei Entsch. des EuGH; nur ältere Entsch. des EuGH haben keine Rn. Bei solchen Entsch. ist die Seite anzugeben. Das gleiche gilt für neuere Entscheidungen des BGH) und ggf. Name der Entsch. (stets bei Entsch. des EuGH, ggf. auch bei Entsch. des BVerfG).

[13] **Internationale und Europäische Gerichte:** IGH, Urt. v. 24.11.1980 – *Case Concerning United States Diplomatic and Consular Staff in Tehran*, ICJ Rep. 1980, 3, 32; EuGH, Urt. v. 6.11.2003, Rs. C-243/01 – *Gambelli*, Slg. 2004, I-13076 Rn. 54 = EuZW 2004, 115, 116; EuG, Urt. v. 25.9.2002, Rs. T-316/00 – *Viking gegen HABM*, Slg. 2002, II-3715 Rn. 33; EGMR, Urt. v. 1.7.2003 – *Finucane*, Nr. 29178/95 Rn. 84; EGMR, Entsch. v. 13.1.2005, EuGRZ 2005, 234, 237; EGMR, Urt. v. 7.7.1989 – *Soering v. The United Kingdom*, Series A 161 Rn. 91.

14 **Verfassungsgerichte:** BVerfGE 43, 130, 136 f.; 111, 226, 228; BayVerfGH VerfGHE 53, 20 = MDR 2000, 659; NWVerfGH NVwZ 2000, 666, 667 f.

15 **Verwaltungsgerichte:** BVerwGE 96, 293, 295; BayVGH GewArch 2001, 65, 66; OVG Berlin OVGE 24, 17, 23; OVG Münster OVGE 47, 17, 19.

16 **Strafgerichte:** BGHSt 2, 375, 378; BGH bei *Holtz*, MDR 1981, 98, 99; BayObLGSt 1989, 107 f.; OLG Hamm NJW 1958, 1245, 1246; AG Saalfeld NStZ-RR 2004, 264.

17 **Zivilgerichte:** BGHZ 169, 17, Rn. 26; BGHZ 111, 75, 82 = NJW 1990, 1659, 1660 f.; OLG Hamm OLGR 2004, 38, 39; LG Essen NJW-RR 2001, 912, 913; AG Lemgo NJW-RR 2004, 236, 237.

Es hat sich eingebürgert, zwischen dem Namen des Gerichts und der Fundstelle **kein** Komma zu setzen. Manchmal sieht man bei Zitaten aus der Rechtsprechung, dass das Gericht kursiv gesetzt wird (also *BGH* NJW …, *BVerfG* NStZ … oder *OLG Hamm* etc.). Dagegen gibt es nichts einzuwenden; wenn man es bei Personennamen macht, spricht sogar einiges dafür. Falls Sie sich für Kursivdruck entscheiden, dürfen Sie lediglich die Namen der Gerichte kursiv setzen, nicht deren amtliche Entscheidungen, also nicht: *BVerfG*E … oder *BGH*St … **156**

Bei der Angabe mehrerer Rechtsprechungsnachweise aus einer amtlichen Sammlung können Sie die Bandzahl der Sammlung kursiv zu setzen. Eine einheitliche „Zahlenkolonne" ist unübersichtlich. Zitieren Sie lediglich einen einzigen Nachweis, erscheint mir der Kursivdruck nicht nötig. **157**

18 BGHSt *39*, 168, 197; *45*, 270, 294; *49*, 1, 3.

In einer Haus- oder Seminararbeit ist es nicht üblich, veröffentlichte Gerichtsentscheidungen (etwa in der amtl. Sammlung oder einer Zeitschrift) mit Datum und Az. anzugeben (anders aber im Arbeits- und Europarecht). Manche Dozenten verlangen bei Seminararbeiten aber ein Rechtsprechungs- oder Entscheidungsregister (→ dazu S. 40). Hier ein Beispiel für das Zitieren mit allem „drum und dran": **158**

19 BGH v. 26.1.1982, 4 StR 631/81, BGHSt 30, 363, 364 = NJW 1982, 1164. Manchmal findet sich auch die zusätzliche Angabe, ob es sich um ein Urteil oder einen Beschluss handelt, also: BGH, Beschl. v. 7.6.1996, I ZB 10/94, GRUR 1996, 771 f. = WRP 1996, 1160 ff.

159 Leider noch nicht mehrheitsfähig ist die generelle Angabe des Aktenzeichens (Az.). Ich sehe das anders und halte die Angabe bei allen Gerichtsentscheidungen für angebracht. Der Vorteil besteht darin, dass sich die Entscheidung (oft sogar mit den ausführlichen Entscheidungsgründen) in der Regel im Internet finden lässt. Das Az. ist also der Schlüssel zum schnellen Zugriff. Und es ist mittlerweile wesentlich wahrscheinlicher, dass einem Leser das Internet zur Verfügung steht als eine amtliche Sammlung oder die NJW. Ich schlage beim Az. folgende Zitierweise vor:

> [20] BVerfGE 7, 377 (1 BvR 596/56); BVerfG NJW 1998, 3337 (2 BvR 441/90); BGHSt 35, 184, 187 (2 StR 665/87); BGHZ 139, 177 (X ZR 17/97); OLG Oldenburg NJW 2004, 168 (8 U 136/03).

160 Gibt es mehrere Fundstellen für eine Entscheidung, hat die amtl. Sammlung Vorrang (etwa BVerfGE, BGHSt oder BGHZ). Besonders fleißige Menschen ergänzen diese Angabe manchmal mit weiteren Fundstellen. Dies kann man machen, es ist aber nicht unbedingt nötig (anders ggf. im Arbeits- und Europarecht).

> [21] BGHSt 35, 184, 187 = NJW 1988, 1603, 1604 = NStZ 1988, 404 oder NdsStGH DÖV 1998, 382 ff. = DVBl 1998, 185 ff. m. Anm. *F. Kirchhof*.

2. Kommentare

➢ Was ein Kommentar ist, erläutere ich auf S. 58. Zur Zitierweise im Literaturverzeichnis → S. 67 ff.

Zitierweise:

161 ▪ Bei einem einzigen Bearbeiter: *Verfassername* (Nachname), Kurztitel des Kommentars, Artikel oder Paragraf und Randnummer (siehe die folgenden Beispiele).

> [22] *Fischer*, StGB, § 264a Rn. 2; *Geiger*, EUV/EGV, Art. 72 Rn. 3; *Hüffer*, AktG, § 220 Rn. 3; *Lechner/Zuck*, BverfGG, § 80 Rn. 40; *Redeker/von Oertzen*, VwGO, § 42 Rn. 158a; *Ostendorf*, JGG, § 10 Rn. 17.

- Bei mehreren Bearbeitern: *Bearbeiter*, „in:" Titel des Kommentars, Artikel oder Paragraf und Randnummer (siehe die folgenden Beispiele). 162

[23] *Herzog*, in: Maunz/Dürig, Art. 8 Rn. 6; *Höfling*, in: Sachs, Art. 9 Rn 45; *Kannengießer*, in: Schmidt-Bleibtreu/Klein, Art. 2 Rn. 5; *Puttler*, in: MAK-BVerfGG, § 23 Rn. 7; *Schnapp*, in: von Münch/Kunig, Art. 20 Rn. 21.
[24] *Herzberg*, in: MüKo-StGB, § 22 Rn. 128; *Weßlau*, in: SK-StPO, § 153 (Dezember 2002), Rn. 54.
[25] *Hartmann*, in: Baumbach u.a., § 139 Rn. 68; *Magnus*, in: Staudinger, Art. 18 CISG Rn. 24; *Putzo*, in: Palandt, § 433 Rn. 39; *Spickhoff*, in: Soergel, § 823 Rn. 251.

Manchmal wird zusätzlich zum Namen des Kommentars (oder dessen Kurzbezeichnung) das Gesetz angegeben, welches kommentiert wird. Beispiel: „*Herzberg*, in: MüKo-StGB …" oder *Weßlau*, in: SK-StPO …". Notwendig ist das, soweit ohne den Zusatz eine Unterscheidung erschwert wird. Das ist dann der Fall, wenn „unter dem Dach" des Kommentarnamens mehrere Gesetze kommentiert werden (so gibt es beim MüKo etwa Kommentierungen zum BGB, HGB zur InsO und zum StGB, beim SK zum StGB und zur StPO). 163

Die hier für Kommentare mit mehreren Bearbeitern empfohlene Zitierweise findet sich nicht überall. Manche zitieren anders. Achten Sie auf Einheitlichkeit! Eine bei Kommentaren von Ihnen bevorzugte Zitierform sollten Sie bei allen Zitaten von Kommentaren praktizieren. Hier ein paar Varianten zur Auswahl. Ich selbst finde die erste elegant; sie kostet aber Platz. Alternativ ist deshalb die zweite Variante zu empfehlen (das ist übrigens auch der Favorit des Beck-Verlags). 164

***Herzberg*, in: MüKo-StGB, § 22 Rn. 128**
MüKo/StGB/*Herzberg*, § 22 Rn. 128
MüKo-StGB/*Herzberg*, § 22 Rn. 128
Herzberg/MüKo-StGB, § 22 Rn. 128
MK-StGB/*Herzberg*, § 22 Rn. 128
MünchKommStGB/*Herzberg*, § 22 Rn. 128

165 Vor allem bei Kommentaren, aber auch bei Lehrbüchern, finden sich manchmal hochgestellte Zahlen, z.B.: „*Eser*, in: Schönke/Schröder^{26}, § 211 Rn. 3" oder „*Rengier*, BT II^{6}, § 3 Rn. 2 ff." Gemeint ist damit die Auflage. Diese Angabe ist grundsätzlich überflüssig, denn die verwendete Auflage ergibt sich aus dem Literaturverzeichnis. Zitieren Sie aber zwei unterschiedliche Auflagen desselben Werkes, kann eine solche Angabe sinnvoll sein.

166 Eine weitere Möglichkeit besteht darin, statt der Auflage generell hinter den (ggf. abgekürzten) Buchtitel das Erscheinungsjahr anzugeben. Dadurch weiß der Leser, aus welchem Jahr das Werk stammt. Wenn Sie sich für die Angabe des Erscheinungsjahres entscheiden, dann unbedingt durchgängig.

> [26] *Hörnle*, Anstößiges Verhalten (2005), 171; *Ostendorf*, JGG (2007), § 10 Rn. 17; *Wank*, Auslegung (2008), 22.

3. Monografien und Lehrbücher

➢ Was Monografien sind, erläutere ich auf S. 58. Zur Zitierweise im Literaturverzeichnis → S. 69.

167 **Zitierweise:** *Familienname* des Verfassers/der Verfasser, Titel (oder Kurztitel), Seite oder Randnummer der zitierten Passage (Randnummern werden im Singular und Plural mit „Rn." abgekürzt).

> [27] *Brox*, AT, Rn. 598; *Eckert*, Schuldrecht BT, Rn. 714; *Jarass*, EU-Grundrechte, § 16 Rn. 43; *Hörnle*, Anstößiges Verhalten, 171; *Muscheler*, Universalsukzession, 3; *Putzke/Scheinfeld*, Strafprozessrecht, 134; *Seer*, Verständigung, 100; *Wank*, Auslegung, 22; *Wolters/Gubitz*, Strafrecht im Assessorexamen, 30.

168 Manchmal wird anstelle der Seite oder Randnummer der Gliederungspunkt angegeben, z.B. A.I.1.a)bb). Das ist unschön und wenig hilfreich. Denn wer die Passage nachschlagen möchte, muss sich erst mit der Gliederung vertraut machen und mühsam den jeweiligen Gliederungspunkt suchen. Eine Randnummer oder Seite ist hingegen rasch gefunden. Gibt es eine Randnummer, dann verwenden Sie bitte die Randnummer (solange die Seitenangabe nicht präziser auf die Fundstelle verweist)!

Manche (Lehr-)Bücher haben mehrere Autoren verfasst. Selbst wenn ersichtlich ist, wer davon welche Abschnitte bearbeitet hat, wird das nicht etwa besonders hervorgehoben (nicht „*Rössner*, in: Meier/Rössner/Schöch, Jugendstrafrecht …" auch nicht „Meier/*Rössner*/Schöch, Jugendstrafrecht", sondern schlicht „*Meier*/*Rössner*/*Schöch*, Jugendstrafrecht …"). 169

4. Beiträge in Sammelbänden

> ➢ Was Sammelbände sind, erläutere ich auf S. 58. Zur Zitierweise im Literaturverzeichnis → S. 71.

Zitierweise: *Familienname* des Verfassers/der Verfasser, „in:" Fundstelle, etwa „GS" (= Gedächtnisschrift) oder „FS" (= Festschrift) plus Name des Geehrten (die Angabe des Geburtstages ist nicht erforderlich), ggf. Erscheinungsjahr, Anfangsseite (darauf kann eigentlich verzichtet werden, denn sie ergibt sich ja aus dem Literaturverzeichnis; die Angabe ist aber üblich), Seite mit der zitierten Passage. 170

> [28] *Böckenförde*, in: HStR, § 34 Rn 4; *Brambring*, in: Anwaltshandbuch Familienrecht, § 25 Rn. 56; *Cremer*, in: Grundrechtsschutz für Unternehmen, 229, 230; *Herzberg*, in: FS Roxin, 749, 765; *Poscher*, in: Bedeutung der Rechtsprechung, 127, 135; *Prittwitz*, in: FS Herzberg, 515.

Bei Fest- oder Gedächtnisschriften gibt es wiederum mehrere Varianten der Zitierweise. Welche Darstellungsform Sie wählen, ist Geschmackssache. Wichtig ist Einheitlichkeit. Im Folgenden ein paar mögliche Zitierformen: 171

> *Lieb*, in: FS für Konzen, 501, 510
> *Lieb*, in: FS f. Konzen, 501, 510
> *Lieb*, FS Konzen, 501, 510
> *Lieb*, Konzen-FS, 501, 510

5. Beiträge in Zeitschriften

> ➢ Was Aufsätze sind, erläutere ich auf S. 59. Zur Zitierweise im Literaturverzeichnis → S. 72.

Zitierweise: *Familienname* des Verfassers/der Verfasser, Zeitschrift in abgekürzter Form, ggf. Anfangsseite (darauf kann eigentlich verzichtet werden, denn sie ergibt sich ja aus dem Literaturverzeichnis; die Angabe ist aber üblich), Seite mit der zitierten Passage. 172

173 Es ist Geschmackssache, wie man die Seiten bei Beiträgen in Zeitschriften oder Sammelbänden zitiert. Die Variante mit den Klammern kann zu Komplikationen führen, wenn der betreffende Literaturhinweis selbst in einem Klammersatz zitiert wird (eckige Klammern sind nicht besonders schön, siehe das folgende Beispiel bei *Schreiber*).

[29] Mit Klammern: *Borges*, DB 2004, 1815 (1818); und ohne Klammern: *Borges*, DB 2004, 1815, 1818 (ferner *Schreiber*, JURA 2005, 241 [242]).

[30] *Borges*, DB 2004, 1815, 1818; *Burgi*, JuS 1997, 1106, 1108; *Herzberg*, JuS 1991, L 68, L 70; *Puttler*, DÖV 2005, 401, 402; *Schreiber*, JURA 2005, 241, 242.

In den Musterarbeiten im 5. Kapitel finden Sie beide Varianten (ohne Klammern: → S. 93 ff., mit Klammer: → S. 123 ff.

174 Enthält die Anfangsseite zugleich die zu zitierende Passage, dann zitieren Sie allein die betreffende Seite (das gilt auch für Beiträge in Sammelbänden, d.h. bei sämtlichen „unselbständigen Schriften“).

[31] **Nicht:** *Burgi*, JuS 1997, 1106, 1106 oder *Burgi*, JuS 1997, 1106 (1106) oder *Herzberg*, in: FS Roxin, 749 (749); **sondern:** *Burgi*, JuS 1997, 1106 bzw. *Herzberg*, in: FS Roxin, 749.

6. Sonstiges

- Zur Zitierweise von Quellen aus dem Internet im Literaturverzeichnis → S. 75.

175 Müssen Sie etwas zitieren, wofür ich kein Beispiel geliefert habe, zitieren Sie immer so, dass die Fundstelle im Literaturverzeichnis ohne Schwierigkeiten gefunden werden kann! Das gilt natürlich nicht für Quellen, die nicht ins Literaturverzeichnis aufgenommen werden, etwa Drucksachen der Parlamente (z.B. BT-Drucks.), Rechtsakte der Europäischen Union oder Fundstellen im Bundesgesetzblatt (BGBl).

[32] BT-Drucks. 16/2285, S. 3; BGBl II S. 1314 ff.; BGBl I S. 593 ff., Verordnung (EG) Nr. 490/2007 der Kommission v. 3.5.2007 zur Festlegung pauschaler Einfuhrwerte für die Bestimmung der im Sektor Obst und Gemüse geltenden Einfuhrpreise (ABl. L 116 vom 4.5.2007, S. 1).

Hinweis: Drucksachen der Parlamente werden ausnahmsweise im Literaturverzeichnis aufgeführt, wenn es für den Text der Drucksache einen Autor gibt. Oft kommt es z.B. vor, dass die Gutachten von Sachverständigen, die sich zu Gesetzesvorhaben äußern, als Drucksache veröffentlicht werden.

[32] *Putzke*, Stellungnahme, Dokumenten-Nr. 14/1439, S. 14.

Bei Quellen aus dem Internet kann grds. wie auch sonst zitiert werden, also zuerst Name des Autors oder der Institution, dann ggf. eine Kurzbezeichnung des Titels der Publikation und schließlich die Angabe des genauer Fundorts (also Seite oder Randnummer etc.). Der Rest, also auch die downloadfähige Adresse, lässt sich im Literaturverzeichnis finden (dort steht dann auch das Datum des letzten Zugriffs). 176

[33] Motive, BGB § 579 (S. 508); Protokolle, BGB, Nr. 132 II. (S. 378); Bundeskriminalamt, PKS 2004, T 66 (S. 110).

[34] *Hardtung*, Lehrskript Strafrecht BT, §§ 249–256 Rn. 12.

Zum Standard gehören inzwischen „juris“ und „Beck-Online“. Ausschließlich dort publizierte Dokumente können in einer Fußnote wie folgt zitiert werden (zur Zitierweise im Literaturverzeichnis → S. 76): 177

[35] *Junker*, in: jurisPK-BGB, § 126a Rn. 7; *Vormeier*, jurisPR-BVerwG 10/2005 Anm. 1; OLG Koblenz BeckRS 2003 30316436; *Gehrlein*, in: BeckOK-BGB, § 426 Rn. 1.

Innerhalb der Fußnoten empfiehlt sich eine bestimmte **Reihenfolge** der Literaturhinweise (weil es gängig ist): Zuerst werden die Gerichtsentscheidungen angeführt, beginnend mit den höchsten Instanzen (zum Schluss also das Amtsgericht). Wenn es aber darum geht, die durchschrittenen Instanzen deutlich zu machen, kann auch das AG an erster Stelle stehen. Danach folgt – in alphabetischer oder chronologischer Reihenfolge – die sonstige Literatur (manche unterteilen dabei noch in Kommentare und alles Übrige, wofür kein durchschlagender sachlicher Grund ersichtlich ist. Gibt es eine Hauptfundstelle, dann wird diese – Reihenfolge hin oder her – zuerst angeführt (dann kann das AG also auch vor dem BVerfG stehen). 178

Manchmal finden Sie in den Fußnoten die Bezeichnung **„a.a.O.“** für „am angegebenen Ort“. Verwendet wird diese Abkürzung dann gern, wenn man eine Fundstelle bereits zitiert hat und nicht noch einmal alle Angaben nennen möchte. 179

Es gibt meines Erachtens nur einen Fall, wo Sie mit gutem Gewissen „a.a.O.“ schreiben dürfen, nämlich wenn die Fundstelle, auf welche verwiesen wird, in der vorangehenden Fußnote steht (siehe unten Fn. 36 und 37). Aber auch bei dieser Variante verdrehen manche schon die Augen, weil es immer lästig ist, nach dem „angegebenen Ort" zu suchen. Verzichten Sie also möglichst auf das Kürzel „a.a.O."! Wogegen es nichts einzuwenden gibt, ist der Verweis mit der Angabe der einschlägigen Fußnote (siehe unten das Beispiel in Fn. 38). In Aufsätzen ist das sogar üblich (dann werden sämtliche bibliografische Angaben bei der ersten Erwähnung der Fundstelle aufgeführt, weil es ja kein Literaturverzeichnis gibt).

[36] *Huster*, Neutralität, 22; *Murswiek*, in: Sachs, Art. 2 Rn. 104; *Poscher*, in: F.A.Z. vom 2.6.2004, S. 8.
[37] *Huster*, a.a.O.
[38] *Puttler* (Fn. 22), Rn. 9.

D. Literaturverzeichnis

I. Allgemeines

180 **Zweck des Literaturverzeichnisses:** Es sorgt für Entlastung der Fußnoten (dort müssten ohne Literaturverzeichnis sämtliche bibliografischen Angaben erscheinen) und soll einen schnellen Zugriff auf die zitierte Literatur geben.

181 Wissen Sie aus dem Stegreif, was gemeint ist mit „Monografie" oder „Sammelband"? Falls ja, dann sparen Sie sich die Lektüre der folgenden kurzen Erklärungen. Falls nein: Das ist keine Schande.

- **Kommentar:** ist eine (mündliche oder schriftliche) Erklärung, die jemand zu einem Text, Ereignis etc. abgibt. Spricht ein Jurist von „Kommentar", meint er meist ein Buch, in dem eine einzelne Person oder mehrere etwas „erklären", sprich erläutern, und zwar meist die Bedeutung von Paragrafen eines Gesetzes. Es gibt verschiedene Kommentare: Manche legen den Schwerpunkt auf die (unkritische) Sammlung von gerichtlichen Entscheidungen, andere setzen sich intensiv mit der Bedeutung des kommentierten Paragrafen auseinander (meist unter kritischer Analyse der Rechtsprechung).
- **Sammelband:** ein Buch mit mehreren (gesammelten) Einzelbeiträgen (z.B. Aufsätzen), meist von verschiedenen Autoren (manchmal auch von einem einzigen, etwa mit den „Highlights" seines Lebenswerke). Sammelbände sind etwa Fest- und Gedächtnisschriften oder Handbücher.
- **Monografie:** ist ein Buch, genauer eine größere, wissenschaftliche Einzeldarstellung, z.B. Dissertation und Habilitationsschrift (in der Regel nicht geschrieben für Studenten, sondern „von Experten für Experten").

- **Dissertation** (Unterfall einer Monografie): ist ein (oft dickes) Buch, genauer eine schriftliche wissenschaftliche Abhandlung zur Erlangung des Doktorgrades (Abkürzung generell „Diss.", bei juristischen Dissertationen auch schon mal „Diss. iur.").
- **Habilitationsschrift** (Unterfall einer Monografie): ist ein (leider meist sehr dickes) Buch, genauer eine schriftliche wissenschaftliche Abhandlung, geschrieben mit dem Ziel, die Lehrberechtigung an Hochschulen und Universitäten zu erhalten.
- **Aufsatz:** ist eine (meist kürzere) wissenschaftliche Abhandlung über ein selbst gewähltes Thema und wird meist veröffentlicht in einem Sammelband oder einer Zeitschrift.
- **Rezension:** ist eine kritische Besprechung einer künstlerischen oder wissenschaftlichen Arbeit, meist in einer Zeitschrift. Solche Texte werden im Literaturverzeichnis und in den Fußnoten behandelt wie Aufsätze.
- **(Urteils-)Anmerkung:** ist ein Text, worin der Autor sich mit einem konkreten Urteil auseinandersetzt. Zu behandeln sind sie im Literaturverzeichnis und in den Fußnoten wie Aufsätze.

II. Inhalt und Gestaltung des Literaturverzeichnisses

Aufzunehmen sind nur die in den Fußnoten oder im Text genannten **182** Fundstellen. Verwenden Sie ein Buch, ohne daraus etwas zu zitieren, hat es im Literaturverzeichnis nichts zu suchen.

Nutzen Sie etwa dieses, mein Buch, dann ist das sehr zu loben und freut mich sehr – ins Literaturverzeichnis darf es gleichwohl nicht aufgenommen werden (es sei denn, Sie zitieren etwas daraus, z.B. Gedanken aus den Musterarbeiten von *Christina Klaas* oder *Jörg Scheinfeld*; → S. 117 ff. bzw. 82 ff.).

Aufzunehmen sind: **183**

- Kommentare, Lehrbücher, Monografien (etwa Dissertationen oder Habilitationsschriften), Aufsätze, Beiträge aus Sammelbänden (etwa aus Festschriften), Urteilsanmerkungen, Zeitungsartikel, Internetfundstellen usw.

Nicht ins Literaturverzeichnis gehören: **184**

- Entscheidungssammlungen, Gerichtsentscheidungen (z.B. BVerfGE 7, 377; OLG Celle, Beschl. v. 17.5. 2005, 1 Ws 167/05), Gesetze, Gesetzes- oder Amtsblätter (etwa BGBl), Gesetzesmaterialien (etwa Bundestagsdrucksachen) oder Gesetzessammlungen (z.B. Schönfelder oder Sartorius). – Sie alle (abgesehen von Gesetzessammlungen) tauchen lediglich in den Fußnoten auf (zur Zitierweise von Gerichtsentscheidungen und Drucksachen in den Fußnoten → S. 50 bzw. S. 56).

185 Zu der Regel, dass Drucksachen der Parlamente (z.B. BT- oder LT-Drucks.) ins Literaturverzeichnis nicht aufgenommen werden, gibt es eine Ausnahme, wenn es für den Text der Drucksache eine Person als Autor gibt. Oft kommt es z.B. vor, dass die Gutachten von Sachverständigen, die sich zu Gesetzesvorhaben äußern, als Drucksache veröffentlicht werden. Der Eintrag im Literaturverzeichnis könnte dann wie folgt aussehen:

Putzke, Holm: Stellungnahme zum Gesetz zur Regelung des Jugendstrafvollzugs in Nordrhein-Westfalen (Landesjugendstrafvollzugsgesetz – JStVollzG NRW) im Rahmen der Sachverständigenanhörung des Rechtsausschusses am 12. 9. 2007, Dokumenten-Nr. (Stellungnahmen) 14/1439

186 Missachten Sie diese Standards nicht! Wer etwa Gerichtsentscheidungen etc. in das Literaturverzeichnis aufnimmt, zeigt, dass er keine Ahnung hat. Jeder Korrektor wird darüber verständnislos den Kopf schütteln.

187 Hinweis: Oft erhalten Sie den Hinweis, dass aus **Skripten** nicht zitiert werden dürfe, sie also nicht ins Literaturverzeichnis gehören. Solche Literatur ganz und gar zu verdammen ist „realitätsfremd und unfair" (das hat immerhin *Wolfgang Naucke* gesagt, der als Professor an der Universität Frankfurt gelehrt hat). Denn ebenso wie es unbestreitbar gute und schlechte Lehrbücher gibt, gibt es unbestreitbar gute und schlechte Skripte. Aber Vorsicht: Enthalten Skripte – was meist der Fall ist – keine eigenen Gedanken, sind sie i. d. R. **nicht zitierfähig.** (Genau genommen ist die kritiklose Wiedergabe fremder Gedanken auch eine Form der Meinungsäußerung – das will ich hier aber nicht vertiefen …) Abgesehen davon sollten Sie die Vorbehalte mancher Dozenten ernst nehmen und im Zweifel gänzlich auf das Zitieren von Skripten verzichten, erst recht wenn es sich um Skripte kommerzieller Repetitorien handelt oder keine ISBN-Nummer vorhanden ist.

188 Nicht zu empfehlen ist, das Literaturverzeichnis in Kategorien einzuteilen, z.B. nach Monografien, Aufsätzen usw. Dieser Hinweis ist zwar gelegentlich zu finden, erschwert jedoch die Handhabung des Literaturverzeichnisses.

189 Völlig verfehlt ist die alphabetische Sortierung nach Zeitschriften, also etwa in der linken Spalte JA, JR, JURA, JuS, NJW, NStZ, ZStW etc. und in der rechten die dazugehörigen Aufsätze.

190 Bei der grafischen Darstellung des Literaturverzeichnisses ist ein tabellarischer Aufbau üblich (vgl. Abb. 4).

Tipp: Falls Sie sich für diese Variante entscheiden, sollten Sie eine Tabelle verwenden, allerdings ohne sichtbare Linien (beim ersten Eintrag in Abb. 4 habe ich das – lediglich zur Veranschaulichung – kenntlich gemacht).

Abbildung 4
(Ein ausführliches Beispiel finden Sie auf S. 88 ff.)

Beulke, Werner	Klausurenkurs im Strafrecht III, Ein Fall- und Repetitionsbuch für Examenskandidaten, 3. Aufl., Heidelberg 2009
Burgi, Martin	Kommunalrecht, München 2006
Duden	Das Bedeutungswörterbuch, Bd. 10, 3. Aufl., Mannheim u.a. 2002
Ricken, Oliver	Anmerkung zu BAG, Beschluss v. 13.10.2004 – 7 ABR 5/04, Anfechtung der Betriebsratswahl, in: BAG Report 2005, S. 151–152

Oft zu finden ist die in Abb. 5 gezeigte Darstellungsform. Sie ist vorzugswürdig, weil Platz sparend. **191**

Abbildung 5
(Ein ausführliches Beispiel finden Sie auf S. 119 ff.)

Borges, Georg: Der Leistungsort (Erfüllungsort) beim Versandhandel, in: DB 2004, S. 1815–1818

Hommelhof, Peter / Oplustil, Krzysztof: Deutsche Einflüsse auf das polnische Recht der Kapitalgesellschaften: Vorgesellschaft, Eigenkapitalersatz und dualistische Organstruktur in Aktiengesellschaften; in: Festschrift für Horst Konzen, hrsg. v. Barbara Dauner-Lieb u.a., Tübingen 2006, S. 309–319

Neuhaus, Ralf: Die Änderung der StPO durch das Erste Justizmodernisierungsgesetz vom 24.8.2004, in: StV 2005, S. 47–53

Rengier, Rudolf: Strafrecht Allgemeiner Teil, München 2009

Riesenhuber, Karl: Die Auslegung, in: Europäische Methodenlehre, Handbuch für Ausbildung und Praxis, hrsg. v. Karl Riesenhuber, Berlin 2006, S. 244–272

192 Empfehlung: Ob Sie sich für die Variante aus Abb. 4 oder 5 entscheiden, spielt keine wichtige Rolle, ist eher eine Frage des Geschmacks. Aber: Haben Sie (warum auch immer) wenige Einträge vorzuweisen, dann wählen Sie besser die in Abb. 4 dargestellte Variante. Sie macht optisch aus wenig mehr. Unter „wenig" verstehe ich weniger als zwei Seiten (bei Abb. 5) und weniger als drei Seiten (bei Wahl der Darstellung wie in Abb. 4). Diesen Aspekt sollten Sie nicht unterschätzen. Viele werfen zunächst einen Blick in das Literaturverzeichnis. Ist es dürftig und enthält es zudem überwiegend gängige Literatur (etwa nur Kommentare und Lehrbücher, hingegen keine Aufsätze oder Festschriftbeiträge), dann wird das oft als ein Indiz für Oberflächlichkeit angesehen. Ein prall gefülltes Literaturverzeichnis macht mehr her (rettet Sie andererseits aber auch nicht, wenn Sie die gestellte Aufgaben miserabel bearbeiten).

193 ▪ Es ist gängig, neben dem *Familiennamen* auch den (oder die) *Vornamen* anzugeben (beides üblicherweise *kursiv* und getrennt mit einem Komma). Das Fehlen des Vornamens bemängeln viele Korrektoren; es genügt nicht, den Vornamen mit dem ersten Buchstaben abzukürzen.

194 ▪ Akademische Titel oder Grade (Prof., Priv.-Doz., Dr., M.A., Dipl. iur., LL.M. etc.) oder sonstige Namenszusätze (MdB, MdL etc.) sind nicht zu nennen.

Das gilt nicht für Adelstitel, die Namensbestandteil sind, sowie die Zusätze „von", „zu" oder das holländische „van", weil es sich auch dabei um Teile des Namens handelt. Ich empfehle, diese Namensteile vor den eigentlichen Nachnamen zu setzen (in den Fußnoten ist es schließlich auch üblich, dem Namen das „*von*" etc. voranzustellen). Bei der alphabetischen Einordnung des Namens ins Literaturverzeichnis bleiben diese Zusätze gleichwohl unberücksichtigt; „*van den Brink*" wird also nicht unter „V", sondern unter „B" aufgeführt, und „*Graf zu Dohna*" unter „D").

van den Brink, Henning / Kaiser, André: Kommunale Sicherheitspolitik, in: APuZ 12/2007, S. 4–11

von Bubnoff, Eckhart: Die Funktionsfähigkeit der vertraglichen Nacheileregelungen über die Grenzen und Ansätze für deren Verbesserung, in: ZRP 2000, S. 60–63

Graf zu Dohna, Alexander: Das Strafprozessrecht, 2. Aufl., Berlin 1925

195 ▪ Die Namen (oder Bezeichnungen) sind im Literaturverzeichnis alphabetisch zu ordnen, bei Personen nach dem Familiennamen des Verfassers/der Verfasser. Werden mehrere Schriften derselben Per-

son aufgeführt, richtet sich die Reihenfolge nach dem Erscheinungsjahr (verbreitet ist, aktuelle Schriften zuerst aufzuführen).

Empfehlung: Schreiben Sie bei mehreren Schriften desselben Autors immer dessen vollständigen Namen und machen Sie nicht Gebrauch von den m.E. unschönen Kürzeln „Ders.“ oder „Dies.“ (für „derselbe“ bzw. „dieselbe“)!

- Wenn Sie ältere Literatur zitieren, kann es vorkommen, dass Sie keinen Vornamen finden. Dann zitieren Sie so: 196

Kümmerlein (ohne Vornamen): Das neue Reichsjugendgesetz, in: DJ 1943, S. 553–564

- Gibt es für einen Beitrag keine Namensangabe (etwa in Mitgliederzeitschriften von Vereinen), dann erscheint mir die beste Lösung, den Beitrag im Literaturverzeichnis unter „N.N.“ (lat.: *nomen nescio*, was bedeutet „den Namen weiß ich nicht“) aufzunehmen (manchmal liest man auch „o.V.“, was „ohne Vorname“ heißt). 197

N.N.: Diebstahl kostet Europas Einzelhandel 32 Milliarden EUR, in: Euro Security 11/2005, S. 498

- Ist eine Institution der „Autor“ oder der Herausgeber (z.B. Europäische Kommission, Bundesministerium der Justiz oder Statistisches Bundesamt), können Sie den Namen der Institution alphabetisch in das Literaturverzeichnis einordnen oder den Titel der Veröffentlichung. Ich empfehle die erste Variante. 198

Ausnahmen sind denkbar, etwa bei der Polizeilichen Kriminalstatistik. Oft liest man in Fußnoten schlicht „PKS 2004, S. …“. Die Abkürzung „PKS“ zu verwenden, ist weit verbreitet und üblich. Will man allerdings aus dem Literaturverzeichnis mehr Informationen über eine Fundstelle erfahren, dann wird es schwierig, wenn im Text die Rede von PKS ist, im Literaturverzeichnis die Quelle aber unter dem Buchstaben B („Bundeskriminalamt“) einsortiert wird. Viele kennen die PKS, aber wer weiß schon, dass sie das BKA herausgibt? Deshalb ist wichtig: Zitieren Sie immer so, dass man die Fundstelle ohne Probleme im Literaturverzeichnis finden kann!

Bundeskriminalamt (Hrsg.): Polizeiliche Kriminalstatistik Bundesrepublik Deutschland, Berichtsjahr 2004, Wiesbaden 2005

Bundesministerium des Innern und Bundesministerium der Justiz (Hrsg.): Zweiter Periodischer Sicherheitsbericht, 2006

Bundessozialgericht (Hrsg.): Die Tätigkeit des Bundessozialgerichts im Jahre 2007, Eine Übersicht, http://www.bsg.bund.de/cln_101/nn_138254/SharedDocs/Publikationen/Taetigkeitsbericht__07,templateId=raw,property=publicationFile.pdf/Taetigkeitsbericht_07.pdf (zuletzt besucht am 14.9.2008)

Statistisches Bundesamt (Hrsg.): Strafgerichte 1999, Arbeitsunterlage, Wiesbaden 2000

199 ▪ Ist neben der Schrift eines einzelnen Autors ein Gemeinschaftswerk (also eine von mehreren Autoren verfasste Schrift) aufzuführen, bei dem der vorherige einzelne Autor als Erstautor erscheint, so folgt – ungeachtet des Erscheinungsjahres – etwa eine Schrift mit drei Autoren einer Schrift mit einem Autorenpaar usw.

Bei mehreren Autoren wird gemäß der alphabetischen Stellung der Namen der Zweitautoren geordnet (vgl. die folgenden Beispiele, die zur Verdeutlichung frei erfundenen sind). Es ist übrigens nicht zulässig, die in Büchern oder Zeitschriften angegebene Reihenfolge von mehreren Autoren oder mehreren Herausgebern zu verändern.

Hansen, Hans: Der Eierdiebstahl in Schleswig-Holstein, zugleich Diss. iur. (Hamburg 1990), Köln 1991

Hansen, Hans / Holm, Ingeborg: Die normative Kraft des Taktischen, Bochum/Frankfurt a.M. 2007

Hansen, Hans / Holm, Ingeborg: Der Ältestenrat, in: Schweizerische Zeitschrift für Staatsrecht 1998, S. 1322–1330

Hansen, Hans / Holm, Ingeborg / Kröger, Tonio: Heilkostenerstattung einer Kur in Davos, in: Gedächtnisschrift für Thomas Mann, hrsg. v. Rolf Dietrich Herzberg, Köln 1975, S. 133–155

200 An dieser Stelle passt ein Hinweis dazu, wie man mehrere Namen voneinander trennt. Üblich ist es, einen Schrägstrich („/") zu verwenden (s.u.). Ich empfehle Ihnen, vor und nach dem Schrägstrich ein geschütztes (→ S. 173) Leerzeichen einzufügen. Es sieht nämlich hässlich aus, wenn der Vorname des einen am Nachnamen des nächsten Autors klebt, wie das folgende Beispiel zeigt:

Hansen, Hans/Holm, Ingeborg/Kröger, Tonio: Heilkostenerstattung einer Kur in Davos, in: Gedächtnisschrift für Thomas Mann, hrsg. v. Rolf Dietrich Herzberg, Köln 1975, S. 133–155

- Manchmal kommt es vor, dass sich weder ein Herausgeber noch eine herausgebende Institution benennen lässt, vielmehr das zitierte Werk unter einem bestimmten Namen geläufig ist (zur Zitierweise in den Fußnoten → S. 56). Führen Sie in diesem Fall das Werk im Literaturverzeichnis unter dem geläufigen Namen auf. **201**

> Motive zu dem Entwurfe eines Bürgerlichen Gesetzbuches für das Deutsche Reich, Band II (Recht der Schuldverhältnisse), Berlin/Leipzig 1888
>
> Protokolle der Kommission für die zweite Lesung des Entwurfs des Bürgerlichen Gesetzbuchs, Band II (Recht der Schuldverhältnisse, Abschn. II, Tit. 2–20, Abschn. III, IV), bearb. von Achilles, Alexander / Gerhard, Albert / Spahn, Peter, Berlin 1898

- Die Auflage wird ab der zweiten angegeben (nicht: „1. Aufl."). Es sind unbedingt die neuesten Auflagen zu zitieren, es sei denn es kommt auf eine bestimmte Aussage aus einer älteren Auflage an. **202**

Nicht anzugeben sind Zusätze wie z.B. „aktualisiert" oder „überarbeitet".

- Untertitel von Büchern, Aufsätzen usw. müssen nicht zwingend aufgenommen werden. Es schadet aber auch nicht. Untertitel kann man vom Haupttitel mit einem Komma oder einem Punkt trennen. **203**

> *Putzke, Holm:* Beschleunigtes Verfahren bei Heranwachsenden, **Zur strafprozessualen Ausprägung des Erziehungsgedankens in der Adoleszenz,** Holzkirchen/Obb. 2004

Enthält der Haupttitel oder der Untertitel ein Komma, dann sollte am Ende des einen bzw. anderen Titels ein Semikolon gesetzt werden, damit man erkennen kann, wo der eine Teil endet und der andere beginnt.

- Die Nennung der Schriftenreihe, in welcher ein bestimmtes Buch erscheint, ist nicht erforderlich (schadet aber auch nicht). Gleiches gilt für den Namen des Verlags. Das im folgenden Beispiel fett Gedruckte ist also wegzulassen: **204**

> *Scheinfeld, Jörg:* Der Tatbegriff des § 24 StGB, **Bochumer Schriften zur Rechtsdogmatik und Kriminalpolitik (Band 3), hrsg. v. Thomas Feltes, Rolf Dietrich Herzberg und Holm Putzke, Felix Verlag,** Holzkirchen/Obb. 2006

205 ▪ Ob Sie bei unselbständigen Veröffentlichungen (z.B. Aufsätze) nach dem Titel auf das „**in:**“ verzichten oder sofort anschließen etwa mit „JuS 2005“, ist Geschmackssache (in den Musterarbeiten im 5. Kapitel wurde das „in:“ verwendet; → S. 88 ff. und 119 ff.). Beispiel (oben mit, unten ohne):

Koch, Jens: Die Einheit der nationalen Rechtsordnung und die europäische Privatrechtsangleichung, **in:** JZ 2006, S. 277–284

Wündisch, Sebastian: Richard Wagner und das Urheberrecht, NJW 2007, 653–657

206 ▪ Bei unselbständigen Veröffentlichungen gibt es zwei Varianten für die Seitenangaben. Zum einen findet sich die Beschränkung auf die Anfangsseite (also „**S. 50 ff.**“). Beachten Sie dabei, dass nach einer Seitenangabe „ff.“ für „folgende Seiten“, also mehr als für eine einzige steht, und „f.“ für „folgende Seite“, also nur für eine allein! Zum andern ist es gängig, die Anfangs- und die Endseite zu nennen (z.B. „**S. 50–57**“). Letztere Variante ist ein Indiz dafür, dass Sie den Aufsatz tatsächlich in der Hand gehalten haben.

207 ▪ Ob Sie im Literaturverzeichnis vor Seitenangaben ein „**S.**“ schreiben, ist Geschmackssache. Manche tun es, andere nicht (vgl. hierzu das vorstehende Beispiel; oben mit „S.“, unten ohne). Wichtig ist, dass Sie einheitlich bleiben, also eine Fundstelle nicht mal mit und mal ohne „S.“ versehen (die im vorstehenden Beispiel wiedergegebenen Einträge sollten Sie also sonst nicht kombinieren).

208 ▪ Scheinbar üblich ist die Angabe der in den Fußnoten verwendeten Zitierweise („zit.: *Beulke*, Klausurenkurs“). Das sollten Sie allenfalls bei Kommentaren mit mehreren Bearbeitern tun oder bei mehreren Schriften ein- und desselben Autors (soweit die Gefahr besteht, dass andernfalls die Fußnotenverweise nicht zweifelsfrei zugeordnet werden können). Sonst hat die Angabe keinen Sinn. Falsch ist die Angabe bei Zeitschriften (also **nicht** „zit.: *Puttler*, DÖV 2005“).

Löwe/Rosenberg: Die Strafprozessordnung und das Gerichtsverfassungsgesetz, Großkommentar, Erster Band (Einleitung; §§ 1–47; Sachregister), hrsg. v. Volker Erb u.a., 26. Aufl., Berlin 2006 (zit.: *Bearbeiter*, in: LR-StPO)

209 ▪ Ebenfalls üblich ist die Angabe des Verlagsortes (etwa bei Kommentaren, Büchern; nicht bei Aufsätzen etc.). Der Sinn soll darin liegen, keine Schleichwerbung für den Verlag zu machen, ihn über

die Ortsangabe gleichwohl idendifizierbar zu machen. M.E. ist die Angabe überflüssig. Um welchen Verlag es sich handelt und ob er nun in New York, Rio oder Tokio „sitzt", hat im digitalen Zeitalter keinen bedeutenden Informationswert. Die Erwähnung schadet aber auch nicht.

Entscheiden Sie sich dafür, dann gibt es bei mehr als zwei Erscheinungsorten einen sinnvollen Kompromiss: Es genügt, den ersten Ort aufzuführen und dann „et al." (et al. steht für die lateinische Wendung „et alii" und bedeutet „und andere") oder „u.a." zu schreiben (entscheiden Sie sich aber einheitlich für „et al." oder „u.a."!).

Beispiel: „New York/Tokio/Madrid/Oslo/Paris 2005". Eleganter und deshalb besser: „New York u.a. 2005" (oder: „New York et al. 2005").

III. Darstellung der gängigen Fundstellen

Hinweis: Teilen Sie das Literaturverzeichnis nicht in Kategorien ein **210** (z.B. Kommentare, Selbständige Schriften, Unselbständige Schriften). Für eine solche Einteilung gibt es keinen wichtigen Grund. Im Gegenteil: Erschwert wird das Finden eines gesuchten Eintrags. Man muss nämlich immer erst überlegen, in welcher Kategorie zu suchen ist (vgl. hierzu schon S. 60). Lediglich zur Verdeutlichung erfolgt die anschließende Darstellung in Kategorien.

1. Kommentare

- Was Kommentare sind, erläutere ich auf S. 58. Zur Zitierweise in den Fußnoten siehe S. 52.

Bestandteile: Name des Kommentars oder *Familienname* und *Vorname* des Autors/der Autoren (ggf. Hrsg.): Titel des Kommentars, ggf. **211** Herausgeber (aber nicht doppelt, wenn bereits nach dem Namen), Band (falls vorhanden), Auflage, Erscheinungsort und -jahr, ggf. Erscheinungsdatum [Stand] bei Loseblattsammlungen.

Dreier, *Horst* (Hrsg.): Grundgesetz, Kommentar, Band II, 2. Aufl., Tübingen 2006 (zit.: *Bearbeiter*, in: Dreier)

von Hoyningen-Huene, *Gerrick / Linck*, *Rüdiger:* Kündigungsschutzgesetz, Kommentar, 14. Aufl., München 2007

Meyer-Goßner, *Lutz:* Strafprozessordnung, Kommentar, 51. Aufl., München 2008

Palandt, Otto (Begr.): Bürgerliches Gesetzbuch, Kommentar, 65. Aufl., München 2006 (zit.: *Bearbeiter*, in: Palandt)

Redeker, Konrad / von Oertzen, Hans-Joachim: Verwaltungsgerichtsordnung, Kommentar, 14. Aufl., Stuttgart 2004

Soergel, Hans Theodor: Kommentar zum Bürgerlichen Gesetzbuch, Band 12: Schuldrecht 10 (§§ 823–853, ProdHG, UmweltHG), 13. Aufl., Stuttgart 2005 (zit.: *Bearbeiter*, in: Soergel)

Umbach, Dieter C. / Clemens, Thomas / Dollinger, Franz-Wilhelm (Hrsg.): Bundesverfassungsgerichtsgesetz, Mitarbeiterkommentar, 2. Aufl., Heidelberg 2005 (zit.: *Bearbeiter*, in: MAK-BVerfGG)

212 ▪ Es ist bei Kommentaren mit mehreren Bearbeitern nicht üblich, sämtliche zitierten Bearbeiter mit ihrem Namen ins Literaturverzeichnis aufzunehmen (beim Bd. 1 des Münchener Kommentars zum StGB wären das 15 Personen). Die Angabe der Bezeichnung des Kommentars genügt (z.B. „Palandt“ oder „Münchener Kommentar“). Die einzelnen Bearbeiter erscheinen lediglich in den Fußnoten (→ hierzu S. 52).

Leipziger Kommentar, Strafgesetzbuch, hrsg. v. Heinrich Wilhelm Laufhütte, Ruth Rissing-van Saan und Klaus Tiedemann, Band 2 (§§ 32 bis 55), 12. Aufl., Berlin 2006 (zit.: *Bearbeiter*, in: LK-StGB)

Münchener Kommentar zum Strafgesetzbuch: Band 1: §§ 1–51 StGB, hrsg. v. Wolfgang Joecks und Klaus Miebach, München 2003 (zit.: *Bearbeiter*, in: MüKo-StGB)

213 ▪ Manchmal werden bei Kommentaren im Literaturverzeichnis auch zuerst die Herausgeber genannt (siehe das folgende Beispiel im direkten Vergleich zu denjenigen zuvor). Das hängt davon ab, ob der Name des Kommentars bereits eine feste „Zitiergröße“ geworden ist. Am besten richten Sie sich danach, wie der Kommentar in anderen repräsentativen Werken zitiert wird.

Joecks, Wolfgang / Miebach, Klaus (Hrsg.), Münchener Kommentar zum Strafgesetzbuch, Band 1: §§ 1–51 StGB, München 2003 (zit.: *Bearbeiter*, in: Joecks/Miebach [Hrsg.], MüKo-StGB)

Empfehlung: Vor allem Kommentare sollten Sie in den Fußnoten immer so zitieren, dass man sie im Literaturverzeichnis leicht finden kann. Beispiel: Verwenden Sie für den Leipziger Kommentar in den Fußnoten die Zitierform „*Bearbeiter*, in: LK-StGB", sollten Sie diesen Kommentar im Literaturverzeichnis keinesfalls anhand der Herausgeber alphabetisch einordnen. Niemand wird ihn dort auf Anhieb vermuten; und selbst wenn: nur wenige kennen für den Leipziger Kommentar die Namen der Herausgeber. Wer „LK-StGB" verwendet, sollte den Kommentar im Literaturverzeichnis also auch unter L aufführen. Wer dennoch die Herausgeber an erster Stelle nennen möchte, der sollte in den Fußnoten wie im vorstehenden Beispiel zitieren (in den Fußnoten also nach „in" die Herausgeber nennen, erst danach – wenn überhaupt – den Namen des Kommentars). 214

- Bei Loseblattsammlungen erfolgt die Aktualisierung der kommentierten Bestimmungen in der Regel laufend (etwa Grundgesetzkommentar *Maunz/Dürig*). Deshalb ist es notwendig, das Datum der Ergänzung (d.h. den „Stand") anzugeben. Das geschieht nur in den Fußnoten (→ S. 52), weil im Literaturverzeichnis der gesamte Kommentar und nicht eine einzelne Bestimmung aufgeführt wird. 215

Maunz, Theodor / Dürig, Günter: Grundgesetz, Kommentar, Bd. I, Art. 1–5, Lieferungen 1 bis 47, hrsg. v. Roman Herzog u.a., 47. Ergänzungslieferung (Juni 2006), München 1989 ff. [zit.: *Bearbeiter*, in: Maunz/Dürig, ... (Stand)]

Systematischer Kommentar zur Strafprozessordnung und zum Gerichtsverfassungsgesetz, hrsg. v. Hans-Joachim Rudolphi u.a., Band 3 (§§ 153–242), München/Unterschleißheim 2004 [zit.: *Bearbeiter*, in: SK-StPO, § … (Stand)]

2. Monografien und Lehrbücher

➢ Was Monografien sind, erläutere ich auf S. 58. Zur Zitierweise in den Fußnoten siehe S. 54.

Bestandteile: *Familienname, Vorname* des Verfassers/der Verfasser, Titel, ggf. Band, ggf. Auflage, Erscheinungsort und -jahr. 216

Bannenberg, Britta / Schaupensteiner, Wolfgang: Korruption in Deutschland, Portrait einer Wachstumsbranche, München 2004

Graf von Bernstorff, Christoph: Einführung in das englische Recht, 3. Aufl., München 2006

Muscheler, Karlheinz: Universalsukzession und Vonselbsterwerb, Die rechtstechnischen Grundlagen des deutschen Erbrechts, Tübingen 2002

Richter, Ingo / Schuppert, Gunnar Folke / Bumke, Christian: Casebook Verfassungsrecht, 4. Aufl., München 2001

Roxin, Claus / Schünemann, Bernd: Strafverfahrensrecht, Ein Studienbuch, 26. Aufl., München 2009

Schnellenbach, Helmut: Beamtenrecht in der Praxis, 6. Aufl., München 2005

217 ▪ Vor allem bei Lehrbüchern findet sich manchmal der Zusatz „Lehrbuch" oder „Studienbuch" etc. (s.o. bei *Roxin*). Diese Angabe ist Geschmackssache und verzichtbar.

3. Dissertationen und Habilitationen

➢ Was eine Dissertation und Habilitation ist, erläutere ich auf S. 59. Zur Zitierweise in den Fußnoten siehe S. 54.

218 **Bestandteile** (es gibt keine Abweichungen zur Zitierwiese von Monografien): *Familienname*, *Vorname* des Verfassers: Titel, ggf. Band, (bei einem unveröffentlichten Manuskript ist die Angabe nötig, dass es sich um eine Diss. oder Habil. handelt und wo und wann sie eingereicht wurde: z.B. „Diss. iur. [Münster 2010]" oder „zugleich Habilitationsschrift [München 2010]"), Erscheinungsort und -jahr.

Drüen, Klaus-Dieter: Periodengewinn und Totalgewinn, Zum Einfluß des Totalgewinngedankens auf die steuerrechtliche Gewinnermittlung, Berlin 1999

Huster, Stefan: Die ethische Neutralität des Staates: eine liberale Interpretation der Verfassung, Tübingen 2002

Koch, Jens: Die Patronatserklärung, Tübingen 2005

Merkel, Reinhard: Früheuthanasie, Rechtsethische und strafrechtliche Grundlagen ärztlicher Entscheidungen über Leben und Tod in der Neonatalmedizin, Baden-Baden 2001

Seer, Roman Matthias: Der Einsatz von Prüfungsbeamten durch das Finanzgericht: Zulässigkeit und Grenzen der Delegation richterlicher Sachaufklärung auf nichtrichterliche Personen, Berlin 1993

4. Beiträge in Sammelbänden

➢ Was Sammelbände sind, erläutere ich auf S. 58. Zur Zitierweise in den Fußnoten siehe S. 54.

Bestandteile: *Familienname*, *Vorname* des Verfassers/der Verfasser: 219
Titel des Beitrags, „in:“ Titel oder Art des Sammelbandes (z.B. „Festschrift für …“), Herausgeber (manche geben auch erst den Herausgeber an und dann den Titel oder die Art des Sammelbandes), ggf. Band, Erscheinungsort und -jahr, Seitenangabe(n).

Bantle, Mathias / Podrecki, Paweł: Immaterialgüterrecht, in: Einführung in das polnische Recht, hrsg. v. Marc Liebscher und Fryderyk Zoll, München 2005, S. 363–376

Böckenförde, Ernst-Wolfgang: Demokratische Willensbildung und Repräsentation, in: Handbuch des Staatsrechts der Bundesrepublik Deutschland, hrsg. v. Josef Isensee und Paul Kirchhof, Band III: Demokratie – Bundesorgane, 3. Aufl., Heidelberg 2005, § 34

Brambring, Günter: Eheverträge und Scheidungsvereinbarungen, in: Münchener Anwaltshandbuch, Familienrecht, hrsg. v. Klaus Schnitzler, München 2002, § 25 (S. 1165–1215)

Cremer, Wolfram: Der gemeinschaftsrechtliche Grundsatz effektiven Rechtsschutzes vor mitgliedstaatlichen Gerichten, in: Grundrechtsschutz für Unternehmen im europäischen Binnenmarkt, hrsg. v. Thomas Bruha u.a., Baden-Baden 2004, S. 229–245

Epping, Volker: Wehrverfassung – Entmilitarisierung – Wiederbewaffnung – Leistungsfähigkeit, in: Verfassungsrecht und soziale Wirklichkeit in Wechselwirkung, hrsg. v. Bodo Pieroth, Berlin 2000, S. 183–208

Herzberg, Rolf Dietrich: Der Versuch, die Straftat durch einen anderen zu begehen; in: Festschrift für Claus Roxin, hrsg. v. Bernd Schünemann u.a., Berlin/New York 2001, S. 749–772

Poscher, Ralf: Rechtsprechung und Verfassungsrecht, in: Die Bedeutung der Rechtsprechung im System der Rechtsquellen: Europarecht und nationales Recht, hrsg. v. Wilfried Erbguth und Johannes Masing, Stuttgart 2005, S. 127–150

220 ▪ Manchmal hat eine Fest-, Gedenk- oder Gedächtnisschrift einen Titel. Ihn anzugeben, ist nicht zwingend (aber auch nicht schädlich). In den folgenden Beispielen (2. und 3. Eintrag: *Eitel* und *Putzke*) ist er zur Verdeutlichung hervorgehoben; im Literaturverzeichnis ist der Titel nicht „fett" wiederzugeben. Bei sonstigen Sammelbänden sollten Sie den Titel angeben (vgl. unten den 1. Eintrag: *Bruns*).

Bruns, Michael: Die Bedeutung der operativen Fallanalyse im Strafverfahren, in: **Täterprofile bei Gewaltverbrechen. Mythos, Theorie, Praxis und forensische Anwendung des Profilings**; hrsg. v. Cornelia Musolff und Jens Hoffmann, 2. Aufl., Heidelberg 2006, S. 275–272

Eitel, Tono: „Nazi-Gold" und andere „Holocaust-Vermögenswerte". Zu den beiden Konsultations-Konferenzen von London (2. bis 4.12.1997) und Washington (30.11. bis 3.12. 1998), in: **Brücken bauen und begehen**, Festschrift für Knut Ipsen, hrsg. v. Volker Epping u.a., München 2000, S. 57–75

Putzke, Holm: Die strafrechtliche Relevanz der Beschneidung von Knaben. Zugleich ein Beitrag über die Grenzen der Einwilligung in Fällen der Personensorge, in: **Strafrecht zwischen System und Telos**, Festschrift für Rolf Dietrich Herzberg, hrsg. v. Holm Putzke u.a., Tübingen 2008, S. 669–709

221 ▪ Gibt es bei einem Sammelband **mehr als zwei Herausgeber**, halte ich es für legitim, einen zu nennen und dann „et al." (et al. steht für die lateinische Wendung „et alii" und bedeutet „und andere") oder „u.a." zu schreiben (siehe das vorstehende Beispiel: „Volker Epping u.a." und „Holm Putzke u.a."). Entscheiden Sie sich aber einheitlich für eine der beiden Varianten, also entweder immer „et al." oder durchgängig „u.a."!

▪ Bei **mehreren Autoren** müssen Sie – anders als bei Herausgebern – in der Regel alle aufführen. Das gilt im Übrigen auch für Aufsätze und andere Schriften, an denen mehrere Autoren mitgewirkt haben.

5. Beiträge in Zeitschriften und Zeitungen

➢ Was Aufsätze sind, erläutere ich auf S. 59. Zur Zitierweise in den Fußnoten siehe S. 55.

222 **Bestandteile:** *Familienname*, *Vorname* des Autors/der Autoren: Titel des Beitrags, „in:" Name der Zeitschrift, Jahrgang, Seitenangabe(n).

Bei Beiträgen ohne namentlich bekanntem Verfasser: N.N., Titel des Artikels, „in:“ Name der Zeitung, Erscheinungsdatum, Seitenangabe(n); → Rn. 197.

Armgardt, Matthias: Die Pendenztheorie im Vergleich mit dem Anwartschaftsrecht, der Lehre von der Vorausverfügung und der Lehre vom besitzlosen Pfandrecht; in: AcP 206 (2006), S. 654–682

Merkel, Reinhard: Wenn der Staat Unschuldige opfert, in: Die Zeit v. 08.07.2004, Nr. 29

Merkel, Reinhard: Tödlicher Behandlungsabbruch und mutmaßliche Einwilligung bei Patienten im apallischen Syndrom, in: ZStW 107 (1995), S. 545–575

Muscheler, Karlheinz: Heimliche Vaterschaftstests besser fürs Kind, in: Süddeutsche Zeitung vom 13. Januar 2005, S. 2

Schlehofer, Horst: Die Menschenwürdegarantie des Grundgesetzes – absolute oder relative Begrenzung staatlicher Strafgewalt?, in: GA 1999, S. 357–364

Weinzierl, Sebastian: Die Ouzo-Entscheidung des EuGH (Rs. C-475/01), in: EuR 2005, S. 759–769

- Den Namen der Zeitschrift können Sie entweder abgekürzt angeben **223** (z.B. „NJW“) oder ausgeschrieben (z.B. „Neue Juristische Wochenschrift“). Wenn Sie auf ein Abkürzungsverzeichnis verzichten (näher → S. 36), dann ist es besser, die Zeitschriftennamen auszuschreiben. Ein guter Kompromiss kann auch folgende Variante sein: „Neue Juristische Wochenschrift (NJW)“. Wie auch immer Sie sich entscheiden, bleiben Sie konsequent bei einer Variante und wechseln Sie nicht hin und her!

- Achten Sie bei Zeitschriften darauf, dass manchmal erst der Band **224** und dann zusätzlich (meist in Klammern) der Jahrgang erscheint, z.B. ZStW 83 (1971), AcP 206 (2006) oder AVR 43 (2005).

- Zitieren können Sie übrigens auch Rezensionen (was das ist, erkläre **225** ich auf S. 59). Denn oft gibt eine Rezension nicht nur den Inhalt des rezensierten Werkes in Kurzform wider, sondern der Autor nimmt zu verschiedenen Fragen auch kritisch Stellung, d.h. man kann Gedanken daraus zitieren. Im Literaturverzeichnis können Rezensionen wie folgt angegeben werden:

Gas, Tonio: Bedingt einsatzbereit!, Rezension zu Holm Putzke, Juristische Arbeiten erfolgreich schreiben. Klausuren, Hausarbeiten, Seminare; München 2007, in: JURA 2008, S. 640

Putzke, Holm: Rezension zu Werner Beulke, Klausurenkurs im Strafrecht III, Ein Fall- und Repetitionsbuch für Examenskandidaten, 2. Aufl., Heidelberg 2006, in: GA 2007, S. 120–124

6. Urteilsanmerkungen

- Was eine Anmerkung ist, erläutere ich auf S. 59. Zur Zitierweise in den Fußnoten siehe S. 55.

226 **Bestandteile:** *Familienname*, *Vorname* des Autors/der Autoren: „Anm. zu“ (oder: „Anmerkung zu …“), Angabe des zugrunde liegenden Beschlusses oder Urteils, ggf. mit dem Datum der Entscheidung und dem Aktenzeichen oder der sonstigen Fundstelle, „in:“ Name der Zeitschrift, Jahrgang, Seitenangabe(n).

Onyeukwu, Udodi Klaus: Anmerkung zu OLG Hamm, Beschl. vom 11.3.2005, 1 Sbd 13/05, in: MMR 2005, S. 379–380

Putzke, Holm / Scheinfeld, Jörg: Anmerkung zu BVerfG, Beschl. (3. Kammer) vom 8.4.2004, 2 BvR 1821/03 (StV 2005, 643 ff.), in: StV 2005, S. 644–646

Sachs, Michael: Anmerkung zu BVerfG, Urt. vom 11.11.2002, 1 BvR 2145/01 u.a., in: NWVBl. 2003, S. 135–139

Windel, Peter Axel: Anm. zu BVerfG, Urt. v. 17.7.2002, 1 BvF 1/01, 1 BvF 2/01 (JR 2003, 144 ff.), in: JR 2003, S. 152–154

227 Manchmal werden Aufsätze (meist in der ersten Fußnote) zugleich als Besprechung einer gerichtlichen Entscheidung ausgewiesen (sog. Besprechungsaufsätze). Solche Veröffentlichungen gehen inhaltlich i.d.R. über eine bloße Urteilsanmerkung hinaus. Behandelt werden sie im Literaturverzeichnis wie normale Aufsätze, wobei die Information durchaus aufgenommen werden kann, dass es sich um eine Urteilsbesprechung handelt.

Putzke, Holm: Juristische Positionen zur religiösen Beschneidung. Besprechung von OLG Frankfurt a.M., Beschl. v. 21.8.2007 (4 W 12/07), NJW 2007, 3580, in: Neue Juristische Wochenschrift 2008, S. 1568–1570

7. Quellen aus dem Internet

➢ Zur Zitierweise in den Fußnoten siehe S. 56.

Bestandteile: Quellen aus dem Internet sind mit downloadfähiger Adresse (URL: Uniform Resource Locator) anzugeben und mit dem Datum, an welchem Sie diese Seite zuletzt aufgerufen haben. **228**

Auswärtiges Amt: Internationale Terrorismusbekämpfung, Stand: 10.9.2006, http://www.auswaertiges-amt.de/diplo/de/Aussenpo litik/FriedenSicherheit/Terrorismusbekaempfung/Uebersicht. html, zuletzt besucht am 4.6.2007

Feltes, Thomas: Jugendkriminalität, Zum Schutz unserer Kinder und unserer Jugend, http://www.thomasfeltes.de/pdf/veroeffentlich ungen/Jugendkriminalitaet_IPA.pdf, zuletzt besucht am 14.9.2008

- Internetadressen sind meist ziemlich lang (siehe die vorstehenden Beispiele). Oftmals passen sie nicht in eine einzige Zeile. Trennen Sie die Adresse nicht mit einem „-" oder mithilfe sonstiger sichtbarer Trennungszeichen. Der Leser weiß dann nämlich nicht, ob dieses Zeichen allein der Trennung dient oder Teil der Adresse ist. **229**

Weil ein solches Zeichen nicht zur Adresse gehört, wird die Suche nach der Seite im Internet vergeblich sein. Das macht keinen guten Eindruck. Versuchen Sie daher, Internetadressen nicht zu trennen. Geht das nicht, nutzen Sie am besten ein Leerzeichen für die Trennung. Hilfreich kann (ausnahmsweise!) auch sein, die Adresse zu unterstreichen (s.o. bei *Feltes*). Dann lässt sich leichter ersehen, mit welchem Zeichen die Adresse in der einen Zeile aufhört und mit welchem sie in der nächsten beginnt.

- Neben Aufsätzen, Statements oder sonstigen Veröffentlichungen in digitaler Form lassen sich vortreffliche Lehrskripte auch im Internet finden. Manche brauchen einen Vergleich mit Lehrbüchern nicht zu scheuen. Solche Skripte dürfen Sie selbstverständlich verwenden und auch zitieren. Lässt sich der Gedanke aber auch in einer gedruckten Veröffentlichung finden, sollten Sie für die Quellenangabe darauf zurückgreifen. Andernfalls sollten Sie einigermaßen sicher sein, dass der Inhalt der Internetfundstelle seriös ist. Das gilt zwar im Übrigen auch für jede gedruckte Veröffentlichung. Aber es ist kein Geheimnis, dass grober Unfug im Internet einfach öfter zu finden ist. Das gilt ganz sicher nicht für das folgende Beispiel (zur Zitierweise eines solchen Skripts in den Fußnoten → S. 57): **230**

> *Hardtung, Bernhard:* Lehrskript Strafrecht Besonderer Teil, 20. Abschnitt: Raub und Erpressung (§§ 249–256 StGB), Stand: 7.7.2009, http://www.jura.uni-rostock.de/Hardtung/index.htm (zuletzt besucht am 30.3.2010)

231 ▪ Verwenden Sie Dokumente aus der juris-Datenbank, dann ist die Dokumentennummer zu zitieren. Gibt es allerdings eine Primärfundstelle, worauf juris verweist, dann ist allein sie zu zitieren.

> *Vormeier, Jürgen:* Anm. zu BVerwG, Urt. v. 3.12.2004, 6 A 10/02, in: jurisPR-BVerwG 10/2005 Anm. 1

Zitieren kann man einen juris-Kommentar im Literaturverzeichnis wie folgt (zur Zitierweise von juris-Publikationen in den Fußnoten → S. 57):

> juris: Praxiskommentar BGB, hrsg. v. Maximilian Herberger u.a., Buch 1 (Allgemeiner Teil), Bandherausgeber: Klaus Vieweg, 3. Aufl., Saarbrücken 2006 (zit.: *Bearbeiter*, in: JurisPK-BGB)

E. Rechtsprechungsverzeichnis

232 Sobald in einer schriftlichen Arbeit mehr als eine einzige Gerichtsentscheidung zitiert wird, verlangen Dozenten häufig ein Rechtsprechungsverzeichnis.

Bei weniger als fünf zitierten Gerichtsentscheidungen halte ich es allerdings für übertrieben, dafür extra ein Verzeichnis anzulegen. Meines Erachtens genügt in diesem Fall, die zusätzlichen Angaben (wie Art, Datum und Aktenzeichen der Entscheidung) in den Fußnoten zu nennen. Richten Sie sich nach den Vorgaben des Dozenten!

Erstellen Sie ein Rechtsprechungsverzeichnis, sind die Rechtsprechungsnachweise hierarchisch zu ordnen (Internationale Gerichte vor BVerfG, BAG/BFH/BGH/BSG/BVerwG vor LAG/FG/OLG/LSG/OVG usw.). Bei Gerichten auf der gleichen Hierarchiestufe (etwa BAG, BGH, BVerwG) ist keine Reihenfolge vorgeschrieben.

Datum und Art der Entscheidung	**Aktenzeichen, ggf. Name der Entscheidung**	**Fundstelle**
EGMR, Urt. v. 7.7.1989	1/1989/161/217 – *Soering v. The United Kingdom*	Series A 161 = EuGRZ 1989, 314 ff.
EuGH, Urt. v. 6.11.2003	Rs. C-243/01 – *Gambelli*	Slg. 2004, I-13076 = EuZW 2004, 115 ff.
BVerfG, Urt. des 2. Senats vom 7.7.2004	2 BvF 2/02	BVerfGE 111, 226 ff. = NJW 2004, 2803 ff.
BVerfG, Beschl. der 3. Kammer des 2. Senats v. 20.12.2000	2 BvR 591/00	NJW 2001, 2245 ff.
BVerwG, Urt. v. 22.3.1994	9 C 443.93	DÖV 1994, 740 = DVBl. 1994, 930
BFH, Urt. v. 13.7.1995	I R 120/93	BFHE 175, 351 = BStBl II 1995, 129
BGH, Beschl. v. 7.6.1996	I ZB 10/94	BPatGE 36, 289 = NJW-RR 1997, 38 f.
BGH, Urt. v. 26.1.1982	4 StR 631/81	BGHSt 30, 363 ff. = NJW 1982, 1164
BayVerfGH, Entsch. v. 24.2.2000	Vf.112-IX-99	VerfGHE BY 53, 20 ff. = MDR 2000, 659 f.
VGH Mannheim, Urt. v. 1.7.1991	1 S 473/90	NVwZ-RR 1992, 19 f. = DÖV 1992, 79 f.
BayObLG, Urt. v. 18.12.1997	5 St RR 147/96	NJW 1998, 2152 f.
OLG Düsseldorf, Beschl. v. 5.5.2004	VII-Verg 78/03	VergabeR 2004, 619 ff.
OLG Hamm, Urt. v. 14.12.2000	2 U 58/00	NJW 2001, 1142 ff.
LG Bochum, Urt. v. 15.6.2004	2 O 102/04	NJW-RR 2005, 463 f.
AG Bochum, Urt. v. 28.1.1993	65 C 35/92	zfs 1993, 157 f.
AG Saalfeld, Urt. v. 13.4.2004	663 Js 11878/03 Ds jug.	NStZ-RR 2004, 264

F. Ausländische und historische Fundstellen

I. Angloamerikanischer Bereich

233 Grundsätzlich können Sie die Hinweise zum Zitieren deutschsprachiger Literatur heranziehen, sofern Sie eine Arbeit in deutscher Sprache verfassen. Sollten Sie aber etwa im Rahmen einer besonderen Veranstaltung (z.B. Seminar auf Englisch, Moot Court) eine Arbeit auf Englisch verfassen, müssen Sie sich mit den Besonderheiten der Zitierweise im angloamerikanischen Rechtskreis befassen.

Für eine korrekte Zitierweise von Fundstellen aus dem angloamerikanischen Rechtskreis ist folgendes Standardwerk zugrunde zu legen: *The Bluebook: A Uniform System of Citation* (published by the Harvard Law Review Association), 18th ed. 2005.

Brodeur, J.-P. and Shearing, C. (2005): *Configuring security and justice,* European Journal of Criminology, 2/4: 379–406

Kane, R. J. (2005): *Compromised police legitimacy as a predictor of violent crime in structurally disadvantaged communities,* Criminology, 43/2: 469–498

Pollok, J. (1998): *Ethics in Crime and Justice*, Belmont, CA: Wadsworth

Waddington, P.A.J. (1999): *Policing Citizens,* London: UCL Press

234 ▪ Im angloamerikanischen Raum ist es verbreitet, den Namen des Verlags zu nennen (siehe die vorstehenden Beispiele: „Wadsworth" und „UCL Press"). Schreiben Sie allerdings eine deutsche Seminararbeit, ist die Angabe des Verlags – ebenso wie bei deutscher Literatur (→ S. 66) – nicht erforderlich.

235 ▪ In den Fußnoten werden Gerichtsentscheidungen wie folgt zitiert: Name des Gerichts, Datum der Entscheidung, Name des Falles, Fundstelle der offiziellen Entscheidungssammlung, ggf. Fundstelle der Zeitschrift (dann Jahreszahl am Ende).

[40] U.S. Supreme Court, Urt. v. 24.2.1803, Marbury v. Madison, 5 U.S. 137 (1803); U.K. House of Lords, Entscheidung v. 24.3.1999, Regina v. Bartle and the Commissioner of Police for the Metropolis – Ex Parte Pinochet Ugarte, 2 Weekly Law Reports 827 = 38 ILM 581 (1999).

II. Französischsprachige Fundstellen

Grundsätzlich können Sie die Hinweise zum Zitieren deutschsprachiger Literatur heranziehen, sofern Sie eine Seminararbeit oder eine Hausarbeit in deutscher Sprache verfassen. Sollten Sie aber etwa im Rahmen einer besonderen Veranstaltung (Seminar auf Französisch) eine Arbeit auf Französisch verfassen, müssen Sie sich mit den Besonderheiten der Zitierweise im frankophonen Rechtskreis befassen. 236

Eine Hilfestellung bietet hierfür der von der Université Libre de Bruxelles erstellte Leitfaden „*Rédaction d'une bibliographie et des citations bibliographiques*" (abrufbar unter der Adresse: http://www.ulb.ac.be/philo/infodoc/biblio.html (zuletzt besucht am 16.04.2010).

COMBACAU, JEAN ET SUR, SERGE, *Droit International Public*, 2ᵉ éd., Paris, Montchrestien, 1995

CONSTANTINESCO, VLAD, «Contenu et structure de la Constitution» dans BIEBER, R. ET WIDMER, P (éd.), *L'espace constitutionnel européen*, Zurich, Schulthess, 1995, p. 97–116

DE SCHUTTER, OLIVIER, «Europe in Search of its Civil Society», *European Law Journal*, Vol. 8, n°2, 2002, p. 198–217

- Es ist üblich, die Angaben zum Autor und ggf. Herausgeber in Großbuchstaben anzugeben. Daneben ist es üblich, sowohl den Erscheinungsort (etwa Paris) als auch den Verlag (etwa Schulthess) anzugeben. 237

- Gerichtsentscheidungen – die Beispiele geben Entscheidungen des EuGH (Cour de justice des Communautés européennes = CJCE) und des Conseil constitutionnel (CC) wieder – werden mit den Namen oder der Abkürzung des Gerichts, dem Datum und dem (kursiv gesetzten) Namen der Entscheidung, dem Aktenzeichen und der Fundstelle (amtliche Sammlung, Zeitschrift) angegeben. 238

[41] CJCE, arrêt du 12 juillet 1988, *Parlement c/ Conseil*, aff. 377/87, Rec. 1988, p. 4017; Conseil constitutionnel (CC), Paris, décision n°2004-505 DC du 19 novembre 2004, *Traité établissant une Constitution pour l'Europe*, Rec. p. 173.

III. Rechtshistorische Arbeiten (Quellenexegese)

Literaturhinweis: *Becker, Christoph:* Kurzanleitung zur Quellenexegese im Römischen Recht, Band 1, Münster 2003

239 Die Zitierweise bei rechtshistorischen Arbeiten weist vor allem bei der Digestenexegese Besonderheiten auf. Die Digesten (auch Pandekten genannt) sind der Hauptteil des „Corpus Iuris Civilis", das Kaiser Justinian 533 n. Chr. als Gesetz verkündet hat. Es handelt sich bei den Digesten um Texte römischer Rechtsgelehrter.

Die Digesten gliedern sich in 50 Bücher, die wiederum in Titel unterteilt sind. Die Titel der Digesten gliedern sich in Fragmente, auch *leges* genannt. Im Mittelalter hat man die Fragmente noch einmal in Paragrafen unterteilt. Der erste Abschnitt eines Fragments wird als *principium* (= Einleitungsparagraf, abgekürzt: „pr.") bezeichnet, der zweite Abschnitt trägt dann die Nummer 1. Eine Digestenstelle zitiert man heute in der Regel mit vier Zahlen, bei der die erste das Buch, die zweite den Titel, die dritte das Fragment und die vierte den Paragrafen bezeichnet.

> „D. 17,1,26,2" = 17. Buch, 1. Titel, 26. Fragment, Paragraf 2.

240 ▪ Bei manchen Fragmenten fehlt die Unterteilung in Paragrafen, weshalb eine Digestenstelle dann nur mit drei Zahlen zitiert wird.

241 ▪ Eine Digestenexegese umfasst auch die Beschäftigung mit der so genannten „Inskription", dem Herkunftsnachweis. Bei der Zitierung einer Digestenstelle ist es üblich geworden, auch die Inskription (meist abgekürzt) wiederzugeben. Die Inskription umfasst den Autor, das Werk sowie die konkrete Stelle innerhalb des Werkes, dem der Text entnommen ist.

> „D. 18,1,6,2: Pomponius libro nono ad Sabinum" bezeichnet einen Text, den Pomponius im 9. Buch („nono") seines Sabinuskommentars („ad Sabinum") schrieb, und der in den Digesten („D.") im 18. Buch steht, in dessen 1. Titel, dessen 6. Fragment und darin in Paragraf 2.

Kapitel 5: Muster schriftlicher Arbeiten

In diesem Kapitel finden Sie zwei juristische Ausarbeitungen: eine Hausarbeit aus einer Übung im Strafrecht und eine Häusliche Arbeit aus der Schwerpunktbereichsprüfung – jeweils angefertigt an der Juristischen Fakultät der Ruhr-Universität Bochum. Dass es sich um strafrechtliche Arbeiten handelt, ist nebensächlich. Im Vordergrund stehen zwei Dinge: Erstens erhalten Sie zwei Beispiele für korrekte formale Gestaltung (etwa können Sie bei der Zitierweise nicht nur ersehen, wie man formal korrekt zitiert, sondern auch, wann es sinnvoll und notwendig ist, eine Fußnote zu setzen).

Aus platztechnischen Gründen war es nicht möglich, den für Seminararbeiten und Häusliche Arbeiten üblichen Seitenrand und Zeilenabstand beizubehalten. Auch habe ich die Arbeiten weitgehend der von mir in diesem Buch empfohlenen Zitier- und Formatierweise angepasst.

Zweitens erhalten Sie mit den beiden Beispielen eine Anleitung für mustergültige methodengerechte Argumentation. Sie werden keine öde Darstellung von Meinungsblöcken (1. Meinung, 2. Meinung …) mit anschließender Diskussion finden (→ vgl. hierzu die Ausführungen auf S. 7 und 17), allenfalls eine Beschreibung, die kurz und knackig ist (→ vgl. etwa S. 140 ff. in der hier abgedruckten Häuslichen Arbeit). Die beiden Verfasser argumentieren jeweils auf höchstem Niveau, immer problemorientiert, geraten niemals ins Schwafeln (vermeiden also den so genannten Lehrbuchstil) und haben beide letztlich eine „runde Sache“ abgeliefert. Ich lege Ihnen die intensive Lektüre ausdrücklich ans Herz. Besonders wertvoll dürfte das Lesen sein, wenn Sie versuchen, die Argumentation kritisch nachzuvollziehen und die Argumentationsmuster zu analysieren.

A. Hausarbeit

Die Aufgabe wurde im Sommersemester 2006 an der Ruhr-Universität Bochum gestellt als Ferienhausarbeit der Übung im Strafrecht. Der Umfang des Gutachtens war zu begrenzen auf 25 Seiten (bei einem Drittel Rand). Angefertigt und abgegeben haben die Hausarbeit 182 Personen. Die Ergebnisse zeigt folgender Notenspiegel (wobei die hier abgedruckte Hausarbeit nicht in die Statistik eingeflossen ist; zu den Gründen s.u.):

sehr gut	0
gut	3 (1,65%)
vollbefriedigend	12 (6,59%)
befriedigend	28 (15,38%)
ausreichend	74 (40,66%)
mangelhaft	63 (34,62%)
ungenügend	2 (1,10%)

Die folgende Lösung war Teil eines Experiments. Sie stammt nicht von einem „normalen“ Teilnehmer der Übung, sondern von *Dr. Jörg Scheinfeld* (damals war er Wissenschaftlicher Assistent an der Ruhr-Universität Bochum). Er hat die Lösung selber gefertigt und sie der Korrekturassistentin, so wie der Text hier abgedruckt ist, unter einem Pseudonym zum Benoten unterbreitet.

Es ging ihm nicht darum zu erfahren, wie jemand abschneidet, der die Lösungsskizze kennt. Das wäre langweilig gewesen. Sein Ziel war herauszufinden, wie eine Bearbeitung gewertet wird, die sich streng dem Ökonomieprinzip und der juristischen Methodik verpflichtet.

Eine Art und Weise der Begutachtung, die andere den Studenten schon früher nahe gelegt haben: *Puppe*, JA 1989, 345 ff.; *Schlehofer*, JuS 1992, 572 ff.; *Hardtung*, JuS 1996, 611 ff., 706 ff., 807 ff. (jeweils sehr empfehlenswert).

Das Experiment brachte das erhoffte Ergebnis, die Arbeit wurde mit „sehr gut“ (17 Punkten) bewertet. Wichtig für Sie ist, dass die Korrekturassistentin Folgendes besonders positiv gewichtet hat, nämlich:

- die zupackende Art,
- den Mut zur Kürze und
- die methodengerechte Argumentation.

Wir (*Jörg Scheinfeld* und ich) möchten daher dem Leser raten, diese (beglaubigte) Technik der Fallbearbeitung zu übernehmen, denn sie schafft Raum für das Wesentliche und hebt das Niveau eines Gutachtens beträchtlich an.

Es ließ sich übrigens nicht aufklären, welcher Kritik der eine Punkt zum Opfer gefallen, wie also die Differenz zu 18 Punkten zu erklären ist. Wir hatten den Eindruck, dass es der Korrektorin am Ende doch nicht ganz geheuer war, die Höchstpunktzahl zu vergeben.

Noch ein Wort zum Gutachtenstil: Sie werden feststellen, dass der Verfasser i.d.R. auf ausformulierte **Obersätze** verzichtet hat. Dadurch sollen Wiederholungen vermieden werden. Denn die Informationen, die in den Obersätzen stecken, enthalten schon die Überschriften. Ein Obersatz ist nämlich nicht mehr als eine Hypothese, und zwar (speziell im Strafrecht) darüber, welche Handlung welche Rechtsfolge nach sich zieht – mehr nicht. Wer diese beiden Informationen – wie der Verfasser – bereits in der Überschrift unterbringt, kann sich also den Obersatz sparen.

Aber Vorsicht: Das Weglassen des Obersatzes empfehlen wir – wenn überhaupt – nur für Fortgeschrittene, die sich keine Sorgen um die Richtigkeit ihrer Lösung machen müssen. Bei Anfängern will man gern überprüfen, ob der Gutachtenstil in Reinform beherrscht wird. Der Korrektor wird also i.d.R. Obersatz, Definition, Subsumtion und ein Ergebnis erwarten. Fehlt ein Element (wie hier der Obersatz), wird der Korrektor Ihnen das ankreiden. In einer Übung für Fortgeschrittene steht hingegen im Vordergrund, auf dem kürzesten Weg eine vertretbare Lösung zu präsentieren, weshalb ein zupackendes Vorgehen schon eher das Gefallen des Korrektors findet. Wenn Sie allerdings spüren, dass Ihre Lösung inhaltlich nicht überzeugend ist, dann sollten Sie besser „den Ball flach halten" und alles tun, um dem Korrektor nicht aufzufallen (in diesem Sinne auch *Gas*, JURA 2008, S. 640).

Der Einstieg in die Prüfung erfolgt in der folgenden Hausarbeit im sog. *Konditionalstil*, das heißt, das Prüfungsprogramm wird dem Leser in einer Bedingungskonstruktion mitgeteilt: „V handelte … ohne Schuld, wenn …". Dieser Stil macht die Bearbeitung stringenter und zielstrebiger. Gleiches gilt bei Definitionen (siehe sogleich im Text des Gutachtens; vgl. hierzu auch *Wolf*, JuS 1996, 30, 34).

Aufgabentext

Die Brüder V und W sind beide talentierte Boxer. Sie kämpfen in derselben Gewichtsklasse (Fliegengewicht) und sind Mitglieder im selben Boxverein. Schon lange rivalisieren sie darum, im eigenen Boxstall die Nummer eins zu sein. V will allen zeigen, wer der Bessere ist, und entschließt sich, W am Neujahrsabend vor dessen Haustür abzufangen und ihm im offenen Straßenkampf die Nase zu brechen. Mit dieser Absicht setzt V sich in ein Gasthaus neben Ws Wohnung und wartet auf seinen Bruder. Als W gegen 23.00 Uhr eintrifft, hat V schon einige Wodkas getrunken – nicht, um sich Mut anzutrinken, sondern lediglich um sich die Wartezeit abzukürzen. Da V noch weiter getrunken hatte, als er schon für ihn selber spürbar und für jeden anderen erkennbar betrunken war, führt der Wodkakonsum zu einer Blutalkoholkonzentration von 3,5 Promille.

Als er seinen Bruder W sieht, kann er sich wegen der Alkoholisierung nicht zurückhalten. Er tritt aus dem Wirtshaus, steuert auf W zu, erreicht ihn in einer Seitengasse und ruft: „Nun zeig' mal, was du drauf hast!" W bemerkt sofort, dass V volltrunken ist, und schafft es, den ersten Schlägen des V auszuweichen. Obwohl wegen der Trunkenheit stark in seiner Kampffähigkeit herabgesetzt, gelingt es V, den W mit einem wuchtigen Schlag am Kopf zu treffen und ihm die Nase zu brechen. Weiter gehende Gefahren für W hat V beim Zuschlagen nicht erkannt. W ist nun ebenfalls ein wenig benommen und ihm tränen die Augen, sodass er den erneut angreifenden V nur noch verschwommen sieht. W kann weiteren Schlägen des V nun allein durch Gegenwehr entrinnen. Er schlägt mit einer Faust gegen den Oberkörper des V und bricht ihm zwei Rippen, mit der anderen führt er einen Aufwärtshaken gegen das Kinn und schlägt ihn damit bewusstlos. Die Rippenbrüche hat er gebilligt, mit der Bewusstlosigkeit hat er nicht gerechnet. Eine Todesgefahr für V sah W bei den Schlägen ebenfalls nicht.

W meint, er habe mit der Lage des V weiter nichts zu tun, und lässt ihn liegen. Er hält es dabei für völlig unwahrscheinlich, dass V in der Seitengasse von Dritten entdeckt wird, und billigt es, dass V bei den Minustemperaturen innerhalb weniger Stunden erfriert.

Doch wird das Unwahrscheinliche wahr und V wird nach zwei Stunden entdeckt, und zwar von der F, der Ehefrau des Gastwirtes G, die ihren Mann zum Feierabend abholt. Sie macht den G auf den Hilflosen aufmerksam. G erkennt den V sofort als seinen volltrunkenen Gast vom selben Abend und führt dessen Zustand auf die Alkoholisierung zurück. G und F meinen beide, dass völlig unsicher sei, ob V noch gerettet werden könne; indes ist V schon zu retten, indem er ins Warme verbracht wird. G ist unschlüssig, was er tun soll, und fragt F um Rat. Sie fürchtet um die Gaststättenkonzession des G, weil der ohnehin ständig Ärger mit der Behörde hat. Sie bedrängt ihn deshalb, den V ein Stück weit fortzuschaffen, sodass ihn niemand mehr mit der Gaststätte in Verbindung bringt; zudem sei V ja vielleicht ohnehin verloren. G lässt sich überzeugen und erklärt sich einverstanden. So geschieht es denn: G und F tragen den V zu ihrem Pick-up, legen ihn auf die Ladefläche, fahren einige Kilometer weit und legen ihn an den Rand eines kleinen Parks. Dort stehen die Chancen, dass V entdeckt wird, zwar ein wenig besser als in der Seitengasse, wie auch F und G erkennen, doch sind sie sicher, dass V zu dieser Uhrzeit nicht mehr rechtzeitig gefunden und spätestens in zwei bis drei Stunden erfroren sein wird.

Zu Hause angekommen, plagen G Gewissensbisse. Nach zwei Stunden ruft er heimlich die Polizei an und meldet, dass wohl ein volltrunkener Obdachloser am Parkrand liege und zu erfrieren drohe. Der Anruf rettet dem V das Leben – wenige Minuten später wäre V unrettbar verloren gewesen. So aber hat das Herumliegen in der Kälte nur zu einer schmerzhaften und sonst folgenlosen Unterkühlung geführt.

Aufgabe: Erstatten Sie ein Gutachten über die Strafbarkeit der Beteiligten nach dem StGB! Etwa erforderliche Strafanträge sind gestellt. Gehen Sie davon aus, dass V wegen der hohen BAK weder einsichts- noch steuerungsfähig war, als er das Wirtshaus verließ.

Gliederung

Literaturverzeichnis

Backmann, Leonard E.	Gefahr als „besondere Folge der Tat" i.S. der erfolgsqualifizierten Delikte?, in: MDR 1976, S. 969–976
Baumann, Jürgen / Weber, Ulrich / Mitsch, Wolfgang	Strafrecht Allgemeiner Teil, Lehrbuch, 10. Aufl. und 11. Auflage, Bielefeld 1995 bzw. 2003
Bonner Kommentar	Kommentar zum Grundgesetz, hrsg. v. Rudolf Dolzer, Loseblattsammlung, Heidelberg, Stand: Dezember 1999 (zit.: *Bearbeiter*, in: BK-GG)
Brammsen, Joerg	Erfolgszurechnung bei unterlassener Gefahrminderung durch einen Garanten, in: MDR 1989, S. 123–127
E 1962	Entwurf eines Strafgesetzbuches mit Begründung, Bonn 1962
Geisler, Claudius	Objektive Strafbarkeitsbedingungen und „Abzugsthese" – Methodologische Vorüberlegungen zur Vereinbarkeit objektiver Strafbarkeitsbedingungen mit dem Schuldprinzip, in: GA 2000, S. 166–179
Gropengießer, Helmut	Anmerkung zu BGH, Urt. v. 21.11. 1993, 4 StR 638/92 (LG Zweibrücken), in: StV 1994, S. 19–21
Hardtung, Bernhard	Versuch und Rücktritt bei den Teilvorsatzdelikten des § 11 Abs. 2 StGB, Über Erfolgsqualifikationen und andere so genannte Vorsatz-Fahrlässigkeits-Kombinationen, Köln u.a. 2002
Herzberg, Rolf Dietrich	Der Versuch beim unechten Unterlassungsdelikt, in: MDR 1973, S. 89–96

Herzberg, Rolf Dietrich	Zur Garantenstellung aus vorangegangenem Tun, in: JZ 1986, S. 986–993
Herzberg, Rolf Dietrich	Akzessorietät der Teilnahme und persönliche Merkmale, in: GA 1991, S. 145–184
Hilgendorf, Eric	Körperteile als „gefährliche Werkzeuge“ – Plädoyer für einen funktionalen Werkzeugbegriff, in: ZStW 112 (2000), S. 811–833
Hruschka, Joachim	Der Begriff der actio libera in causa und die Begründung ihrer Strafbarkeit – BGHSt 21, 381, in: JuS 1968, S. 554–559
Jakobs, Günther	Die Ingerenz in der Rechtsprechung des Bundesgerichtshofs, in: 50 Jahre Bundesgerichtshof, Festgabe aus der Wissenschaft, Band IV, hrsg. v. Claus Roxin und Gunter Widmaier, München 2000, S. 29–49
Jakobs, Günther	Strafrecht Allgemeiner Teil, Die Grundlagen und die Zurechnungslehre, 2. Aufl., Berlin 1991
Jescheck, Hans-Heinrich / Weigend, Thomas	Lehrbuch des Strafrechts Allgemeiner Teil, 5. Aufl., Berlin 1996
Kaufmann, Armin	Die Dogmatik der Unterlassungsdelikte, Göttingen 1988
Kaufmann, Arthur	Unrecht und Schuld beim Delikt der Volltrunkenheit, in: JZ 1963, S. 425–433
Krey, Volker	Strafrecht Besonderer Teil, Band 1, 12. Aufl., Stuttgart 2002
Kühl, Kristian	Strafrecht Allgemeiner Teil, 5. Aufl., München 2005

Leipziger Kommentar — zum Strafgesetzbuch, 11. Aufl., Erster Band (§§ 1–31), hrsg. v. Burkhard Jähnke u.a., Berlin 2003 (zit.: *Bearbeiter*, in: LK-StGB)

Leipziger Kommentar — zum Strafgesetzbuch, 10. Aufl., Fünfter Band (§§ 185–262), hrsg. v. Hans-Heinrich Jescheck u.a., Berlin/New York 1985 (zit.: *Bearbeiter*, in: LK-StGB^{10})

Lesch, Heiko — Diebstahl mit Waffen nach dem 6. StrRG, in: GA 1999, S. 365–381

Maurach, Reinhart / Schroeder, Friedrich C. / Maiwald, Manfred — Strafrecht, Besonderer Teil, Teilband 1: Straftaten gegen Persönlichkeits- und Vermögenswerte, 8. Aufl., Heidelberg 1995

Münchener Kommentar — zum Strafgesetzbuch, Band 1 (§§ 1–51) und Band 3 (§§ 185–262), München 2003 (zit.: *Bearbeiter*, in: MüKo-StGB)

Nomos Kommentar — zum Strafgesetzbuch, Band 1 (§§ 1–145d) und Band 2 (§§ 146–358), 2. Aufl., Baden-Baden 2005 (zit.: *Bearbeiter*, in: NK-StGB)

Neumann, Ulf — Zurechnung und „Vorverschulden", Berlin 1985

Otto, Harro — Der Vollrauschtatbestand (§ 323a StGB), in: JURA 1986, S. 478–487

Otto, Harro — Grundkurs Strafrecht, Allgemeine Strafrechtslehre, 7. Aufl., Berlin/New York 2004

Puppe, Ingeborg — Der objektive Tatbestand der Anstiftung, in: GA 1984, S. 101–123

Puppe, Ingeborg Die strafrechtliche Verantwortlichkeit des Arztes bei mangelnder Aufklärung über eine Behandlungsalternative – Zugleich Besprechung von BGH, Urteile vom 3.3.1994 und 29.6.1995, in: GA 2003, S. 764–776

Puppe, Ingeborg Strafrecht Allgemeiner Teil im Spiegel der Rechtsprechung, Baden-Baden 2005 (zit.: *Puppe*, AT I)

Rengier, Rudolf Kündigungs-Betrug des Vermieters durch Tun und Unterlassen bei vorgetäuschtem Eigenbedarf, in: JuS 1989, S. 802–808

Roxin, Claus Die Verhinderung der Vollendung als Rücktritt vom beendeten Versuch, in: Festschrift für Hans Joachim Hirsch, hrsg. v. Thomas Weigend und Georg Küpper, Berlin/New York 1999, S. 327–343

Roxin, Claus Strafrecht Allgemeiner Teil, Band 1, Grundlagen, Der Aufbau der Verbrechenslehre, 4. Aufl., München 2006

Schönke, Adolf / Schröder, Horst Strafgesetzbuch, Kommentar, 26. Aufl., München 2001 (zit.: *Bearbeiter*, in: Schönke/Schröder)

Schroth, Ulrich Vorsatz und Irrtum, München 1998

Sowada, Christoph Täterschaft und Teilnahme beim Unterlassungsdelikt, in: JURA 1986, S. 399–410

Systematischer Kommentar zum Strafgesetzbuch, hrsg. v. Hans-Joachim Rudolphi, Eckhard Horn und Hans-Ludwig Günther, Loseblattsammlung, Band 1, Stand: Oktober 2005 (zit.: *Bearbeiter*, in: SK-StGB)

Stratenwerth, Günter	Strafrecht Allgemeiner Teil I: Die Straftat, 4. Aufl., Köln u.a. 2000
Stratenwerth, Günter / Kuhlen, Lothar	Strafrecht Allgemeiner Teil I: Die Straftat, 5. Aufl., Köln u.a. 2004
Tröndle, Herbert / Fischer, Thomas	Kurzkommentar Strafgesetzbuch und Nebengesetze, 53. Aufl., München 2006
Wessels, Johannes / Beulke, Werner	Strafrecht Allgemeiner Teil, Die Straftat und ihr Aufbau, 35. Aufl., Heidelberg 2005
Wessels, Johannes / Hettinger, Michael	Strafrecht Besonderer Teil/1, Straftaten gegen Persönlichkeits- und Gemeinschaftswerte, 29. Aufl., Heidelberg 2005

Gebraucht werden die üblichen Abkürzungen, vgl.
Kirchner, Hildebert / Butz, Cornelie: Abkürzungsverzeichnis der Rechtssprache, 5. Aufl., Berlin/New York 2003

Gutachten

I. Strafbarkeit des V

1. Körperverletzung durch das Zuschlagen (§ 223 I)[1]

a) V hat dem W mit dem Schlag absichtlich die Nase gebrochen und ihn damit vorsätzlich und rechtswidrig körperlich misshandelt und an der Gesundheit geschädigt. Das Unrecht einer Körperverletzung liegt vor.

b) Da V beim Zuschlagen, also bei der Begehung und Tathandlung (§§ 20, 8), wegen der Alkoholisierung die Einsichts- und Steuerungsfähigkeit fehlte, handelte er gemäß § 20 ohne Schuld, wenn nicht eine Reduktion des Anwendungsbereichs vorzunehmen ist in Fällen der *actio libera in causa* – also in Fällen, wo sich der Handelnde (wie V) vorsätzlich betrinkt und dabei die Gefahr späterer Deliktsbegehung im schuldlosen Zustand kennt.

Der Passus „bei Begehung der Tat" könnte in § 20 so zu deuten sein, dass er auch das Vorbereitungsstadium erfasst (Ausdehnungsmodell).[2] Nach dieser Sicht wäre V schuldfähig gewesen, weil er zum Zeitpunkt des vorbereitenden Wartens noch nüchtern und folglich einsichts- sowie steuerungsfähig war. Doch ist diese ausdehnende Deutung aus systematischen Gründen abzulehnen. § 8 setzt die Begehung gleich mit dem tatbestandsmäßigen Handeln (hier also dem Zuschlagen). Bei den §§ 16 I 1, 17 S. 1, die ebenfalls den Passus „bei Begehung der Tat" enthalten, ist anerkannt und unumstritten, dass es für das Vorliegen des Vorsatzes bzw. der Unrechtseinsicht auf den Zeitpunkt der Tathandlung ankommt. Nichts spricht dafür, dass § 20 anders zu verstehen ist.[3]

§ 20 ist aber dann nicht anwendbar, wenn für Fälle der *actio libera in causa* eine gewohnheitsrechtliche Ausnahme vom Koinzidenzprinzip, also dem Zusammenfallen von Tathandlung und Schuld, anzuerkennen ist (Ausnahmemodell).[4] Für eine solche Ausnahme lässt sich die Entstehungsgeschichte des § 20 anführen: Schon vor der Verabschiedung des § 20 hat die Rechtsprechung das Koinzidenzprinzip in Fällen der

---

[1] Paragrafen ohne Gesetzesnennung bezeichnen Vorschriften des StGB.
[2] *Streng*, in: MüKo-StGB, § 20 Rn. 133 ff.
[3] BGHSt 42, 235, 240.
[4] *Hruschka*, JuS 1968, 554, 558 f.; *Jescheck/Weigend*, AT, § 40 VI 1; *Kühl*, AT, § 11 Rn. 18; *Stratenwerth/Kuhlen*, AT, § 10 Rn. 47.

actio libera in causa abgelehnt.[5] Diese Rechtsprechung war dem Gesetzgeber bekannt, und er wollte ihr mit § 20 (wohl) nicht entgegentreten.[6]

Doch ist auch dieses Ausnahmemodell abzulehnen, wenn seine Anwendung gegen das Analogieverbot der Art. 103 II GG, § 1 verstößt und sich dieses Analogieverbot auf die AT-Vorschrift des § 20 erstreckt:

Art. 103 II GG und § 1 verlangen, dass die „Strafbarkeit gesetzlich bestimmt" ist. Das Gesetz bestimmt aber für den Fall des V umgekehrt dessen Straflosigkeit, nämlich in § 20, wonach V wegen seines Defizits ohne Schuld handelte. Bei einer Norm, die wie § 20 auf die Täterdisposition zur Tatzeit abstellt und die die Strafbarkeit ausschließt, muss sich grundsätzlich aus dem Gesetz selber ergeben, ob die Norm anwendbar ist oder nicht. Eine teleologisch-historische Reduktion der Norm ist nicht zulässig. Mit anderen Worten: Täterbelastendes Gewohnheitsrecht ist vor dem Hintergrund des Analogieverbotes unzulässig.[7] Demnach verstößt das den V belastende Heranziehen ungeschriebener Rechtsfiguren gegen Art. 103 II GG und § 1, wenn die Normen auch für § 20 gelten.

Diese Geltung wird bestritten. Das Analogieverbot, so heißt es, diene (nur) dem Schutz vor richterlicher Willkür; und im AT schütze schon „die Generalität dieser Materie … vor Willkürentscheidungen".[8] Im AT gelte das Analogieverbot daher nicht.[9] Diese Sicht verkürzt aber den Sinn des Analogieverbots. „Speziell richterliche Willkür könnte schon verhindert werden, indem man eine gesetzliche Bestimmung vor der gerichtlichen Entscheidung verlangt; indem Art. 103 II GG darüber hinaus geht und eine Bestimmung schon vor der Tat verlangt, zeigt die Norm, dass es dem Verfassungsgeber um mehr als die Verhinderung richterlicher Willkür ging."[10] Und indem weiter eine gesetzliche Bestimmung verlangt ist (also die bestimmende Kraft einer ständigen Rechtsprechung nicht genügt), zeigt die Norm, dass es dem Verfassungsgeber auch darum ging, den Gesetzgeber stärker an sein eigenes Wort zu binden, „also: dass es dem Verfassungsgeber um Gesetzlichkeit und damit um mehr Objektivität ging."[11] So klargestellt wird

---

[5] BGHSt 17, 333, 335; 21, 381, 382.
[6] *Wessels/Beulke*, AT, Rn. 415.
[7] BGHSt 42, 235, 241.
[8] *Jakobs*, AT, 4/43.
[9] *Jakobs*, AT, 4/43; *Tröndle*, in: LK-StGB[10], § 1 Rn. 38.
[10] *Hardtung*, Teilvorsatzdelikte, S. 237.
[11] *Hardtung*, a.a.O.

deutlich, dass Art. 103 II GG zwei Gesichtspunkte enthält: den Vertrauensschutz und die Gesetzlichkeit.[12] Dem Gesetzlichkeitsprinzip widerstreitet es nun aber, eine Norm wie § 20, die eine bestimmte Rechtsfolge (Straflosigkeit) klar bestimmt, im Anwendungsbereich zu beschneiden. Folglich verstößt die vom Ausnahmemodell vorgenommene Reduktion des § 20 gegen das Analogieverbot und V handelte in Anwendung des § 20 ohne Schuld.

c) V hat sich durch das Zuschlagen nicht nach § 223 I strafbar gemacht.

2. Körperverletzung durch das Sichbetrinken (§ 223 I)

Der Erfolg ist mit dem Nasenbeinbruch eingetreten. Fraglich ist, ob das Sichbetrinken diesen Körperverletzungserfolg verursacht hat: V war schon vor der Alkoholisierung zur Tat entschlossen, und das Sichbetrinken sollte keine Hemmungen abbauen, sondern diente bloß dem Zeitvertreib. Das heißt aber, dass es vielleicht auch ohne das Sichbetrinken zu einem Körperverletzungserfolg gekommen wäre. Andererseits konnte V sich „wegen der Alkoholisierung" nicht zurückhalten.

Doch kann die Kausalitätsfrage dahinstehen, wenn der Körperverletzungserfolg dem V jedenfalls nicht zugerechnet werden kann.[13] Objektiv zurechenbar ist der Erfolg nur, wenn das Handeln eine strafrechtlich missbilligte Gefahr schafft.[14] Eine solche Gefahr schafft gerade nicht, wer „einen Kausalverlauf in der Weise modifiziert, dass er die für das Opfer bereits bestehende Gefahr verringert, die Situation für das Handlungsobjekt also verbessert".[15] Da V bereits zur Tat entschlossen war, bestand bereits eine Gefahr für W, als V sich betrank. Und indem er sich betrank, hat V diese Gefahr für W verringert, denn mit der Volltrunkenheit wurde es unwahrscheinlicher, dass V ein Treffer gegen den kampfgeübten W glücken werde. Demnach ist das Sichbetrinken nicht missbilligt hinsichtlich des Erfolges, d.h. hinsichtlich des Nasenbruchs bei W.

Man kann dem allenfalls das Folgende entgegenhalten: Das Sichbetrinken habe nicht nur die Kampfkraft des V verringert, sondern auch die Gefahr der Deliktsbegehung erhöht; und zwar weil es dafür gesorgt habe, dass V in der Tatsituation nicht mehr normativ ansprechbar war.

[12] BVerfGE 71, 108, 114; 75, 329 341; 87, 209, 224; 87, 399, 411; *Gribbohm*, in: LK-StGB, § 1 Rn. 1; *Roxin*, AT I, § 5 Rn. 49; *Rudolphi*, in: SK-StGB, § 1 Rn. 11; *Rüping*, in: BK-GG, Art. 103 Rn. 17.

[13] Zum Springen im strafrechtlichen Gutachten *Hardtung*, JuS 1996, 610 ff. und 807, 811.

[14] *Kühl*, AT, § 4 Rn. 43.

[15] *Roxin*, AT I, § 11 Rn. 53.

Die Rechtsordnung belasse dem Einzelnen Freiheitsräume, weil sie vermute, er werde sich rechtstreu motivieren. Deshalb gehe sie auch bis zur Grenze des unmittelbaren Ansetzens davon aus, dass der Täter dem Normappell folge und die Rechtsgüter der anderen respektiere. Wer nun als Tatgeneigter seine normative Ansprechbarkeit im Alkohol ertränke, der schaffe damit – nach normativer Betrachtung – eben die Gefahr, dass er sich nicht mehr rechtstreu motivieren könne. Deshalb schaffe auch das Sichberauschen eine rechtlich missbilligte Gefahr.

Auf den ersten Blick scheint der Vollrauschtatbestand (§ 323a), der u.a. das vorsätzliche Sichberauschen zum Unrechtsteil erklärt, diese Sicht zu stützen. Auf den zweiten spricht die Norm aber deutlich gegen diese Annahme. Denn strafrechtlich missbilligt ist bei § 323a nicht das Sichberauschen allein; es ist „ein zwar nicht wünschenswertes", aber staatlich erlaubtes Verhalten.[16] Dies zeigt sich daran, dass die staatlichen Stellen am folgenlosen Sichberauschen keinen Anstoß nehmen. „Solange nichts passiert, bleiben alle unbehelligt, die etwa in Wirtshäusern und Diskotheken Gefahr laufen, sich zu berauschen."[17] Wird somit die Beseitigung der eigenen normativen Ansprechbarkeit rechtlich toleriert und gilt sie als erlaubt, kann sie nicht andererseits strafrechtlich missbilligt sein. Sonst ergäbe sich ein Widerspruch. Demnach bleibt es dabei: Das Sichbetrinken hat das Risiko für W verringert und ist daher nicht strafrechtlich missbilligt.

V hat sich durch das Sichbetrinken nicht nach § 223 I strafbar gemacht.

3. Vollrausch durch das Sichbetrinken (§ 323a I)

a) V hat sich wissentlich mit Wodka betrunken und sich somit vorsätzlich mit alkoholischen Getränken berauscht. Im Rausch hat er die rechtswidrige Tat der Körperverletzung begangen, § 223 I (vgl. oben I.1.a) Die spätere Körperverletzung hat er beim Sichbetrinken auch beabsichtigt, folglich hat er sie vorhergesehen. Ob die Rauschtat überhaupt vorhersehbar sein muss,[18] kann deshalb dahinstehen.

b) V hat zudem das Delikt des § 224 I rechtswidrig verwirklicht, wenn seine Faust als „gefährliches Werkzeug" i.S.d. Nr. 2 anzusehen ist oder der wuchtige Schlag gegen die Nase des W eine vorsätzliche das Leben gefährdende Behandlung i.S.d. Nr. 5 war.

---

[16] *Jakobs*, AT, 10/2.

[17] *Schlehofer*, in: MüKo-StGB, Vor §§ 32 ff. Rn. 23; ähnlich *Geisler*, GA 2000, 166, 174 f.; *Arthur Kaufmann*, JZ 1963, 425, 428; *Ulf Neumann*, Zurechnung, S. 69.

[18] Das verlangt etwa *Otto*, JURA 1986, 478, 486.

aa) Das Gleichbehandlungsgebot drängt dazu, die Faust des V als „Gefährliches Werkzeug" i.S.d. § 224 I Nr. 2 anzusehen, weil ihr Einsatz geeignet war, erhebliche Verletzungen herbeizuführen.[19] Auch lässt der Wortlaut die Subsumtion von Körperteilen zu.[20] Denn umgangssprachlich bezeichnet man die Hände als „Greifwerkzeuge", wie etwa auch die Zähne als „Beißwerkzeuge". Die Einbeziehung der Faust liegt sprachlich daher nicht ferner als die anerkannte Einbeziehung eines beschuhten Fußes[21] oder die Annahme, „Zucker" sei „Gift" i.S.d. Nr. 1, wenn er einem Zuckerkranken verabreicht werde[22].

Gleichwohl ist die Subsumtion abzulehnen. Der Gesetzgeber hat die Körperteile des Täters nicht einbeziehen wollen. Denn sonst hätte das einschränkende Merkmal „Werkzeug" keinen Sinn und wäre überflüssig. Über diesen Willen darf sich der Rechtsanwender nicht hinwegsetzen, auch nicht mit Gerechtigkeitserwägungen. Denn der Gesetzgeber hat jedenfalls seinen Beurteilungsspielraum nicht verlassen. Es ist nämlich typischerweise gefährlicher, wenn jemand einen Gegenstand zur Tatbegehung verwendet – und das Ergreifen und Einsetzen eines Gegenstandes wird auch typischerweise eine stärkere kriminelle Energie offenbaren. Wenn der Gesetzgeber dies betont und die Körperteile ausgrenzt, liegt darin kein Beurteilungsfehler. V hat also kein „gefährliches Werkzeug" eingesetzt und die Nr. 2 nicht verwirklicht.

bb) V hat jedenfalls dann keine vorsätzliche das Leben gefährdende Behandlung verübt, wenn er beim Zuschlagen einen Umstand nicht kannte, der zum gesetzlichen Tatbestand des § 224 I Nr. 5 gehört (§ 16 I 1). Zählt man zu diesen Umständen die Lebensgefährdung selber, dann hätte V beim Zuschlagen zumindest die (wenn auch geringe) Todesgefahr für W erkannt haben müssen. V hat beim Zuschlagen keine anderen Gefahren als die des Nasenbeinbruches gesehen, also auch keine Todesgefahr. Folglich ist nach diesem Ansatz der Vorsatz zu verneinen. – Man könnte aber für den Vorsatz genügen lassen, dass

---

19 So die anerkannte Voraussetzung für das Gefährliche des Werkzeugs, siehe *Wessels/Hettinger*, BT/1, Rn. 275; die Nr. 2 bejahen würden daher: *Hilgendorf*, ZStW 112 (2000), 811, 820; *Lesch*, GA 1999, 365, 374 f.; *Maurach/ Schroeder/Maiwald*, BT/1, § 9 Rn. 16.

20 A.A. *Hardtung*, in: MüKo-StGB, § 224 Rn. 14.

21 Vgl. nur BGH NStZ 1999, 616; *OLG Hamm* StV 2001, 350; OLG Düsseldorf NJW 1989, 920.

22 Dafür ausdrücklich *Hirsch*, in: LK-StGB[10], § 229 [a.F.] Rn. 6 sowie der Sache nach alle, da es nach der anerkannten abstrakten Definition nur darauf ankommt, dass der zugeführte Stoff nach den konkreten Umständen des Einzelfalles dazu geeignet ist, die Gesundheit zu schädigen.

der Täter die Umstände kennt, aus denen sich die Todesgefahr ergibt.[23] Da V wusste, dass er einen wuchtigen Schlag zum Kopf des W führte und dass die Gefahr des erstrebten Nasenbeinbruchs bestand, hätte V nach diesem Ansatz vorsätzlich gehandelt.

Diese zweite, täterungünstige Sicht ist indes gesetzeswidrig: Die Gefährlichkeit selber ist ein Umstand, der i.S.d. § 16 I 1 zum Tatbestand „gehört". Wie der Täter, der ein allergisches Kind Erdbeeren zu essen zwingt, mit Blick auf das Beibringen von „Gift" (Nr. 1) nur dann vorsätzlich handelt, wenn er um die Eignung zur Gesundheitsschädigung weiß, so handelt der Täter, der das Opfer lebensgefährlich behandelt, insoweit erst vorsätzlich, wenn er um die Gefahr tödlichen Ausgangs weiß.[24] Dieser Gleichsetzung kann man nicht entgegen halten, sie begünstige den Gleichgültigen, der sich um die Rechtsgüter anderer keine Gedanken mache.[25] Denn diese Begünstigung liegt nun einmal dem Gesetz zugrunde, weil § 16 I 1 für den Vorsatz die „Kenntnis" des Täters verlangt.

V handelte folglich nicht vorsätzlich und hat daher das Unrecht des § 224 I nicht, wohl aber das des § 223 I als Rauschtat verwirklicht.

c) Der gemäß § 323a III nötige Strafantrag ist gestellt. V ist strafbar nach § 323a I.

4. Ergebnis für V

Er ist strafbar nach § 323a I.

II. Strafbarkeit des W

1. Körperverletzung durch das zweifache Zuschlagen (§ 223 I)

Das vorsätzliche zweifache Zuschlagen erfüllt den Tatbestand des § 223 I. Die Schläge des W waren aber die i.S.d. § 32 erforderliche Verteidigung gegen den rechtswidrigen Angriff des V. Insbesondere war auch der zweite Schlag (gegen den Kopf) „erforderlich", da dem W die Augen tränten und er sich noch unmittelbar in der Kampfsituation befand und folglich aus der Ex-ante-Sicht nicht sicher war, ob der erste Schlag zur Abwehr des V genügte.

Das zweifache Zuschlagen war „geboten", wenn W jedenfalls die Einschränkungen seines Abwehrrechts beachtet hat, die sich mögli-

---

[23] BGHSt 19, 352 ff.; 36, 1, 15; BGH NJW 1990, 3156.

[24] *Backmann*, MDR 1976, 969, 976; *Schroth*, Vorsatz und Irrtum, S. 57 f.; *Hardtung*, in: MüKo-StGB, § 224 Rn. 36; *Wessels/Hettinger*, BT/1, Rn. 284.

[25] So aber BGHSt 19, 352, 353 f.

cherweise aus dem Verwandtschaftsverhältnis zu V oder aus dessen Volltrunkenheit ergeben (sog. sozialethische Einschränkungen des Notwehrrechts). Solche Einschränkungen lassen – einmal abgesehen von der Absichtsprovokation – das Notwehrrecht nicht ganz entfallen, sondern führen allenfalls zu einem gestuften Verteidigungsrecht, das schlagwortartig umschrieben wird mit der Trias: Ausweichen, Schutzwehr, Trutzwehr.[26] Diese Abstufungen hat W beachtet, wenn zum Zeitpunkt des Zuschlagens, also der Trutzwehr, weder ein Ausweichen noch eine Schutzwehr möglich war und ihm erhebliche Verletzungen drohten.[27] W konnte weiteren Schlägen des V, insbesondere weil er ihn nach dem Nasenbruch nur noch verschwommen sehen konnte, zum Zeitpunkt des Zuschlagens nur durch Gegenwehr entkommen. Auszuweichen oder Schutzwehr zu verüben, war ihm nicht möglich. Auch drohten ihm weitere Treffer des V, die – wie der Nasenbruch belegt – erhebliche Folgen haben konnten. Demnach war das zweifache Zuschlagen selbst dann geboten, wenn sich aus den Gesichtspunkten der Verwandtschaft bzw. der Volltrunkenheit des V sozialethische Einschränkungen des Abwehrrechts ergeben haben sollten.

W ist daher gemäß § 32 gerechtfertigt und nicht strafbar nach § 223 I.

2. Aussetzung durch das zweifache Zuschlagen (§ 221 I Nr. 1)

Dieses Delikt ist jedenfalls deshalb nicht erfüllt, weil W beim Zuschlagen nicht die Gefahr erkannt hat, dass er V bewusstlos schlägt und so in eine hilflose Lage versetzt. Ihm fehlte daher nach § 16 I 1 der Vorsatz hinsichtlich dieses Tatumstandes. W ist nicht strafbar nach § 221 I Nr. 1.

3. Versuchter Totschlag durch Unterlassen durch das Nicht-ins-Warme-Schaffen (§§ 212 I, 13 I, 22, 23 I Fall 1, 12 I)

a) Vorstellung von der Tat, § 22 (sog. Tatentschluss)

aa) Erfolg und Unterlassen

W hatte die „Vorstellung", dass V durch Erfrieren stirbt, denn er sah Vs Tod als nahe liegende Möglichkeit an und hat diese Folge gebilligt. Er stellte sich weiter vor, den Erfolg abwenden zu können, denn ihm war bewusst, dass er den V leicht selber in einen beheizten Raum hätte verbringen können oder doch jedenfalls andere dazu hätte veranlassen können. Folglich stellte er sich vor, diese gebotene Handlung nicht vorzunehmen, also zu unterlassen.

---

[26] *Kühl*, AT, § 7 Rn. 196; *Roxin*, AT I, § 15 Rn. 61 f.
[27] *Erb*, in: MüKo-StGB, § 32 Rn. 185–188.

bb) Einstandspflicht

Problematisch ist, ob W sich Umstände vorstellte, die ihn i.S.d. § 13 I „rechtlich dafür einzustehen" ließen, „dass der Erfolg nicht eintritt" (sog. Garantenpflicht).

(1) Das Verwandtschaftsverhältnis

Eine solche Einstandspflicht könnte sich, da W und V Brüder sind, aus dem Gesichtspunkt der „natürlichen Verbundenheit" ergeben.[28] Doch sind Grund und Grenzen einer solchen Herleitung umstritten. So hat etwa das *LG Kiel* eine Einstandspflicht zwischen Geschwistern schon im Grundsatz abgelehnt, obwohl die Geschwister sogar in derselben Wohnung lebten.[29] Ob das enge Verwandtschaftsverhältnis im Grundsatz eine Einstandspflicht i.S.d. §13 I begründet, kann dahinstehen, wenn eine solche Einstandspflicht jedenfalls erloschen ist. Ein solches Erlöschen der Einstandspflicht ist hier anzunehmen. Denn auch diejenigen, die das Verwandtschaftsverhältnis im Ansatz für die Einstandspflicht genügen lassen, verneinen sie am Ende, wenn die Angehörigen verfeindet sind.[30] Diese Einschränkung lässt sich rechtfertigen mit dem Verweis auf einen rechtlich geregelten Fall der (natürlichen) Verbundenheit: den Fall getrennt lebender Eheleute. Bei ihnen endet die Solidaritätsbeziehung und damit die Einstandspflicht, wenn die „Ehe gescheitert ist" i.S.d. § 1353 II BGB.[31] Als „gescheitert" in diesem Sinne muss auch das Bruderverhältnis zwischen W und V gelten. Denn die beiden Brüder sind schon lange zerstritten, und der Angriff des V belegt erneut, dass die Bande zwischen den Brüdern zerschnitten sind. Genügt demnach das Geschwisterverhältnis alleine nicht, die Einstandspflicht zu begründen, hat W sich auch insoweit keine entsprechenden Umstände vorgestellt.

(2) Das erlaubte, aber gefährdende Vorverhalten

Eine Einstandspflicht ergibt sich aber vielleicht aus Ws gefährdendem Vorverhalten (Ingerenz). Die meisten verlangen für eine solche Pflicht (im Grundsatz) ein pflichtwidriges Vorverhalten.[32] Danach war W nicht einstandspflichtig, weil seine Abwehr sorgfaltsgemäß und erlaubt war.[33] Eine Minderheitsansicht fragt hingegen nur danach, ob der

---

[28] *Stree*, in: Schönke/Schröder, § 13 Rn. 18.
[29] NStZ 2004, 157 ff.
[30] *Stree*, in: Schönke/Schröder, § 13 Rn. 19.
[31] *Roxin*, AT II, § 32 Rn. 50.
[32] BGHSt 37, 106, 115; *Wessels/Beulke*, AT, Rn. 725 f.
[33] Vgl. oben II. 1.

Unterlassende schon zum Zeitpunkt des Vorverhaltens verpflichtet war, auf die Rechtsgüter des Opfers Rücksicht zu nehmen.[34] Diese Pflicht zur Rücksichtnahme hatte W, denn er musste bei seiner Verteidigung den V schonen, soweit es ging, er durfte Vs Rechtsgüter nur im Rahmen des Erforderlichen (§ 32 II) beeinträchtigen.

Für die Entscheidung dieses Streits bieten weder der Wortlaut des § 13 I noch die Historie Aufschluss: Der Gesetzgeber hat es weitgehend der Rechtsprechung und Lehre überlassen, das unbestimmte Merkmal der Einstandspflicht auszufüllen.[35] Deshalb kommt es für die Lösung in erster Linie darauf an, eine stimmige systematische Auslegung zu betreiben, also vor allem eine, die Wertungswidersprüche vermeidet.

Gegen eine Einstandspflicht des W ließe sich anführen, dass wer wie V rechtswidrig angreift und den anderen in den Konflikt zieht, sich damit „selber gefährdet“ und den Angegriffenen nicht zum Garanten für sein Leben machen kann.[36] Dieser Hinweis wird noch plausibler, wenn man den Vergleich zum klaren Fall des unbeteiligten Zuschauers zieht: Wer einem Zweikampf nur zuschaut, ist allemal nicht einstandspflichtig i.S.d. § 13 I; dann darf, so kann man meinen, im Vergleich nicht schlechter stehen, wer sowieso schon schlechter dran ist, weil er (ein vielleicht zufällig ausgewähltes) Opfer des rechtswidrigen Angriffs geworden ist.

Andererseits kann der Angreifer den Angegriffenen sehr wohl zum Garanten machen, dann nämlich, wenn der Angegriffene sich aus Furcht zu scharf verteidigt, also im Falle des Notwehrexzesses (§ 33).[37] Auch rebelliert das Rechtsgefühl nicht mehr gegen die Bejahung der Einstandspflicht, wenn man an Angriffe von Kindern oder Geisteskranken denkt, denen als Folge der erlaubten Abwehr ein Schaden droht.

Darüber hinaus führt das Kriterium der Pflichtwidrigkeit zu Ungereimtheiten. Nur die Minderheitsansicht beachtet, dass die dem W eingeräumte Freiheit, nämlich die Befugnis zur verletzenden Abwehr des Angriffs, von vornherein unter einer Einschränkung steht. W muss schon beim Abwenden des Angriffs darauf achten, dass er den V möglichst nicht oder wenig schädigt; er darf ihn nur im Rahmen des

---

[34] *Herzberg*, JZ 1986, 986, 988.

[35] Entwurf 1962, S. 124 f.: „Klärung durch … Rechtslehre und Rechtsprechung zu erhoffen“.

[36] *Freund*, in: MüKo-StGB, § 13 Rn. 140 (undeutlich einschränkend aber für Fälle der sozialethischen Einschränkung des Notwehrrechts in Fn. 189); *Wessels/Beulke*, AT, Rn. 726.

[37] *Herzberg*, JZ 1986, 986, 989.

„Erforderlichen“ verletzen. Dazu passt am besten, ihn weiter verpflichtet zu sehen, wenn sein Freiheitsgebrauch eine konkrete Gefahr für ein Rechtsgut des Angreifers geschaffen hat. Es kommt hinzu, dass V zum Zeitpunkt seines Angriffs schuldlos war, die Rede davon, dass der Angreifer sich „selber gefährde“, also nicht (ganz) trifft. Auch ist nicht recht einzusehen, dass V zwar bis zur Vornahme der Trutzwehr alles tun muss, um eine Schädigung des W zu vermeiden (Ausweichen und sogar Schutzwehr üben), dass sich die Lage aber völlig ändern soll, nachdem er Trutzwehr geübt hat. Stimmiger ist es daher, dass W verpflichtet bleibt, nachträglich die Schärfe aus seiner Verteidigung herauszunehmen.

Das Einstehenmüssen desjenigen, der sich in Notwehr verteidigt hat, korrespondiert mit der Freiheit, die ihm dieses Verteidigungsrecht verschafft. Es liegt nicht anders als bei dem Autofahrer, der unverschuldet innerorts einen anderen verletzt: Die Erlaubnis zum gefährlichen 50-Fahren ist verbunden mit der Pflicht, einen aus diesem Freiheitsgebrauch drohenden Schaden von anderen abzuwenden.[38] Man muss sich klarmachen, dass die Entscheidung des Normgebers im Punkte Freiheitssphäre durchaus anders hätte ausfallen können: z.B. innerorts nur eine Geschwindigkeit von 30 km/h zu erlauben oder den i.S.d. § 32 Angegriffenen auf eine zumutbare Ausweichmöglichkeit zu verweisen. Bedenkt man die relative Beliebigkeit dieser Regelungen, dann wird klar, dass die Pflicht zur Schadensvermeidung nicht von der Pflichtwidrigkeit abhängen darf, „da das Opfer ein Recht haben mag, zwar nicht vor dem Verhalten selbst, wohl aber vor dessen Konsequenzen geschützt zu werden.“[39] Nicht stichhaltig ist der Einwand, „es wäre widersprüchlich, ein Verhalten zu gestatten und als rechtlich einwandfrei zu bewerten, es aber mittelbar doch zum Grund strafrechtlicher Haftung zu machen ...“[40]. Die Gestattung etwa des sorgfaltsgemäßen Autofahrens oder Betreibens eines Chemiewerkes sagt noch nichts darüber, ob der Begünstigte nicht anderen gegenüber verpflichtet ist, schädliche und zunächst unvorhergesehene Folgen seines Freiheitsgebrauchs von ihnen abzuwenden. Der Einwand ist nur insoweit berechtigt, wie sich die Gestattung als „Ergebnis einer Abwägung von Individualinteressen“ darstellt und nicht nur als „Freiraum ... (etwa) im

---

[38] Eine Garantenstellung des Autofahrers auch bei pflichtgemäßem Vorverhalten bejahen: *Freund*, in: MüKo-StGB, § 13 Rn. 118; *Herzberg*, JZ 1989, 986, 990; *Jakobs*, in: Festgabe BGH, 29, 42; *Jescheck*, in: LK-StGB, § 13 Rn. 40; *Rengier*, JuS 1989, 802, 807.

[39] *Jakobs*, a.a.O., 47.

[40] *Baumann/Weber/Mitsch*, AT[10], § 15 Rn. 67; ähnlich 11. Aufl., § 15 Rn. 65.

Interesse sozialer Dynamik".[41] Eine solche Abwägung ist aber nur gegeben, wenn der Handelnde von vornherein nicht auf die Interessen des anderen achten muss.[42] So liegt es bei der Notwehr aber gerade nicht („erforderlich").

Außerdem hält die h.M. ihr Kriterium des „pflichtwidrigen Vorverhaltens" nicht durch. In Fällen von Dauerdelikten soll eine Einstandspflicht durchaus in Frage kommen, wenn etwa die zunächst erlaubte Einsperrung eines betrunkenen Gewalttäters bewusst länger als nötig aufrechterhalten wird (§§ 239, 13).[43] Doch zeigt gerade der Fall des W, dass diese Differenzierung nicht einleuchtet: Jemanden i.S.d. § 239 I der Fortbewegungsfreiheit berauben kann man auch, indem man ihn betäubt.[44] Diesen „Erfolg" der Freiheitsberaubung aufzuheben ist W also verpflichtet. Dann ist aber nicht ersichtlich, warum er nicht auch verpflichtet sein soll, den drohenden Todeserfolg abzuwenden. – Ein weiteres Beispiel für die Inkonsistenz der h.M. bietet der erlaubte Ausschank von Alkohol an einen vor dem Konsum eigenverantwortlichen Gast. Wird der Gast durch den Konsum zurechnungsunfähig, soll der Wirt – obwohl der Ausschank erlaubt war – zum Garanten werden.[45] Indem die h.M. ihr Kriterium der Pflichtwidrigkeit auch in diesem Fall preisgibt, gesteht sie ein, dass es zu unangemessen Ergebnissen führt.

Der Verzicht auf die Pflichtwidrigkeit ist schließlich in § 904 BGB sozusagen gesetzlich niedergeschrieben. Diese Vorschrift sagt deutlich, dass man zwar ein wichtigeres Rechtsgut auf Kosten eines weniger wichtigen schützen darf, dass man aber für die Folgen seiner Notstandshandlung verantwortlich ist. Denn man hat nach S. 2 die Pflicht zur Beseitigung der verursachten Schäden. Dann aber hat man logischerweise vorher schon die Pflicht zur Vermeidung der Schäden.[46]

Nach allem verdient die Annahme einer Garantenstellung den Vorzug: Das entgegen gesetzte Rechtsgefühl ist nicht zuverlässig (man denke an den Angriff eines Kindes), die Bejahung der Einstandspflicht vermeidet die Inkonsequenz hinsichtlich der Dauerdelikte und entspricht der gesetzlichen Wertung des § 904 BGB. W stellte sich also mit

---

[41] *Seelmann*, in: NK-StGB, § 13 Rn. 49.

[42] *Herzberg*, JZ 1989, 986, 988.

[43] *Roxin*, AT II, § 32 Rn. 189; *Rudolphi*, in: SK-StGB, § 13 Rn. 45; *Stree*, in: Schönke/Schröder, § 13 Rn. 36.

[44] *Wieck-Noodt*, in: MüKo-StGB, § 239 Rn. 22.

[45] BGHSt 26, 35, 37 f.

[46] *Herzberg*, JZ 1986, 986 ff.; im Ergebnis auch *Freund*, in: MüKo-StGB, § 13 Rn. 116 ff., 124; *Jakobs*, AT, 29/38 ff., vor allem Rn. 42 f. mit Fn. 95.

seinem gefährdenden Vorverhalten Umstände vor, die eine Einstandspflicht begründen.

Dass er selber meinte, mit der Lage des V weiter nichts zu tun zu haben, ließ ihn zwar verkennen, dass sein Unrecht über § 323c hinaus gesteigert war. Doch gehört der Umstand, dass der Gesetzgeber Ws Verhalten sogar zum Totschlagsunrecht erklärt hat, nicht zu den Umständen des gesetzlichen Tatbestandes i.S.d. § 16 I 1 und schließt also auch Ws Vorsatz hinsichtlich der Einstandspflicht nicht aus. Dass dem so ist, das belegt § 17 S. 1, weil nach dieser Norm der Irrtum des W allenfalls die Schuld entfallen lässt. W hatte also die Vorstellung, einen Totschlag durch Unterlassen zu begehen.

b) Unmittelbares Ansetzen (nach der Tätervorstellung)

Beim Unterlassungsdelikt setzt jedenfalls derjenige unmittelbar zur Tatbestandsverwirklichung an, der nach seiner Vorstellung die letzte Rettungschance verstreichen lässt.[47] Nach der Vorstellung des W war V Stunden nach dem Weggehen erfroren, er hat also zu diesem Zeitpunkt subjektiv die letzte Rettungschance verstreichen lassen und damit unmittelbar angesetzt.

c) Rechtswidrigkeit

W unterließ rechtswidrig.

d) Schuld

W fehlte die Einsicht, das spezifische Unrecht der §§ 212 I, 13 I, 22 zu begehen, da er meinte, „mit der Lage des V weiter nichts zu tun" zu haben. Er befand sich daher im Verbotsirrtum (§ 17 S. 1). Dieser Irrtum lässt die Schuld nur entfallen, wenn er unvermeidbar war. Vermeidbar ist ein solcher Irrtum aber, wenn der Täter durch Einsatz seiner intellektuellen Erkenntniskräfte die Unrechtseinsicht hätte gewinnen können.[48] Das ist insbesondere anzunehmen, wenn er einen Anlass zur Überprüfung seiner Einschätzung der Rechtslage hatte.[49] Ist dem Täter bewusst, dass er ein fremdes Rechtsgut verletzt, hat er allen Anlass, sich über die Rechtslage zu vergewissern.[50] W war sich bewusst, dass er Vs Rechtsgüter (gerechtfertigt) verletzt hatte und dass

---

[47] BGH NStZ 1995, 80, 82; *Herzberg*, MDR 1973, 89, 93 ff.; jetzt aber anders in: MüKo-StGB, § 24 Rn. 123 f., 143–146; *Armin Kaufmann*, Unterlassungsdelikte, S. 210 ff.

[48] BGHSt 4, 1, 5; *Stree*, in: Schönke/Schröder, § 17 Rn. 16.

[49] *Joecks*, in: MüKo-StGB, § 17 Rn. 40.

[50] BGHSt 21, 18, 21; *Rudolphi*, in: SK-StGB, § 17 Rn. 31; *Neumann*, in: NK-StGB, § 17 Rn. 63; ähnlich *Stratenwerth/Kuhlen*, AT, § 10 Rn. 85.

sein Unterlassen die Folgen seines Tuns vertiefen würde. Er hatte also allen Anlass, seine Rechtsauffassung in Frage zu stellen. Folglich hätte er bei Einsatz seiner intellektuellen Erkenntniskräfte die Unrechtseinsicht gewinnen und den Irrtum vermeiden können. Schließt § 17 S. 1 Ws Schuld demnach nicht aus, handelte er auch schuldhaft.

e) Strafzumessung

Die Strafe kann gemildert werden (§§ 13 II, 17 S. 2, 23 II).

f) Ergebnis zu 3.

W ist strafbar nach §§ 212 I, 13 I, 22.

4. Aussetzung durch das Nicht-ins-Warme-Schaffen (§ 221 I Nr. 2)

Das Delikt hat W schuldhaft verwirklicht: V befand sich in einer hilflosen Lage, und W hat ihn vorsätzlich im Stich gelassen, obwohl er als Garant dem V „beizustehen verpflichtet" war. Genau dadurch geriet V auch in Todesgefahr (vgl. oben: 3.a).[51] – § 13 II ist auf das echte Unterlassungsdelikt der Nr. 2 nicht anzuwenden.[52]

5. Versuch der todbringenden Aussetzung durch das Nicht-ins-Warme-Schaffen (§§ 221 I Nr. 2, III, 22, 23 I Fall 1, 12 I)

Dieses Delikt tritt jedenfalls hinter dem versuchten Totschlag durch Unterlassen (o. 3.) zurück, weil die §§ 212 I, 13 I, 22 alle Merkmale der §§ 221 I Nr. 2, III, 22 einschließen (Spezialität).

6. Versuch der Aussetzung mit schwerer Gesundheitsschädigung (§§ 221 I Nr. 2, II Nr. 2, 22, 23 I Fall 1, 12 I)

Auch dieses Delikt tritt jedenfalls hinter dem versuchten Totschlag durch Unterlassen (o. 3.) zurück (Subsidiarität).

7. Gefährliche Körperverletzung durch Unterlassen durch das Nicht-ins-Warme-Schaffen (§§ 224 I Nr. 5, 13 I)

W hat es als Einstandspflichtiger vorsätzlich Unterlassen, den V ins Warme zu schaffen, und er hat so die schmerzhafte Unterkühlung verursacht, also eine Gesundheitsschädigung herbeigeführt.

Die Tat erfüllt auch § 224 I Nr. 5. Denn aus dem Körperverletzungserfolg resultierte eine (sogar) konkrete Lebensgefahr, also eine das Leben gefährdende Behandlung: V wäre, ohne das Einschreiten des G,

---

[51] Zum Erfordernis einer konkreten Gefahr *Hardtung*, in: MüKo-StGB, § 221 Rn. 20; *Tröndle/Fischer*, StGB, § 221 Rn. 1 und 7.

[52] *Hardtung*, in: MüKo-StGB, § 221 Rn. 30.

binnen Minuten nicht mehr zu retten gewesen. Die Gefährdung hat W gekannt und gebilligt, also vorsätzlich gehandelt.

W handelte auch rechtswidrig und schuldhaft. Die Strafe kann gemildert werden (§§ 13 II, 17 S. 2).

8. Unterlassene Hilfeleistung durch das Nicht-ins-Warme-Schaffen (§ 323c)

Das Delikt tritt jedenfalls hinter die Aussetzung zurück (materielle Subsidiarität).[53]

9. Konkurrenzen und Ergebnis für W

Die gefährliche Körperverletzung verdrängt die einfache (Spezialität). Aus Klarstellungsgründen ist zwischen dem Tötungsversuch und der Körperverletzung Tateinheit anzunehmen, nämlich um im Urteilstenor den Körperverletzungserfolg herauszustellen. Vorzugswürdig ist die Tateinheit auch im Verhältnis des Totschlagsversuchs zur Aussetzung, nämlich um zum Ausdruck zu bringen, dass das Unrecht des § 221 I Nr. 2 nicht nur in der Vorstellung des W bestand, sondern sogar objektiv vorlag.[54] Demnach ist W strafbar nach den §§ 212 I, 13 I, 22, 221 I Nr. 2, 224 I Nr. 5, 13 I, 52 I Fall 1.

III. Strafbarkeit des G

1. Versuchter Totschlag durch das Ablegen am Park (§§ 212 I, 22, 23 I Fall 1, 12 I)

Fraglich ist schon, ob G sich vorgestellt hat, dass sein Tun den Tod des V verursachen werde. Diese Vorstellung ist zu verneinen, wenn für eine Erfolgsverursachung nur eine für das Rechtsgut nachteilige Veränderung der Außenwelt in Frage kommt.[55] Denn die Veränderung, die G mit der Ortsveränderung für V bewirkt hat, war für das Rechtsgut nicht negativ, sondern positiv, weil die Chancen für V, von einem Hilfsbereiten entdeckt zu werden, am Park besser standen als in der Seitengasse.

Ob aber die Erfolgsverursachung so richtig bestimmt wäre, kann dahinstehen, wenn G sich jedenfalls keine Umstände vorgestellt hat, nach denen ihm der Tod des V objektiv zurechenbar gewesen wäre. Objektiv zurechenbar ist ein Erfolg dann nicht, wenn jemand bloß „einen Kausalverlauf in der Weise modifiziert, dass er die für das Opfer be-

---

[53] Vgl. *Horn*, in: SK-StGB, § 221 Rn. 17.
[54] Vgl. *Hardtung*, in: MüKo-StGB, § 221 Rn. 50.
[55] So *Puppe*, in: NK-StGB, Vor § 13 Rn. 76.

reits bestehende Gefahr verringert, die Situation für das Handlungsobjekt also verbessert" (Risikoverringerung).[56] G ging davon aus, dass die Chancen für V, entdeckt und gerettet zu werden, am Park größer waren als in der Seitengasse. Folglich stellte er sich vor, die bereits für V bestehende Gefahr des Erfrierens mit der Ortsveränderung zu verringern. Zu einem gegenteiligen Ergebnis käme man nur, wenn man annähme, G habe nicht eine bestehende Gefahr verringert, sondern eine andere geschaffen (sog. Risikoaustausch, der den G dann allenfalls rechtfertigen könnte). Nach dieser Sicht müsste man unterscheiden zwischen den Risiken: Erfrieren in der Seitengasse einerseits und Erfrieren am Park andererseits. Das erscheint aber nicht sachgerecht. Entscheidender Gefahrfaktor war hier die Kälte, und die war am Park die gleiche wie in der Seitengasse. Das wird auch deutlich, wenn man sich vergleichend klarmacht, dass das Risiko jedenfalls identisch geblieben wäre, wenn G den V nur innerhalb der Seitengasse „verlegt" hätte. Wenn dies aber so ist, dann ist kein Grund ersichtlich, der es rechtfertigen könnte, zwischen einer Ortsveränderung innerhalb der Seitengasse und einer innerhalb der Stadt zu unterscheiden. Auch befand sich V während der Fahrt nicht in einem warmen Raum, sondern auf der kalten Ladefläche des Pick-ups, sodass die Gefahr des Erfrierens zu keinem Zeitpunkt gebannt war und somit auch nicht neu geschaffen worden ist. Ist daher, auf der Basis von Gs Vorstellung, von einer Gefahrverringerung auszugehen, dann stellte er sich Umstände vor, nach denen eine Zurechnung des Erfolges ausgeschlossen ist. Er hatte somit nicht die Vorstellung, den Tatbestand der §§ 212 I, 22 I zu verwirklichen. – G ist nicht strafbar nach §§ 212 I, 22.

2. Aussetzung durch das Ablegen am Park (§ 221 I Nr. 1)

G hat den V nicht in eine „hilflose Lage versetzt". Denn dazu ist nötig, dass das Opfer per saldo hilfloser ist als vorher.[57] Die Lage des V hatte sich aber sogar ein wenig verbessert. – G ist daher nicht strafbar nach § 221 I Nr. 1.

3. Versuchter Totschlag durch Unterlassen durch das Nicht-ins-Warme-Schaffen (§§ 212 I, 13 I, 22, 23 I Fall 1, 12 I)

a) Vorstellung von der Tat, § 22 (sog. Tatentschluss)

aa) G stellte sich vor, dass der Tod des V eintreten kann und hat diesen Erfolg gebilligt. Damit hatte er insoweit den nötigen Vorsatz.

---

[56] *Roxin*, AT I, § 11 Rn. 53.

[57] *Hardtung*, in: MüKo-StGB, § 221 Rn. 9.

bb) Fraglich ist, ob er sich auch vorstellte, die Erfolgsabwendung zu unterlassen. Das objektive Merkmal des Unterlassens erfüllt nach h.M. nur, wer eine Handlung nicht vornimmt, die den Erfolg mit an Sicherheit grenzender Wahrscheinlichkeit abgewendet hätte.[58] Daher scheint es so, als habe nach dieser Deutung den Vorsatz, dieses Merkmal zu verwirklichen, nur derjenige, der sich vorstellt, sein Eingreifen würde den Erfolg nahezu sicher abwenden.[59] Im Ergebnis richtig sein kann aber nur die Bejahung der Unterlassens-Vorstellung, weil die Verneinung die Handlungspflicht des Garanten sachwidrig verkürzen würde. Denn die Handlungspflicht des Garanten darf nicht davon abhängen, dass die Rettungschance für das Opfer nicht sicher, sondern offen ist; auch eine bloß 1%ige Rettungschance muss der Garant ergreifen. Zu diesem Ergebnis drängt auch der Vergleich mit dem Aktivdelikt: Hätte G den V mit einfachem Tötungsvorsatz aus dem warmen Wirtshaus hinaus in die Seitengasse gelegt, und wäre der dort erfroren, dann stünde die Kausalität des aktiven Hinauslegens ebenso wie Gs Vorsatz außer Frage; Gs Tun wäre kausal, weil er V dort hingelegt hat. Dann kann hinsichtlich der Vorstellung des Unterlassens nichts anderes gelten, wenn beispielsweise Vs garantenpflichtiger Vater das aktive Ablegen beobachtet und den V dort liegen lässt: Auch der Vater begeht das Delikt vorsätzlich, weil er hinsichtlich der Gefahr dieselbe Vorstellung hat wie der Aktivtäter. Genügt für die Vorstellung des Unterlassens also die Annahme, dass überhaupt eine Rettungschance besteht, dann hatte G die Vorstellung, die Erfolgsabwendung zu unterlassen.

cc) G muss sich weiter eine Einstandspflicht i.S.d. § 13 I vorgestellt haben. Ein Gastwirt wird jedenfalls aus pflichtwidrigem Vorverhalten (Ingerenz) dafür einstandspflichtig, die aus dem Alkoholausschank folgenden Gefahren abzuwenden, wenn er Alkohol ausgeschenkt hat, obwohl der Gast nicht mehr eigenverantwortlich konsumierte.[60] Die Eigenverantwortlichkeit des Gastes fehlt, wenn der Gast „zurechnungsunfähig geworden ist, also der sichere Bereich des" § 21 „überschritten ist".[61] Das folgt aus § 20 Nr. 2 Gaststättengesetz, wonach es verboten ist, „alkoholische Getränke an erkennbar Betrunkene zu verabreichen".

G stellte sich vor, V sei wegen des Alkoholausschankes in Gs Wirtshaus volltrunken und zurechnungsunfähig. Auch stellte er sich vor,

---

[58] *Wessels/Beulke*, AT, Rn. 711.

[59] *Brammsen*, MDR 1989, 123, 125 f.; *Otto*, AT, § 9 IV 2; *Puppe*, GA 2003, 764, 769 f.; *Stratenwerth*, AT, § 13 Rn. 54 f., anders jetzt in *Stratenwerth/Kuhlen*, AT, § 13 Rn. 54 f.

[60] *Freund*, in: MüKo-StGB, § 13 Rn. 138 f.; *Jakobs*, in: Festgabe BGH, 29, 35 ff.

[61] BGHSt 19, 152, 154.

dass dieser Zustand auf dem pflichtwidrigen Ausschank des Wodkas beruhte. Denn V war, bevor er sich in den Zustand des § 20 versetzte, schon „für jeden … erkennbar betrunken“. Es ist irrelevant, dass V in Wahrheit wegen Ws Faustschlag in der Seitengasse lag. § 22 stellt auf die Vorstellung des Täters ab, und nach Gs Vorstellung lag V allein wegen des Alkoholkonsums in der Kälte. G stellte sich also Umstände vor, die ihn einstandspflichtig machen würden.

b) Unmittelbares Ansetzen (nach der Tätervorstellung)

G hat nach seiner Vorstellung unmittelbar zur Tat angesetzt. Denn er hat den V zwei Stunden in der Kälte liegen lassen und für möglich gehalten, dass dieser nach schon einer Stunde erfrieren wird. Somit hat G den aus seiner Sicht – möglicherweise – spätesten Rettungszeitpunkt verstreichen lassen[62].

c) Rechtswidrigkeit und Schuld

G handelte auch rechtswidrig und schuldhaft, insbesondere machte die Sorge um die Gaststättenkonzession das Eingreifen nicht „unzumutbar“, weil G die „Gefahr selbst verursacht hat“ und ihm schon nach der Wertung des § 35 I 2 zugemutet werden konnte, die Gefahr zur Rettung des wichtigen Rechtsguts Leben hinzunehmen.

d) Rücktritt (§ 24)

Sowohl § 24 I als auch § 24 II gewähren Straffreiheit, wenn der Versuchstäter freiwillig „die Vollendung der Tat verhindert“ hat. Deshalb kann dahinstehen, ob wegen der Beteiligung der F der § 24 II anwendbar ist, wenn der freiwillige Anruf des G die von beiden Absätzen genannte Rücktrittsmöglichkeit erfüllt.

„Vollendet“ hätte sich die Tat, wenn V in der Kälte erfroren wäre. Das hat der Anruf des G jedenfalls „verhindert“, wenn der Anruf eine erfolgreich-rettende Kausalreihe in Gang gesetzt hat und dem G zu diesem Zeitpunkt keine anderen Rettungsaktivitäten geboten waren.[63] Mit dem Anruf hat G erfolgreich veranlasst, dass die Polizei den V rettend geborgen hat. Ein anderes Handeln war dem G nicht geboten: Insbesondere wäre es für das Rechtsgut nicht besser gewesen, wenn G selber den V ins Krankenhaus geschafft hätte, da die Polizei vermutlich sogar schneller am Park sein konnte als G; auch das Verschweigen der

[62] Zu diesem Kriterium oben im Text bei Fn. 47.

[63] Vgl. zur Einigkeit in Fällen der sorgfaltsgemäßen Rettungsaktivität: BGH NJW 2002, 3719 f.; *Roxin*, in: FS f. Hirsch, 327, 328; *Herzberg*, in: MüKo-StGB, § 24 Rn. 155-164.

wahren Gegebenheiten hat die Rettungschance nicht nennenswert beeinträchtigt, weil schon Gs entscheidender Hinweis auf die Volltrunkenheit die Polizisten zur sorgfaltsgemäßen Versorgung des V verpflichtet und gedrängt hat. Demnach hat G die Vollendung der Tat freiwillig verhindert und ist strafbefreiend vom Totschlagsversuch zurückgetreten.

e) Ergebnis zu 3.

G ist daher nicht strafbar nach §§ 212 I, 13 I, 22.

4. Aussetzung durch das Nicht-ins-Warme-Schaffen (§ 221 I Nr. 2)

a) Die schuldhafte Deliktserfüllung

V befand sich als Bewusstloser und der Kälte Ausgesetzter in einer hilflosen Lage. Ihm „beizustehen verpflichtet“ war G nur, wenn seine Einstandspflicht aus Ingerenz so weit reicht, dass er auch die Folgen einer Schlägerei abwenden muss. Denn unabhängig vom Erfordernis eines pflichtwidrigen Vorverhaltens muss der Ingerenzgarant nicht jedwede Gefahr abwenden, sondern nur diejenigen, die adäquat auf sein gefährdendes Vorverhalten zurückzuführen sind (so wäre G objektiv etwa dann nicht beistandspflichtig i.S.d. § 221 I Nr. 2, wenn V deswegen zu erfrieren drohte, weil er vom Blitz getroffen wurde); und in objektiver Hinsicht beruhte die Bewusstlosigkeit des V nicht – wie G glaubte – allein auf der von G mitverschuldeten Volltrunkenheit.

Gleichwohl ist die Lage des V adäquat auf die Volltrunkenheit zurückzuführen. Das wird deutlich, wenn man sich klar macht, dass G – nach Möglichkeit – verpflichtet war, den V vom Angriff auf seinen Bruder W, mit dem V sich selber gefährdet hat, abzuhalten; denn die Volltrunkenheit machte V unfrei, und G war verpflichtet die Gefahren aus der alkoholbedingten Unfreiheit abzuwenden.[64] Wenn G aber verpflichtet war, V vom Angriff auf W abzuhalten, dann muss er auch verpflichtet sein, wenn er später die Szene betritt und jetzt zwar nicht mehr den Angriff selber, so doch die Folgen des Angriffs abwenden kann. G war also beistandspflichtig.

Er hat V auch vorsätzlich im Stich gelassen, und genau dadurch geriet V in Todesgefahr. G hat daher rechtswidrig und schuldhaft eine Aussetzung begangen.

---

[64] Vgl. dazu *Kühl*, AT, § 18 Rn. 105.

b) Rücktritt (§ 24)

Fraglich ist, ob § 24 auf das Gefährdungsdelikt des § 221 I Nr. 2 (analog) angewendet werden kann, wenn der Täter – wie G – die Todesgefahr freiwillig abwendet. Für diese Anwendung des § 24 wird angeführt, dass die Gefährdungsdelikte eine starke „Nähe zum Versuch" aufweisen.[65]

Mit dem Gesetz vereinbar ist diese Sicht nicht. Denn § 24 befreit nur von der Bestrafung „wegen Versuchs". Deswegen scheidet eine direkte Anwendung aus. Und was die Analogie betrifft, so drängen die differenzierten Regelungen zur tätigen Reue zum Umkehrschluss: Der Gesetzgeber hat bei manchen Gefährdungsdelikten die tätige Reue mit Straffreiheit prämiert, bei anderen nicht und bei wieder anderen hat er nur eine Strafmilderung festgeschrieben (vgl. die §§ 306e, 224 I Nr. 5, 239a IV). Diese Differenzierungen würden eingeebnet, wendete man § 24 bei allen Gefährdungsdelikten analog an. Methodisch gewendet: Für eine Analogie fehlt es an einer planwidrigen Unvollkommenheit (Lücke). Ferner stünde eine Analogie vor dem Problem, welcher Regelung sich das Gesetz bei § 221 anpassen sollte: der Rücktrittsregelung oder einer differenzierten Regelung nach dem Vorbild etwa des § 306e; dies zu entscheiden bedarf einer Wertung, die vorzunehmen dem Gesetzgeber zusteht. – Zuzugeben ist allerdings, dass es in der Sache schwierig zu begründen ist, warum bei manchen Gefährdungsdelikten Rücktritt und tätige Reue ausscheiden. Doch hat der Gesetzgeber seinen Beurteilungsspielraum nicht verlassen, wenn er meint, bei einigen Gefährdungen nicht auf die Strafe verzichten zu können. Der Rechtsanwender muss die Differenzierung hinnehmen. § 24 ist somit nicht auf die vollendete Aussetzung anwendbar, G ist nicht von diesem Delikt zurückgetreten.

c) Ergebnis

G hat schuldhaft eine Aussetzung begangen.

5. Versuchte todbringende Aussetzung durch das Nicht-ins-Warme-Schaffen (§§ 221 I Nr. 2, III, 22, 23 I Fall 1, 12 I)

Von diesem Delikt ist G strafbefreiend zurückgetreten, indem er mit seinem Anruf den Tod des V verhindert hat (vgl. oben III.3.d).

[65] *Gropengießer*, StV 1994, 19, 20; im Ergebnis ebenso: *Eser*, in: Schönke/Schröder, § 24 Rn. 110; *Zaczyk*, in: NK-StGB, § 24 Rn. 127.

6. Versuch der Aussetzung mit schwerer Gesundheitsschädigung durch das Zum-Park-Schaffen (§§ 221 I Nr. 2, II Nr. 2, 22, 23 I Fall 1, 12 I)

Von diesem Delikt ist G jedenfalls zurückgetreten, indem er mit seinem Anruf weiteren Schaden von V abgewendet hat (vgl. III.3.d).

7. Gefährliche Körperverletzung durch Unterlassen durch das Nicht-ins-Warme-Schaffen (§§ 224 I, 13 I)

a) Grunddelikt und Nr. 5

Die Unterkühlung ist ein vorsätzlich herbeigeführter Körperverletzungserfolg, und das Liegenlassen war objektiv wie subjektiv konkret „lebensgefährdend" (§ 224 I Nr. 5).

b) Nr. 4 („mit einem anderen Beteiligten gemeinschaftlich")

Selbst wenn F als Anstifterin anzusehen sein sollte, ist die Nr. 4 nicht erfüllt: Die Nr. 4 verlangt, dass „die Begehung" gemeinschaftlich verübt wird. Die Begehung lag für G in seinem Unterlassen. Dieses Unterlassen hat F gerade nicht „gemeinschaftlich" mit ihm verübt.

Über dieses Wortlautargument hinaus sprechen auch systematisch-teleologische Gründe gegen die Bejahung der Nr. 4: Die Überschrift der Norm verlangt ausdrücklich und die anderen Nummern fordern in der Sache, dass eine erhöhte Gefahr für das Opfer geschaffen wird. Deshalb muss man für die Nr. 4 voraussetzen, dass gerade das Mitwirken mehrerer eine „erhöhte Gefährlichkeit des Angriffs für das Opfer" ausmacht.[66] Das Verhalten der F hat aber die Gefahr für V nicht erhöht, sondern sie überhaupt erst geschaffen, indem F den G „bestimmt" hat. Das kann der Nr. 4 nicht genügen, weil sonst jede Anstiftung zur Körperverletzung zugleich eine gefährliche wäre; die Nr. 4 lässt aber die „Beteiligung" (= Anstiftung) allein nicht hinreichen, sondern verlangt ein „gemeinschaftliches Begehen".[67] – Auch das gemeinsame Fortschaffen des V ist kein gemeinschaftliches Begehen, sondern gar kein deliktisches Verhalten, weil das Zum-Park-Schaffen die Gefahr für V nicht erhöht, sondern vermindert hat (vgl. oben III.1.). Die Nr. 4 ist nicht erfüllt.

---

[66] *Horn/Wolters*, in: SK-StGB, § 224 Rn. 24b; *Wessels/Hettinger*, BT 1, Rn. 280 f.

[67] So im Ergebnis auch *Krey*, BT/1, Rn. 252d; *Paeffgen*, in: NK-StGB, § 224 Rn. 26.

c) Rücktritt (§ 24) und Ergebnis zu 7.

§ 24 ist nicht anzuwenden (vgl. oben C.IV.2.). G hat das Delikt schuldhaft verwirklicht.

8. Fahrlässige Körperverletzung durch das Ausschenken des Alkohols (§ 229)

Dieses Delikt tritt zurück hinter der vollendeten Körperverletzung durch Unterlassen, und zwar hinsichtlich der Unterkühlung als mitbestrafte Vortat und hinsichtlich der Volltrunkenheit selber wegen Subsidiarität.

9. Unterlassene Hilfeleistung durch das Nicht-ins-Warme-Schaffen (§ 323c)

§ 323c tritt hinter der Aussetzung zurück (materielle Subsidiarität).[68]

10. Konkurrenzen und Ergebnis für G

Die gefährliche Körperverletzung verdrängt die einfache (Spezialität), und sie steht, da durch dasselbe Unterlassen begangen, mit der Aussetzung in Tateinheit: §§ 221 I Nr. 2, 224 I Nr. 5, 52 I Fall 1.

IV. Strafbarkeit der F

1. Totschlag und Aussetzung durch das Ablegen am Park (§ 212 I und § 221 I Nr. 1)

F begeht weder einen Totschlag noch eine Aussetzung (vgl. oben bei G: III. 1. u. 2.).

2. Totschlag durch das Bedrängen des G (§ 212 I)

Dieses Delikt hat F nicht begangen, weil sie G allenfalls zum vollverantwortlichen Unterlassen gedrangt hat. Wegen dieser Verantwortlichkeit des G fehlt ihr auch die Tatherrschaft. F hat das täterschaftliche Handlungsdelikt daher nicht „selbst begangen" i.S.d. § 25 I Fall 1.[69] Systematisch begründet: Wenn das Verhalten des G nur das Gewicht eines Unterlassungsdeliktes hat, also mit der Milderungsmöglichkeit des § 13 II, dann kann das Überreden zu diesem eigenverantwortlichen Unterlassen nicht schwerer wiegen.

---

[68] Vgl. *Horn/Wolters*, in: SK-StGB, § 221 Rn. 17.
[69] *Kühl*, AT, § 20 Rn. 271.

3. Anstiftung zum Totschlagsversuch durch Unterlassen durch das Bedrängen des G (§§ 212 I, 13 I, 22, 26)

a) Vorsätzliches Bestimmen zur rechtswidrigen Haupttat

Der schuldhafte Tötungsversuch durch Unterlassen bleibt als Haupttat bestehen, auch wenn der Haupttäter (wie G) strafbefreiend zurückgetreten ist.

Ein Bestimmen im Sinne des § 26 liegt jedenfalls vor, wenn der Anstifter einen bestimmenden Einfluss auf den Täter ausübt, womit gemeint ist, dass der Täter dem Anstifter die Begehung der Tat „zusagt".[70] Eine solche Zusage liegt vor, weil G sich mit dem Vorschlag der F „einverstanden erklärt". – F handelte auch vorsätzlich: Sie wusste insbesondere um die Umstände, die Gs Einstandspflicht begründeten, und sie handelte hinsichtlich des Bestimmens absichtlich, weil es ihr darauf ankam, dass G die Konzession nicht gefährdet – und dafür war nach ihrer Sicht das Nichthelfen ein notwendiges Zwischenziel.

b) Rechtswidrigkeit und Schuld

Sie handelte rechtswidrig und schuldhaft.

c) Milderung nach § 28 I?

F selber war nicht einstandspflichtig i.S.d. § 13 I. Insbesondere machte ihr pflichtwidriges Bestimmen des G sie nicht zur Garantin, weil sich aus dem System des StGB ergibt, dass die Teilnehmerstrafbarkeit nicht von der Unterlassungsseite her überrollt (und im Fall der Beihilfe sogar übertrumpft) werden soll. Das Merkmal der Einstandspflicht „fehlt" also in der Person der F.

Ihre Strafe ist aber nur zu mildern, wenn es sich bei der Einstandspflicht des G um ein „besonderes persönliches Merkmal" (b.p.M.) handelt. Um diese Eigenschaft der Einstandspflicht zu begründen, argumentieren in der Literatur manche mit einer historischen und systematisch-teleologischen Auslegung: Als Prototyp eines b.p.M. galt dem Gesetzgeber – der heute anerkannte Fall – der Amtsträgereigenschaft.[71] Und die Garantenstellung sei strukturell identisch mit der

---

[70] *Puppe*, AT II, § 41 Rn. 3; ähnlich *Puppe*, GA 1984, 101, 112.

[71] Im E 1962, S. 152 rechte Spalte werden genannt: „... beispielsweise bei den unechten Sonderstraftaten (z.B. Unterschlagung oder Freiheitsberaubung im Amt) ... bei den echten Sonderstraftaten (z.B. Rechtsbeugung ...)". *Puppe*, in: NK-StGB, § 28 Rn. 57: „seit jeher das klassische Beispiel".

Amtsträgereigenschaft. In beiden Fällen werde dem Einzelnen oder einer Gruppe eine Sonderpflicht auferlegt.[72]

Diese Sicht ist gut vereinbar mit § 14 I, der die b.p.M. näher bestimmt. Man kann die Einstandspflicht des G als einen „persönlichen Umstand" oder als ein „persönliches Verhältnis" bezeichnen (vgl. § 14 I), weil die gesteigerte Hilfspflicht ja allein den G trifft; doch ob sie auch ein „besonderer" Umstand oder ein „besonderes" Verhältnis ist, ist damit noch nicht entschieden.

Aufschluss bietet am ehesten eine systematische Auslegung, die vom gesicherten Einzelfall ausgeht: Es überzeugt, die Garantenstellung als b.p.M. anzusehen, wenn sie etwa aus der Elternschaft entspringt. Denn man ist sich einig, dass das Verhältnis der Schutzbefohlenheit bei § 225 ein solches b.p.M. ist.[73] Und es kann keinen Unterschied machen, ob diese höchstpersönliche Sonderpflicht im Rahmen des § 225 oder dem der §§ 212 I, 13 I bewertet wird. Mit Blick auf solche Garantenpflichten ist das Gleichsetzen mit dem Amtsträger durchaus richtig, denn auch er steht kraft institutioneller Zuständigkeit in einem besonderen Verhältnis.[74] Deswegen sollte dieser Gesichtspunkt auch den Gesetzestext einschränken, wonach das Unterlassen dem Tun entspricht (§ 13 I letzter Hs.) und daher im Grunde „entsprechend" zu behandeln wäre.

Was die Ingerenzgarantenstellung des G angeht, so erscheint umgekehrt die Gleichsetzung mit dem Tun angebracht: Hätte G schon mit dem Ausschenken des Alkohols ein Delikt versucht, und hätte F ihn dazu angestiftet, dann würde sie klar wegen ungemilderter Anstiftung zum Totschlagsversuch haften (§§ 212 I, 22, 26). Da nun aber der Grund für Gs Einstandspflicht letztlich das vorangegangene Tun ist, das gewissermaßen fortwirkt, erscheint es zufällig, dass G erst später den Vorsatz entwickelte und F ihn erst zum nachfolgenden Unterlassen bestimmt hat. Im Vergleich zur Anstiftung zum Aktivdelikt verdient F keine mildere Bestrafung. Gs Einstandspflicht folgt aus dem Umstand, dass aus seinem Verhalten eine Gefahr entsprungen ist; und die Pflicht, so etwas zu vermeiden, ist keine Sonderpflicht, sondern eine allgemeine und jedermann treffende (wie die Aktivdelikte belegen). Ist der Ursprung der Pflicht aber ein allgemeiner, dann fehlt der Ingerenzgarantenpflicht das „Besondere" i.S.d. § 28 I.[75] Die Einstandspflicht des G ist daher kein b.p.M. und die Strafe der F daher nicht nach § 28 I zu mildern.

---

72 *Roxin*, in: LK-StGB, § 28 Rn. 64; *Hoyer*, in: SK-StGB, § 28 Rn. 32 ff.

73 Vgl. *Hardtung*, in: MüKo-StGB, § 225 Rn. 31.

74 *Jakobs*, AT, 29/24 und 112.

75 *Freund*, in: MüKo-StGB, § 13 Rn. 250 f.

4. Anstiftung zur Aussetzung durch das Bedrängen des G (§§ 221 I Nr. 2, 26)

Dieses Delikt hat F schuldhaft begangen. Eine Milderung nach § 28 I scheidet aus (dazu soeben unter 3.).

5. Anstiftung zum Versuch der todbringenden Aussetzung durch das Bedrängen des G (§§ 221 I Nr. 2, III, 22, 26)

Dieses Delikt tritt hinter der spezielleren Anstiftung zum Totschlagsversuch durch Unterlassen zurück.

6. Anstiftung zur gefährlichen Körperverletzung durch Unterlassen durch das Bedrängen des G (§§ 224 I Nr. 5, 13 I, 26)

Dieses Delikt hat F rechtswidrig und schuldhaft begangen. Eine Milderung nach § 28 I scheidet aus (vgl. oben IV.3.c).

7. Unterlassene Hilfeleistung durch das Nicht-ins-Warme-Schaffen (§ 323c)

Das Delikt tritt jedenfalls hinter der schwereren Anstiftung zum Totschlagsversuch durch Unterlassen zurück (materielle Subsidiarität).

8. Konkurrenzen und Ergebnis für F

Die Anstiftung zum Versuch der todbringenden Aussetzung tritt hinter der spezielleren Anstiftung zum Totschlagsversuch durch Unterlassen zurück. Da im Übrigen das zu G Gesagte entsprechend gilt, stehen alle Delikte in Tateinheit: §§ 212 I, 13 I, 22, 26, 221 I Nr. 2, 26, 224 I Nr. 4, 13 I, 26, 52 I Fall 2.

Die Korrekturassistentin hat folgenden Schlussvermerk geschrieben:

Strafbarkeit des V:
Verf. hält sich an unpr. Stellen kurz und erkennt das Problem der alic und das Problem der Risikoverringerung; insgesamt konsequente und ordentl. Prüfung

Strafbarkeit des W:
alles gesehen; Verfasser zeigt, dass er es versteht, Schwerpunkte zu setzen

Strafbarkeit d. G und F:
alle Probleme gesehen und gut vertretbar gelöst

Eine hervorragende Leistung.
Verfasser hat jedes Problem gesehen.
Eine überdurchschnittliche Leistung in allen Punkten.

Daher
17 Punkte (sehr gut)

B. Häusliche Arbeit (Seminararbeit)

Die auf der nächsten Seite beginnende schriftliche Ausarbeitung wurde im Sommersemester 2007 im Schwerpunktbereich VII (Strafprozess, Strafverteidigung und Kriminologie) an der Ruhr-Universität Bochum angefertigt und bewertet mit „sehr gut" (16 Punkte).

Das Thema der Arbeit lautet: **Der Rücktritt beim Raub mit Todesfolge (BGHSt 42, 158 ff.)**. Der Verfasserin, *Christina Klaas*, danke ich dafür, diese Arbeit verwenden zu dürfen. Es handelt sich um eine Häusliche Arbeit, deren Ergebnis in Nordrhein-Westfalen 15 Prozent der ersten juristischen Staatsprüfung ausmacht. Die Zahl der Seiten war auf 25 begrenzt. Daran hat sich die Verfasserin strikt gehalten; hier sind es formatierungsbedingt mehr Seiten. Die Seitenzahlangaben in der hier abgedruckten Gliederung habe ich der Zählung dieses Buches angepasst.

Was bringt Ihnen die Lektüre? Erinnern Sie sich an die im Vorwort (→ S. VII) erwähnten Kompetenzen: Effektivität, Formalien, Wissen, Wissenstransformation. Alle Komponenten treten in der Arbeit zutage. Mustergültig zeigt die Verfasserin ...

- wie man eine Häusliche Arbeit formal korrekt aufbaut,
- wie man optisch gelungen ein Literaturverzeichnis anlegt,
- wie man sinnvoll gliedert,
- wie man korrekt zitiert und
- wie man ein Thema umfassend und auf hohem Niveau bearbeitet, insbesondere wie man an die Lösung eines Problems mit juristischer Methodik herangeht und wie man vernünftig fremde Meinungen diskutiert.

Ganz nebenbei können Sie sich mit den examensrelevanten Problemen des Versuchs einer Erfolgsqualifikation und des erfolgsqualifizierten Versuchs vertraut machen oder die Thematik wiederholen – sprachlich und inhaltlich vorzüglich aufbereitet.

Gliederung

Literaturverzeichnis

Altenhain, Karsten: Der Zusammenhang zwischen Grunddelikt und schwerer Folge bei den erfolgsqualifizierten Delikten, in: GA 1996, S. 19–35

Anders, Ralf Peter: Zur Möglichkeit des Rücktritts vom erfolgsqualifizierten Versuch, in: GA 2000, S. 64–76

Bacher, Andreas: Versuch und Rücktritt vom Versuch beim erfolgsqualifizierten Delikt – zugleich ein Beitrag zum Begriff der Tat, zugleich Diss. iur., München 1999

Beineke, Günter: Rücktritt vom Raub bei leichtfertiger Verursachung der qualifizierenden schweren Folge, in: JuS 1997, S. 1151

Binding, Karl: Lehrbuch des gemeinen deutschen Strafrechts, Besonderer Teil, Band I, 2. Aufl. 1969

Geilen, Gerd: Raub und Erpressung, in: JURA 1979, S. 501–502

Glaeser, Heinrich: Kritische Betrachtung des „Freiwilligen Rücktritts", zugleich Diss. iur., Köln 1933

Gössel, Karl Heinz: Dogmatische Überlegungen zur Teilnahme am erfolgsqualifizierten Delikt nach § 18 StGB, in: Festschrift für Richard Lange, hrsg. v. Günter Warda u.a., Berlin u.a. 1976, S. 219–239

Hardtung, Bernhard: Versuch und Rücktritt bei den Teilvorsatzdelikten des § 11 Abs. 2 StGB, zugleich Habilitationsschrift (Bochum 1999), Köln u.a. 2002

Hardtung, Bernhard: Die Sprachgestalt der Strafgewalt, unveröffentlichtes Manuskript

Hirsch, Hans Joachim: Der „unmittelbare" Zusammenhang zwischen Grunddelikt und schwerer Folge beim erfolgsqualifizierten Delikt, in: Festschrift für Dietrich Oehler, hrsg. v. Rolf Dietrich Herzberg, Köln u.a. 1985, S. 111–133

Hörnle, Tatjana: Die wichtigsten Änderungen des Besonderen Teils des StGB durch das 6. Gesetz zur Reform des Strafrechts, in: JURA 1998, S. 169–182

Jäger, Christian: Der Rücktritt vom Versuch als zurechenbare Gefährdungsumkehr, zugleich Diss. iur. (München 1995), München 1996

Jäger, Christian: Der Rücktritt vom erfolgsqualifizierten Versuch, in: NStZ 1998, S. 161–165

Jakobs, Günther: Strafrecht, Allgemeiner Teil, 2. Aufl., Berlin u.a. 1991

Joecks, Wolfgang: Studienkommentar StGB, 5. Aufl., München 2004

Köhler, August: Deutsches Strafrecht Allgemeiner Teil, Leipzig 1917

Kostuch, Bernhard-Tobias: Versuch und Rücktritt beim erfolgsqualifizierten Delikt, zugleich Diss. iur. (Würzburg 2004), Berlin 2004

Krey, Volker / Hellmann, Uwe: Strafrecht Besonderer Teil 2, 14. Aufl., Stuttgart 2005

Kudlich, Hans: Grundfälle zum Rücktritt vom Versuch, in: JuS 1999, S. 349–356

Kühl, Kristian: Der Versuch des erfolgsqualifizierten Delikts, in: Festschrift für Karl Heinz Gössel, hrsg. v. Dieter Dölling und Volker Erb, Heidelberg 2002, S. 191–207

Kühl, Kristian: Das erfolgsqualifizierte Delikt (Teil II): Versuch des erfolgsqualifizierten Delikts und Rücktritt, in: JURA 2003, S. 19–23

Küper, Wilfried: Der Rücktritt vom „erfolgsqualifizierten Versuch", in: JZ 1997, S. 229–234

Lackner, Karl / Kühl, Kristian: Strafgesetzbuch, Kommentar, 25. Aufl., München 2004

Leipziger Kommentar, Strafgesetzbuch, Band 1, 11. Aufl., Berlin 2003 (zit.: *Bearbeiter*, in: LK-StGB)

Lüdeking-Kupzok, Ulrike: Der erfolgsqualifizierte Versuch, zugleich Diss. iur., Göttingen 1979

Maurach, Reinhart / Gössel, Karl Heinz / Zipf, Heinz: Strafrecht Allgemeiner Teil, Band 2, 7. Aufl., Heidelberg 1989

Maurach, Reinhart / Schroeder, Friedrich-Christian / Maiwald, Manfred: Strafrecht Besonderer Teil, Band 1, 8. Aufl., Heidelberg 1995

Miseré, Christof W.: Die Grundprobleme der Delikte mit strafbegründender besonderer Folge, zugleich Diss. iur. (Köln 1995), Berlin 1997

Münchener Kommentar zum Strafgesetzbuch, Band 1 und 3, München 2003 (zit.: *Bearbeiter*, in: MüKo-StGB)

Nomos-Kommentar zum Strafgesetzbuch, Band 1, 2. Aufl., Baden-Baden 2005 (zit.: *Bearbeiter*, in: NK-StGB)

Otto, Harro: Die neuere Rechtsprechung zu den Eigentumsdelikten, in: JURA 1997, S. 464–474

Radbruch, Gustav: Erfolgshaftung, in: Vergleichende Darstellung des deutschen und ausländischen Strafrechts, Allgemeiner Teil, Band II, Berlin 1908, S. 227–253

Rengier, Rudolf: Erfolgsqualifizierte Delikte und verwandte Erscheinungsformen, zugleich Habilitationsschrift (Freiburg 1985), Tübingen 1986

Rengier, Rudolf: Strafrecht Besonderer Teil 1, 8. Aufl., München 2006

Roxin, Claus: Höchstrichterliche Rechtsprechung zum Allgemeinen Teil des Strafrechts, München 1998

Roxin, Claus: Strafrecht Allgemeiner Teil, Band II, München 2003

Satzger, Helmut: Die Anwendung des deutschen Strafrechts auf grenzüberschreitende Gefährdungsdelikte, in: NStZ 1998, S. 112–117

Scheinfeld, Jörg: Der Tatbegriff des § 24 StGB, zugleich Diss. iur. (Bochum 2005), Holzkirchen/Obb. 2006

Schlehofer, Horst: Vorsatz und Tatabweichung, zugleich Habilitationsschrift (Bochum 1993/94), Köln u.a. 1996

Schneider, Egon: Zur Anwendung des § 56 StGB, in: JZ 1956, S. 750–753

Schönke, Adolf / Schröder, Horst: Strafgesetzbuch, Kommentar, 27. Aufl., München 2006 (zit.: *Bearbeiter*, in: Schönke/Schröder)

Schünemann, Bernd: Raub und Erpressung (2. Teil), in: JA 1980, S. 393–400

Systematischer Kommentar zum Strafgesetzbuch (Loseblatt), Band 1, Stand: Oktober 2005 (zit.: *Bearbeiter*, in: SK-StGB)

Sonnen, Bernd-Rüdeger: Versuch des erfolgsqualifizierten Delikts, in: JA 1997, S. 184–186

Sowada, Christoph: Die erfolgsqualifizierten Delikte im Spannungsfeld zwischen Allgemeinem und Besonderem Teil des Strafrechts, in: JURA 1995, S. 644–653

Stree, Walter: Zur Auslegung der §§ 224, 226 StGB (Zugleich ein Beitrag zum Versuch erfolgsqualifizierter Delikte), in: GA 1960, S. 289–296

Thomsen, Andreas: Über den Versuch der durch eine Folge qualifizirten Delikte, Kiel u.a. 1895

Tröndle, Herbert / Fischer, Thomas: Strafgesetzbuch, Kommentar, 54. Aufl., München 2007

Ulsenheimer, Klaus: Zur Problematik des Versuchs erfolgsqualifizierter Delikte, in: GA 1966, S. 257–278

Ulsenheimer, Klaus: Zur Problematik des Rücktritts vom Versuch erfolgsqualifizierter Delikte, in: Festschrift für Paul Bockelmann, hrsg. v. Arthur Kaufmann u.a., München 1979, S. 405–419

Wank, Rolf: Die Auslegung von Gesetzen, 3. Aufl., Köln u.a. 2005

Wessels, Johannes / Beulke, Werner: Strafrecht Allgemeiner Teil, 36. Aufl., Heidelberg 2006

Wessels, Johannes / Hillenkamp, Thomas: Strafrecht Besonderer Teil/2, 29. Aufl., Heidelberg 2006

Widmann, Hans-Joachim: Der Versuch eines erfolgsqualifizierten Delikts, zugleich Diss. iur., Hamburg 1964

Wolter, Jürgen: Zur Struktur der erfolgsqualifizierten Delikte, in: JuS 1981, S. 168–179

Wolter, Jürgen: Der „unmittelbare" Zusammenhang zwischen Grunddelikt und schwerer Folge beim erfolgsqualifizierten Delikt, in: GA 1984, S. 443–451

Wolters, Gereon: Der Rücktritt beim „erfolgsqualifizierten Delikt", in: GA 2007, S. 65–79

Zippelius, Reinhold: Juristische Methodenlehre, 10. Aufl., München 2006

Gebraucht werden die üblichen Abkürzungen, vgl.
Kirchner, Hildebert / Butz, Cornelie: Abkürzungsverzeichnis der Rechtssprache, 5. Aufl., Berlin/New York 2003

A. Einleitung

Gegenstand der vorliegenden Arbeit ist der Rücktritt vom Versuch eines Raubes mit Todesfolge (§ 251 StGB[1]). Es geht im Wesentlichen darum, dass der Täter bereits durch einen bloßen Raubversuch (§§ 249, 250, 22) leichtfertig den Tod des Opfers verursacht hat. Zur Veranschaulichung dieser Fallkonstellation dient zunächst der folgende Fall 1:

A hat sich bei einem Einbruch mit einer Pistole bewaffnet, um damit möglichen Widerstand bei den Wegnahmehandlungen mithilfe von Drohungen zu brechen. Während der Tatausführung löst A versehentlich, aber grob fahrlässig ein Schuss aus, der den B tötet. A ist darüber sehr erschrocken und verlässt den Tatort ohne Beute.[2]

Um die Frage nach einem etwaigen Rücktritt beantworten zu können, ist es unabdingbar, einige Vorüberlegungen anzustellen. Zunächst muss i.S. der gängigen Rücktrittsprüfung erörtert werden, ob § 251 bereits vollendet ist. Ist dies der Fall, stellt sich die Frage nach dem Rücktritt nicht mehr. Ist § 251 hingegen unvollendet, schließt sich die Frage an, ob § 251 überhaupt in der Form „versucht" werden kann, dass der Täter sich *nicht* den Todeseintritt vorstellt. Diesen beiden (Vor)Überlegungen widmet sich die Arbeit in Teil B (Frage nach der Vollendung) und Teil C (Frage nach dem Versuch). Erst dann können Erwägungen angestellt werden, ob und ggf. wie der Täter von einem solchen Versuch zurücktreten kann (Teil D).

B. Vollendung des § 251?

In der oben dargestellten Fallkonstellation wurde schon durch den Raub*versuch* (§§ 249, 250 II Nr. 1, 22) leichtfertig der Tod des Opfers herbeigeführt. Möglicherweise ist darin bereits ein vollendeter Raub mit Todesfolge zu erblicken (§ 251), obwohl der Raub nicht vollendet wurde. Das Gerechtigkeitsempfinden mag zu diesem Ergebnis drängen, denn das Opfer ist schließlich gestorben. Tatsächlich nehmen manche[3] in diesen Fällen einen vollendeten Raub mit Todesfolge an (sog. Vollendungslösung).

---

1 Paragrafen ohne Gesetzesangabe bezeichnen Normen des StGB.

2 Angelehnt an BGHSt 42, 158.

3 *Lüdeking-Kupzok*, Der erfolgsqualifizierte Versuch, u.a. 111 f.; *Miseré*, Delikte mit strafbegründender besonderer Folge, 55 f.; *Thomsen*, Über den Versuch, u.a. 18, 60, 198; *Wolters*, GA 2007, 65 ff.; s. zur älteren Lit. *Ulsenheimer*, GA 1966, 257 (262 in Fn. 31); wenigstens für vertretbar erachten die Vollendungslösung *Binding*, BT I, 17 f.; *Köhler*, Strafrecht AT, 443 f.

I. Auslegung

Ob dieses Ergebnis im Einklang mit dem Gesetz steht, ist durch Auslegung des § 251 zu ermitteln.

1. Wortlaut

Auf der Voraussetzungsseite des § 251 heißt es: „Verursacht der Täter durch den Raub (§§ 249 und 250) wenigstens leichtfertig den Tod eines anderen Menschen …" Entscheidend ist zunächst das Wort „Raub". Doch was heißt „Raub"? Entweder umfasst das Wort nur den vollendeten Raub, dann kann man im Fall 1 nicht von einem vollendeten Raub mit Todesfolge sprechen, denn ein (vollendeter) Raub liegt ja gerade nicht vor. Zur Wegnahme ist es nämlich nicht mehr gekommen. Oder das Wort „Raub" umfasst das Unternehmen des Raubes i.S.v. § 11 I Nr. 6, also sowohl den Versuch als auch die Vollendung. In diesem Fall wäre bereits im Fall 1 der Raub mit Todesfolge (§ 251) vollendet.

Einen Hinweis gibt § 251: Er verweist mit dem Wort „Raub" auf zwei Vorschriften, nämlich auf die §§ 249, 250. Ein Blick in § 249 zeigt, dass der Gesetzgeber auch an dieser Stelle das Wort „Raub" verwendet hat, und zwar in der Überschrift der Norm. Wenn nun also an zwei Stellen im Gesetz (noch dazu im selben Abschnitt) exakt das gleiche Wort auftaucht, spricht (jedenfalls nach dem ersten Anschein) einiges dafür, dass der Gesetzgeber auch zweimal exakt das Gleiche zum Ausdruck bringen wollte.[4] Demnach ist das Wort „Raub" so etwas wie eine Konstante, deren Bedeutung § 249 zu entnehmen ist: Überall dort, wo im Gesetz das Wort „Raub" auftaucht, kann es ersetzt werden durch den Wortlaut des § 249.[5] Dieser umfasst aber begrifflich die Nötigungsmittel (im Fall 1 der Schuss des A auf den B) *und* die Wegnahme. Sie gehört also zwingend dazu. Ohne Wegnahme ist der § 249 nicht vollendet und somit kann auch der § 251 nicht vollendet sein. Denn jedes Tatbestandsmerkmal des § 249 wird über das Wort „Raub" (und den Klammerverweis auf § 249) automatisch Teil des § 251.[6] Der

---

[4] Dahingehend formuliert *Hardtung* treffend: „Dass ein und dasselbe Wort an verschiedener Stelle im Gesetz auch etwas Verschiedenes bedeutet, kommt vor. Aber der erste Anschein spricht *dagegen* ... Man müsste also die *Unterschiedlichkeit* begründen, nicht die Identität.", *Hardtung*, Die Sprachgestalt der Strafgewalt [unveröffentlicht], Zweiter Teil 1., dort zum Zueignungsbegriff bei Diebstahl und Unterschlagung.

[5] Vgl. dazu *Wank*, Die Auslegung von Gesetzen, 29; *Zippelius*, Juristische Methodenlehre, 34 f.

[6] So auch *Wolters* für den § 250, GA 2007, 65 (75).

Wortlaut spricht folglich gegen die Vollendungslösung. Das Verhalten des Täters im Fall 1 könnte damit höchstens einen Versuch darstellen.

Wolters, als Vertreter der Vollendungslösung, hält diese Argumentation für inkonsequent, weil der Wortlaut des § 251 „*durch* den Raub“[7] lautet. Entscheidend sei das Wort „durch“. Denn der Tod im Fall 1 sei nur *durch* das Nötigungsmittel, also durch den Schuss verursacht worden, nicht aber *durch* die Wegnahme. *Wolters* stellt treffend fest, dass das Verhältnis „Nötigungsmittel – Wegnahme – Tod“ keine durchlaufende Kausalität darstellt.[8] Wenn man also „Raub“ i.S. eines vollendeten Raubes versteht, so argumentiert er, dann müsse man auch eine durchlaufende Kausalität fordern, denn nur so würde dem Merkmal „durch“ Genüge getan. Man könne nicht einerseits jedes einzelne Merkmal des § 249 als zwingend ansehen (für eine Vollendung des § 251), andererseits aber bereits ein einziges Merkmal des § 249 für die Kausalität genügen lassen. Daher sei das Wortlautargument im Sinne der oben dargestellten Argumentation „Rosinenpickerei“[9]; der Wortlaut werde ergebnisorientiert ausgelegt, nämlich *be*achtet in Bezug auf das Wort „Raub“ und *miss*achtet in Bezug auf das Wort „durch“.

So eng kann man das Wort „durch“ deuten. Zwingend ist das nicht. Denn es ist auch ein weites Verständnis denkbar, wie das folgende banale Beispiel zeigt: „Durch das Lesen des neuesten John Grisham Thrillers schlägt das Herz der Frau F ein bisschen schneller.“ Nach *Wolters'* Argumentation ist dieser Satz nur in sich stimmig, wenn Ursache für den erhöhten Puls das Buch in seiner Gesamtheit ist. Frau Fs Herz pochte aber vielleicht deshalb besonders stark, weil sie ein spannendes Kapitel gelesen hat. Vielleicht aber auch nur aufgrund eines Überraschungsmomentes. Es ist zwar möglich, aber es ist keinesfalls erforderlich, dass Ursache für den erhöhten Pulsschlag der Frau F das Buch in seiner Gesamtheit, also von der ersten bis zur letzten Seite ist. Dazu reicht vielmehr ein Teil, ein Kapitel, eine Szene, vielleicht sogar schon ein Satz des Ganzen. Und trotzdem kann man guten Gewissens das Buch für ursächlich erklären, auch wenn nur ein Teil ausschlaggebend war.

Genauso ist es beim Raub. Es reicht völlig aus, dass ein Teil des gesamten Raubes (nämlich allein die gewaltsame Nötigung) ursächlich war für den Tod des Opfers. Es wird deutlich, dass das Wort „durch“ wesentlich offener ist, als *Wolters* es annimmt. Der Wortlaut des § 251 wird durch oben geführte Argumentation somit nicht missachtet.

---

7 Hervorhebung nur hier.

8 *Wolters*, GA 2007, 65 (72).

9 *Wolters*, GA 2007, 65 (76).

2. Systematik

Für die Vollendungslösung spricht in systematischer Hinsicht § 243. Dort heißt es „In besonders schweren Fällen wird der Diebstahl …“ „Diebstahl“ kann dabei sowohl der versuchte als auch der vollendete sein.[10] Diesen Gedanken kann man auf § 251 übertragen. Wenn der Gesetzgeber mit der Vollendungsbezeichnung „Diebstahl“ auch den Versuch meint, dann könnte es bei der Vollendungsbezeichnung „Raub“ genauso liegen.

Möglicherweise finden sich aber auch systematische Argumente gegen die Vollendungslösung. Ein solches könnte in § 252 zu erblicken sein, der folgenden Passus enthält: „… ist gleich einem Räuber zu bestrafen“. Das bedeutet zunächst nichts anderes, als dass § 252 ebenfalls zum Grundtatbestand des § 251 werden kann. *Hardtung* entnimmt diesem Rechtsfolgenverweis, dass nur derjenige „gleich einem Räuber“ zu bestrafen sei, der den Tatbestand des § 252 in vollem Umfang verwirklicht. Wenn also in diesem Spezialfall der Grundtatbestand vollendet sein müsse, um zu einem vollendeten § 251 vorzustoßen, dann müsse das doch erst recht für den eigentlichen Anwendungsfall gelten, nämlich dann, wenn der Grundtatbestand der § 249 ist. *Hardtung* schlussfolgert, dass auch § 249 vollendet sein muss, um zu einem vollendeten § 251 zu gelangen.[11] Diese Argumentation wirkt auf den ersten Blick schlüssig. Sie setzt aber voraus, dass das Wort „Räuber“ in § 252 und im Zusammenspiel mit § 251 nur den Täter eines vollendeten Raubes meint. Denn nur dann kann man feststellen, dass allein derjenige wie der Täter eines *vollendeten* Raubes (mit Todesfolge) bestraft werden kann, der den Tatbestand des § 252 komplett verwirklicht. Ist hingegen das Wort „Räuber“ im Sinne eines Täters eines vollendeten *oder* versuchten Raubes zu verstehen, ist diese Argumentation hinfällig. In Wahrheit ist *Hardtungs* Argument somit ein Wortlautargument und zwar genau das hier unter 1. dargestellte.[12] In systematischer Hinsicht bringt *Hardtung* damit keine neuen Erkenntnisse.

Teilweise findet sich gegen die Vollendungslösung auch der Einwand, „… daß sie den *strafschärfenden* Charakter der erfolgsqualifizierten Delikte [missachte] und überdies dem Täter die Strafmilderungsmöglichkeit des § 23 II [mit Blick auf den Grunddeliktsversuch vorenthal-

---

[10] BGH NStZ 1984, 262 f.; BGHSt 33, 370; *Tröndle/Fischer*, § 243 Rn. 28.

[11] *Hardtung*, Versuch und Rücktritt, 99.

[12] Siehe oben Seite 124 ff.

te].“[13] Insoweit liege ein Verstoß gegen Art. 103 II GG, § 1 vor.[14] Beides ist jedoch fraglich. Der strafschärfende Charakter der Erfolgsqualifikationen ergibt sich aus § 18. Danach knüpft das Gesetz an eine besondere Folge der Tat eine schwerere Strafe und ist insoweit strafschärfend. Auf § 251 übertragen heißt das, dass mit der Tat die §§ 249, 250 gemeint sind, mit der schweren Folge hingegen die leichtfertige Todesverursachung. Was allerdings von den §§ 249, 250 umfasst wird, d.h. was mit dem Begriff der „Tat“ i.S.v. § 18 gemeint ist – Versuch oder Vollendung – ist daraus nicht zu entnehmen. Das muss erst die Auslegung ergeben.

Ähnliches gilt für den zweiten Einwand: Vorausgesetzt, ein lediglich versuchter Raub reicht für die Annahme eines vollendeten § 251, gibt es keinen Grund für eine Strafmilderung, die es ja auch bei keinem anderen „*Vollendungs*täter“[15] gibt. Ob das so ist, muss aber auch gerade im Wege der Auslegung ermittelt werden. Insoweit sind diese Argumente, wie *Wolters* treffend feststellt, „zirkulär“[16] und daher unergiebig.

Dennoch ergeben sich in systematischer Hinsicht Einwände gegen die Vollendungslösung aus § 23 II. Er sieht eine fakultative Strafmilderung für den Versuchstäter vor. Dies spricht dafür, dass der Gesetzgeber Versuch und Vollendung nicht gleich behandeln wollte. Wenn nun die Vollendungslösung im Falle eines todbringenden versuchten Raubes einen vollendeten § 251 annimmt, dann stellt sie den versuchten Raub dem vollendeten gleich. Der Raub wird *insoweit* in ein Unternehmensdelikt umgedeutet.[17] *Thomsen* stellt dies sogar ausdrücklich fest: „Wie es z.B. für den Begriff ‚Eiche‘ einerlei ist, ob das betreffende Exemplar ein ausgewachsener Baum oder ein schwaches Reis ist, so liegt auch das betreffende Delikt vor, einerlei, ob man es mit der Vollendung oder einem Versuch zu thun hat. Versuch und Vollendung sind vielmehr nur zufällige ‚Erscheinungsformen‘ des Delikts.“[18] *Wolters* hingegen wehrt sich gegen diese Argumentation: „Freilich erweist sich diese ‚kühne‘[19] These schon bei oberflächlicher Betrachtung weniger als Eiche, denn

---

[13] *Sowada*, JURA 1995, 644 (651) – Hervorhebung im Original; ebenso: *Kostuch*, Versuch und Rücktritt, 65 f.; *Rengier*, Erfolgsqualifizierte Delikte, 244 f.; *Widmann*, Der Versuch eines erfolgsqualifizierten Delikts, 28 f.

[14] *Kostuch*, Versuch und Rücktritt, 66.

[15] *Wolters*, GA 2007, 65 (75) – Hervorhebung im Original.

[16] *Wolters*, GA 2007, 65 (74).

[17] Vgl. auch *Bacher*, Versuch beim erfolgsqualifizierten Delikt, 229.

[18] *Thomsen*, Über den Versuch, 18.

[19] *Hardtung*, Versuch und Rücktritt, 46.

als nicht tragfähiges Reis: Da nämlich zum einen im Gesetz beim Versuch mit den Möglichkeiten der Strafrahmenmilderung und der Strafaufhebung im Vergleich zur Vollendung sehr unterschiedliche Rechtsfolgen vorgesehen sind, zeigt sich sehr deutlich die Wertung, dass der Versuch eben keine ‚zufällige' Erscheinungsform darstellt, sondern eigenen Regeln folgt ..."[20] Dem ist zuzustimmen. Es verwundert aber, dass *Wolters* im Ergebnis keine Einwände gegen *Thomsen* hat: „Dies alles spricht aber zunächst nur gegen diese *Begründung*, nicht aber gegen das Ergebnis ..."[21] Tatsächlich macht *Wolters* also (wenn er sich *Thomsens* Ergebnis anschließt) genau das, was er ihm vorwirft. Im Ergebnis ist es *Wolters* nämlich auch einerlei, ob sich der Raub im Zustand des ausgewachsenen Baumes (Vollendung) oder lediglich im Zustand des schwachen Reises (Versuch) befindet. Denn wenn der versuchte Raub wie der vollendete gleichermaßen zum vollendeten Raub mit Todesfolge führen kann, wird der Versuch wie die Vollendung behandelt. Folglich kann sich kein Anhänger der Vollendungslösung davon freisprechen, den Raub *insoweit* in ein Unternehmensdelikt umgedeutet zu haben. Wie *Wolters* selbst feststellt, ist dies vom Gesetz jedoch nicht vorgesehen.[22] In letzter Konsequenz kann natürlich nicht von einem Unternehmensdelikt gesprochen werden, „... da niemand ernsthaft wird behaupten können, für die Vollendung des *einfachen* Raubes genüge das unmittelbare Ansetzen zu seinen gesetzlichen Merkmalen."[23]

Wie bereits dargelegt fehlt im Fall 1 zur vollständigen Verwirklichung des Raubes (§ 249) nur noch die Wegnahme. Dieses Tatbestandsmerkmal des § 249 ist für die Vertreter der Vollendungslösung nahezu bedeutungslos. *Wolters* bezeichnet es sogar als „Wurmfortsatz ohne jede physiologische Bedeutung"[24]. Dieser Schluss führt zu einem weiteren systematischen Aspekt. Es darf nicht in Vergessenheit geraten, dass es sich bei den §§ 249 ff. um die Deliktsgruppe der sog. Vermögensdelikte[25] handelt. Deren Schutzgut ist das Vermögen.[26] Dieses wird aber allein durch die Wegnahme geschädigt. Zugege-

---

[20] *Wolters*, GA 2007, 65 (75).

[21] *Wolters*, GA 2007, 65 (75) – Hervorhebung im Original.

[22] *Wolters*, GA 2007, 65 (75).

[23] *Wolters*, GA 2007, 65 (74) – Hervorhebung im Original.

[24] *Wolters*, GA 2007, 65 (78), im Ergebnis ähnlich *Lüdeking-Kupzok*, Der erfolgsqualifizierte Versuch, 111: Sie entnimmt der Bezugnahme auf das Grunddelikt nur noch die Bedeutung, den „spezifischen Gefahrenzusammenhang" sicherzustellen.

[25] So auch *Beineke*, JuS 1997, 1151.

[26] *Wessels/Hillenkamp*, BT II, Einleitung Rn. 3.

benermaßen wirkt diese mit Blick auf die weiteren Folgen des § 251, nämlich den Tod eines Menschen, eher nebensächlich, jedoch ist gerade die Wegnahme Ausdruck der Tatsache, dass es sich auch bei § 251 um ein Vermögensdelikt handelt. Deklariert man nun die Wegnahme als „lästiges Beiwerk", führt man den § 251 in seiner Struktur als Vermögensdelikt ad absurdum.

Insofern vermögen auch die Argumente von *Lüdeking-Kupzok* nicht zu überzeugen. Sie geht davon aus, dass bei Verletzung des von einer Norm geschützten Rechtsguts einer Vollendungsstrafe nichts mehr im Wege stehe und dieses Rechtsgut sei bei § 251 gerade das Leben des Opfers.[27] Das widerspricht aber dem gerade gewonnenen Ergebnis. Im Unterschied zum „normalen" Vermögensdelikt tritt bei § 251 zu dem Vermögensunrecht ein weiteres, verstärkendes Unrecht hinzu. Der Stellenwert, den das Unrecht am Vermögen auch in § 251 hat, wird dadurch jedoch nicht geschmälert. Das belegt die systematische Stellung des § 251. Die Norm steht bei den §§ 249 ff. (20. Abschnitt) und nicht etwa bei den §§ 211 ff., den Straftaten gegen das Leben (16. Abschnitt).[28]

Im Ergebnis sprechen systematische Gesichtspunkte sowohl für als auch gegen die Vollendungslösung. Sie zwingen aber weder zur Bejahung der Vollendungslösung noch ergeben sie deren Widerlegung.

3. Historie

Gemäß § 251 RStGB musste der Tod des Opfers durch *verübte Gewalt* eingetreten sein.[29] Auch in der Neufassung des § 246 II StGB im E 1962 sollte der Täter verschärft bestraft werden, der durch den *Angriff* den Tod eines Menschen verursacht.[30] Der Wortlaut der alten Fassungen konnte also durchaus im Sinne der Vollendungslösung interpretiert werden.[31] Im Zuge des EGStGB vom 2.3.1974 wurde allerdings der heutige Wortlaut, nämlich das Wort „Raub" in den Tatbestand des § 251 aufgenommen.[32] Weil dies jedoch „ohne tiefergehende Be-

---

[27] *Lüdeking-Kupzok*, Der erfolgsqualifizierte Versuch, 111.

[28] Die Einordnung in den 16. Abschnitt wäre auch für *Widmann*, Der Versuch eines erfolgsqualifizierten Delikts, 29, die logische Konsequenz, sollte die Vollendungslösung zutreffen.

[29] *Wolters*, GA 2007, 65 (76).

[30] *Wolters*, GA 2007, 65 (78).

[31] Jedenfalls scheint dies kein abwegiges Ergebnis zu sein. Ob die Vollendungslösung hingegen tatsächlich unter den alten Wortlaut zu subsumieren war, kann an dieser Stelle dahingestellt bleiben.

[32] *Joecks*, in: MüKo-StGB, Einleitung Rn. 87.

schäftigung"[33] geschah[34], geht *Wolters* davon aus, dass der Gesetzgeber mit den neuen Worten eigentlich nichts ändern und sich in der Sache der Vollendungslösung anschließen wollte. Gegen diesen Schluss spricht jedoch, dass zum Zeitpunkt der Änderung des § 251 die Vollendungslösung nicht „praktiziert" wurde. In Fällen wie Fall 1 nahm zu diesem Zeitpunkt jeder, insbesondere die Rechtsprechung, nur einen Versuch des § 251 an (sog. Versuchslösung) und nicht etwa dessen Vollendung. Immerhin war *Thomsens* Theorie zu diesem Zeitpunkt auch schon ein dreiviertel Jahrhundert alt und es hatte bislang niemand die Theorie „reanimiert".[35] Wenn also der Gesetzgeber – ohne nähere Begründung – einen Wortlaut gewählt hat, der eher gegen als für die Vollendungslösung spricht,[36] deutet das darauf hin, dass er sich der nahezu einhelligen Ansicht zu diesem Problem anschließen wollte. Es wäre für den Gesetzgeber nämlich ein Leichtes gewesen, statt „durch den Raub" die Formulierung „durch das Unternehmen des Raubes" in den Wortlaut des § 251 aufzunehmen. Damit hätte er sich unbestreitbar der Vollendungslösung angeschlossen, da das Unternehmen einer Tat gemäß § 11 I Nr. 6 deren Versuch und deren Vollendung darstellt. Hätte der Gesetzgeber sich tatsächlich bewusst der Vollendungslösung anschließen wollen, wäre dieses Vorgehen sogar sehr wahrscheinlich gewesen. Denn das EGStGB sollte den Besonderen Teil an den am 1.1.1975 in Kraft tretenden Allgemeinen Teil anpassen.[37] Den Besonderen Teil systemkonform zum Allgemeinen Teil zu gestalten, war also gerade Zweck dieses Gesetzes. Folglich kann man nicht davon ausgehen, dass der Gesetzgeber nur „versehentlich" das Wort „Raub" gewählt hat.

Historisch spricht somit mehr gegen als für die Vollendungslösung. Zwingende Schlüsse lassen die Gesetzgebungsmaterialien allerdings nicht zu. Der aufgezeigte historische Zusammenhang hat nur die Kraft eines Indizes.

4. Teleologie

Konsequent angewandt würde die Vollendungslösung zu erweiterten Strafbarkeiten auch in anderen Fällen führen, die so wohl nicht beabsichtigt sind. So müsste zum Beispiel stets auch ein vollendeter schwerer Raub gemäß § 250 II Nr. 3 lit. b angenommen werden, wenn der

---

[33] *Wolters*, GA 2007, 65 (78).

[34] Vgl. BT-Drucks. 7/550, 248; BT-Drucks. 7/1261, 18.

[35] Das wird auch der Kenntnisstand des Gesetzgebers gewesen sein.

[36] Siehe oben S. 124 ff.

[37] *Joecks*, in: MüKo-StGB, Einleitung Rn. 87.

Täter durch einen Raubversuch sein Opfer in die konkrete Gefahr des Todes bringt. Im Vergleich ist der Tod des Opfers i.S.v. § 251 nur ein Mehr zur konkreten Lebensgefahr. Diese ist folglich, wie der Tod auch, eine schwere Folge derselben Kategorie und die Versuchsstrafbarkeit müsste ebenso wie bei § 251 zur Vollendungsstrafbarkeit führen. Dazu Fall 2:

F sieht G an der Bushaltestelle. Neben ihm steht ein Aktenkoffer, in dem F eine große Menge Bargeld vermutet. F schleicht sich von hinten aus dem Gebüsch an G heran. Er stößt ihn auf die viel befahrene Straße. Als G in den Verkehr taumelt, tut es F leid und er beschließt, den Koffer nicht zu nehmen. Als G beinahe von dem heranfahrenden Auto des unaufmerksamen X erfasst wird, reicht F ihm die Hand und zieht ihn im letzten Moment wieder zurück auf den Gehweg.

F ist vom Versuch zurückgetreten. Obwohl in dieser Konstellation im Prinzip „gar nichts" passiert ist und alle mit dem Schrecken davon gekommen sind, müsste die Vollendungslösung auch hier die Vollendung des § 250 II Nr. 3 lit. b bejahen und folgerichtig den Rücktritt verwehren, denn durch das Nötigungsmittel des Raubversuchs, den Stoß auf die Straße, hat F den G in eine konkrete Lebensgefahr gebracht. F wäre mit einer Mindeststrafe von fünf Jahren zu belegen! Wer dagegen einwendet, § 250 II Nr. 3 lit. b sei keine Erfolgsqualifikation, hat damit zwar Recht, macht aber zugleich deutlich, dass die Lesart von *Wolters* eine ganz seltene ist, die nur in bestimmten Ausnahmefällen[38] gelten soll. Deshalb darf man durchaus die Begründungslast den Verfechtern dieser Lesart zuschieben.

Wer diese Begründungslast auf sich nehmen will, könnte darauf verweisen, dass nach h.M. manchmal der Zufall darüber entscheide, ob § 251 erfüllt ist. So zum Beispiel im folgenden Fall 3:

T ergreift (in Zueignungsabsicht) einen fremden Ring und verbirgt ihn in seiner Faust. Der Eigentümer E wehrt sich, um den Ring zu verteidigen. Dabei schlägt T den E leichtfertig tot. Und in der Variante: *T ergreift ein Buch statt eines Ringes. Als E tot zusammensinkt, lässt T das Buch zurück und eilt davon.*

Im Grundfall hat sich T bereits mit dem Tod des E über den vollendeten § 252 nach § 251 strafbar gemacht. Weil T in der Variante das Buch nicht in seiner Hand verbergen konnte, scheiden nach h.M. die §§ 252, 249 als vollendete Delikte aus (Enklaventheorie). Die Vollendungsstrafbarkeit bei § 251 hängt nach h.M. also ab von der Zufälligkeit der Größe des Gegenstandes, den T an sich nimmt. Zwar kann man

[38] Und zwar bei den §§ 178, 251; dazu *Wolters*, GA 2007, 65 (67 f.).

mit der Vollendungslösung solche Wertungswidersprüche vermeiden (die Vollendungslösung würde in beiden Fällen einen vollendeten § 251 annehmen), jedoch muss man sich bewusst machen, dass diese Zufälligkeit auf dem Gewahrsamsbegriff basiert. Solche speziellen Gewahrsamsprobleme können für die Annahme oder für die Ablehnung der Vollendungslösung kaum ausschlaggebend sein. Letztlich entscheidend sein kann vielmehr nur der Stellenwert der Wegnahme in § 251. Um ihn zu bestimmen, hilft die Fallkonstellation weiter, bei der der Tod des Opfers ausnahmsweise nicht unmittelbar auf dem Nötigungsmittel, sondern auf der Wegnahme beruht. Fraglich ist zunächst, ob eine solche Wegnahmekausalität überhaupt ausreicht für § 251. Dies zu bejahen, legt der Wortlaut „durch den Raub" nahe, insbesondere, da der Raub sich zusammensetzt aus der Wegnahme und dem Nötigungsmittel.[39] Ferner sind auch die Fälle von § 251 erfasst, in denen das Opfer aufgrund der Schockwirkung zu Tode kommt, die von einer bloßen Drohung i.S.d. § 249 ausgeht.[40] Im Vergleich zum Tod in Folge von Gewaltanwendung stellt auch dieser soeben genannte Fall eine Ausnahme dar, genauso wie der Fall, bei dem der Tod auf der Wegnahme beruht. Dann ist aber auch kein sachlicher Grund ersichtlich, warum der auf einer Wegnahme beruhende Todeserfolg nicht von § 251 erfasst sein soll. Überdies vermeidet diese Sicht Wertungswidersprüche. Denn warum soll etwa der Täter, der nachts dem Obdachlosen O mittels Gewalt die Decke wegnimmt, woraufhin O in der Kälte erfriert, nicht aus § 251 bestraft werden, sehr wohl aber der Räuber, der sein Opfer mittels Gewalt auf den Balkon und in den Kältetod stößt? Wortlaut und Systematik sprechen somit dafür, es für § 251 genügen zu lassen, dass der Tod auf der Wegnahme beruht. Da in diesem Fall § 251 nur verwirklicht ist, wenn es zur Gewaltanwendung gekommen ist (denn sonst läge ja nur ein Diebstahl mit Todesfolge vor), liegt es nahe, dass im umgekehrten Fall nichts anderes gelten soll. Auch wenn der Tod auf dem Nötigungsmittel beruht, müssen daher beide Merkmale des Raubes verwirklicht sein.

Weitere Erkenntnis bringt ein Strafrahmenvergleich zwischen der Vollendungslösung und der h.M. Wie bereits oben erwähnt, stellt § 251

---

[39] So *Geilen*, JURA 1979, 501 (502); *Krey*, BT II, § 3 Rn. 202; *Lackner/Kühl*, § 251 Rn. 1; *Maurach/Schroeder/Maiwald*, BT I, § 35 Rn. 32; *Sander*, in: MüKo-StGB, § 251 Rn. 6; *Schünemann*, JA 1980, 393 (396); *Wolter*, GA 1984, 443 (450); a.A. *Altenhain*, GA 1996, 19 (35); *Eser*, in: Schönke/Schröder, § 251 Rn. 4; *Günther*, in: SK-StGB, § 251 Rn. 13; *Kindhäuser*, in: NK-StGB, § 251 Rn. 3; *Rengier*, Erfolgsqualifizierte Delikte 230 ff.; *Wessels/Hillenkamp*, BT II, § 8 Rn. 355.

[40] OLG Nürnberg NStZ 1986, 556; *Wessels/Hillenkamp*, § 8 Rn. 355.

ein stark gesteigertes Unrecht u.a. mit Blick auf § 249 dar. Zum schon vorhandenen Raubunrecht tritt der leichtfertig verursachte Tod des Opfers hinzu. Führt man sich das vor Augen, erkennt man die unbillige Härte der Vollendungslösung. Man stelle sich (in Anlehnung an Fall 1) folgenden Fall 4 vor:

Nachdem A beim Raubversuch den B mit dem ungewollten Schuss tödlich getroffen hat, tut A das Geschehen plötzlich leid. Er hatte nie vor, sein Opfer zu töten. Daher versucht er alles, um den B noch zu retten, aber vergeblich. A flieht, lässt die Wertgegenstände des B jedoch zurück. A hat es nicht mehr übers Herz gebracht, dem toten B auch noch etwas zu entwenden.

A ist strafbefreiend vom einfachen Raubversuch zurückgetreten nach § 24 I 1 Alt. 1. Übrig bleibt der leichtfertig verursachte Tod des B. A hat sich also wegen fahrlässiger Tötung nach § 222 strafbar gemacht. Die Anhänger der Vollendungslösung müssten hingegen ungemildert aus § 251 bestrafen. Denn die Frage nach dem Rücktritt (sei es auch nur vom Raubversuch) kann sich nicht mehr stellen, da das Delikt ja bereits vollendet ist.

Blickt man auf die Strafrahmen, erscheint das Ergebnis der Vollendungslösung zu streng. Die Mindeststrafe für eine fahrlässige Tötung ist eine Geldstrafe, für Raub mit Todesfolge hingegen Freiheitsstrafe nicht unter zehn Jahren. Wenn man nun bedenkt, dass A mit seinem Rücktritt sozusagen das Unrecht des versuchten Raubes getilgt hat, ist es sachwidrig, das Unrecht einer schlichten fahrlässigen Tötung mit einer Freiheitsstrafe nicht unter zehn Jahren zu belegen, wenn das Gesetz für ein solches Unrecht ausdrücklich in § 222 eine Maximalstrafe von fünf Jahren vorsieht. Was die obere Grenze des Strafrahmens angeht, will auch *Wolters* die Härte mindern: „Im Übrigen wird generell bei nur versuchtem Raub … allein auf zeitige Freiheitsstrafe zu erkennen sein."[41] Auf den ersten Blick scheint es, als könne man durch dieses Vorgehen die harte Lösung der Vollendungsstrafbarkeit relativieren. Auf den zweiten Blick fällt aber auf, dass die Mindeststrafe bei § 251 zehn Jahre beträgt und von einer Relativierung nicht mehr die Rede sein kann.

Umgekehrt bleiben aber auch Bedenken mit Blick auf eine Strafbarkeit „nur" nach § 222. Das Unrecht des § 222 ist ein anderes als das der fraglichen Fälle, denn dort hat der Täter den Tod des Opfers zum einen nicht nur fahrlässig (wie es § 222 fordert), sondern sogar leichtfertig verursacht, zum anderen hat er den Tod während eines Raubversuchs

---

[41] *Wolters*, GA 2007, 65 (79).

verursacht und daher ein anderes (stärkeres) Unrecht verwirklicht, als das in § 222 beschriebene. Folglich wäre auch eine Bestrafung aus § 222 nicht angemessen. Sachgemäß erscheint daher eine Strafbarkeit aus §§ 251, 22, und zwar wegen des Eintritts der schweren Folge ohne Rücktrittsmöglichkeit. Einerseits könnte dadurch dem im Vergleich zu § 222 erhöhten Unrecht Rechnung getragen werden. Andererseits wäre durch die Möglichkeit der Strafrahmenmilderung des § 23 II auch dem Umstand Genüge getan, dass es zur Wegnahme nicht mehr gekommen ist. Ob dies der gesetzlichen Rücktrittsregelung entspricht, wird noch zu untersuchen sein (Teil D).

II. Ergebnis der Auslegung

Die Auslegung des § 251 hat gezeigt, dass die Vollendungslösung nicht unvereinbar ist mit dem Gesetz. Es wurde jedoch deutlich, dass sowohl der Wortlaut als auch die Historie eher gegen die Vollendungslösung sprechen. Überdies muss die Auslegung einer Norm mit Blick auf die Verhältnismäßigkeit stets zu dessen Rechtsfolge passen. Die hohe Mindeststrafe, die § 251 anordnet, legt daher eine restriktive Auslegung des § 251 nahe. Im Zusammenspiel der Auslegungskriterien spricht somit im Ergebnis mehr gegen als für die Vollendungslösung. Es bleibt daher festzuhalten:

Um einen vollendeten Raub mit Todesfolge (§ 251) annehmen zu können, muss § 249 vollständig verwirklicht sein.[42] Das bedeutet gleichzeitig, dass die Tatbestandsmerkmale des § 249 über den Verweis in § 251 zu solchen des § 251 werden. Die Vollendungslösung ist mithin abzulehnen.

C. Versuchsstrafbarkeit

Beim Versuch von erfolgsqualifizierten Delikten sind zwei Konstellationen voneinander zu unterscheiden: Zum einen der Versuch der Erfolgsqualifikation (sogleich unter II.) und zum anderen der sog. erfolgsqualifizierte Versuch (sodann unter III.).

---

[42] So ausdrücklich RGSt 40, 321 (325). Im Ergebnis ebenso *Bacher*, Versuch beim erfolgsqualifizierten Delikt, 301; *Hardtung*, Versuch und Rücktritt, 35 ff. sowie MüKo-StGB, § 18 Rn. 75 ff.; *Herzberg*, in: MüKo-StGB, § 23 Rn. 8 f.; *Hirsch*, in: FS-Oehler, 111 (129 mit Fn. 57); *Jakobs*, AT, 25/26; *Joecks*, in: StK-StGB, § 18 Rn. 6; *Küper*, JZ 1997, 229; *Tröndle/Fischer*, § 18 Rn. 4; *Wessels/Beulke*, AT, § 14 Rn. 617 etc.

I. Genereller Ausschluss eines Versuchs

Zwar ist es nahezu einhellige Ansicht,[43] dass eine Versuchsstrafbarkeit in den beiden oben dargestellten Konstellationen konstruierbar ist, dennoch bestreitet *Gössel* dieses Ergebnis. Er stellt heraus, dass sich Erfolgsqualifikationen (wie § 251 eine sei) gerade durch die fahrlässige (oder leichtfertige) Erfolgsherbeiführung auszeichnen und deshalb als fahrlässige Straftaten anzusehen seien. Folglich scheide die Anwendung der §§ 22 ff. aus.[44] Zwar kann ihm – mit *Hardtung* – insoweit Recht gegeben werden, als Erfolgsqualifikationen der Sache nach tatsächlich keine Vorsatzdelikte sind, da es ja bereits genügt, wenn der Erfolg lediglich fahrlässig oder leichtfertig herbeigeführt wird. Dem Gesetz nach sind sie aber zwingend wie Vorsatztaten zu behandeln, denn § 11 II bestimmt dies ausdrücklich.[45] *Gössel* erklärt § 11 II hinsichtlich eines Deliktsversuchs daher unzulässigerweise für „obsolet"[46], denn wie „... der Gesetzgeber die von ihm verwendeten Begriffe verstanden wissen möchte, ist seine Sache ... Solchen gesetzgeberischen Entscheidungen kann man nicht erfolgreich das ‚Wesen' des Regelungsgegenstandes entgegenhalten."[47]

Auch systematische Gesichtspunkte sprechen gegen die Annahme, Erfolgsqualifikationen seien Fahrlässigkeitstaten. § 18 bezieht ausdrücklich die Möglichkeit der Teilnahme mit ein. Nach den §§ 26, 27 ist die Teilnahme aber nur bei vorsätzlichen Taten möglich. Das heißt, dass die Vorsatz-Fahrlässigkeitskombinationen, wie es § 11 II ausdrücklich bestimmt, nur Vorsatztaten sein können.[48] Der prinzipiellen

---

[43] *Kühl*, JURA 2003, 19 ff.; *Lackner/Kühl*, § 18 Rn. 9 f.; *Paeffgen*, in: NK-StGB, § 18 Rn. 109 ff.; *Sowada*, JURA 1995, 644 (650); *Tröndle/Fischer*, § 18 Rn. 4 f.; *Wessels/Beulke*, AT, § 14 Rn. 617.

[44] *Maurach/Gössel/Zipf*, AT II, § 43 Rn. 117. Zur Frage, ob auch Fahrlässigkeitsdelikte versucht werden können vgl. *Hardtung*, Versuch und Rücktritt, 211 ff.

[45] *Hardtung*, Versuch und Rücktritt, 211; im Ergebnis ähnlich *Radbruch*, VDA II, 229, der nur einen „redaktionellen" Unterschied zum Fahrlässigkeitsdelikt erkennt.

[46] *Gössel*, in: Lange-FS, 219 (238); *Maurach/Gössel/Zipf*, AT II, § 43 Rn. 117; zustimmend *Miseré*, Delikte mit strafbegründender besonderer Folge, 60.

[47] *Hardtung*, Versuch und Rücktritt, 211; zum gleichen Ergebnis kommen *Kühl*, JURA 2003, 19 ff.; *Roxin*, AT II, § 29 Rn. 327; *Sowada*, JURA 1995, 644 (651).

[48] Vgl. dazu *Kostuch*, Versuch und Rücktritt, 13 ff.

Annahme einer Versuchsstrafbarkeit des § 251 steht somit nichts entgegen.[49]

II. Der Versuch der Erfolgsqualifikation (§ 251)

Beim Versuch des § 251 hat der Täter die schwere Folge (den Tod des Opfers) in seinen Vorsatz aufgenommen. Zur Verdeutlichung dient folgender Fall 5:

X will Y töten, um ihm seine Geldbörse ungestört entwenden zu können. Dazu sticht er ihm mit einem Messer in die Brust. Y stirbt an Ort und Stelle. Als sich plötzlich Passanten nähern, ergreift X die Flucht, ohne dass er die Geldbörse an sich nehmen konnte.

Seit dem 6. Gesetz zur Reform des Strafrechts von 1998 birgt diese Konstellation keine besonderen Schwierigkeiten mehr. Durch Aufnahme der Formulierung „wenigstens leichtfertig" (statt zuvor nur „leichtfertig") hat der Gesetzgeber klargestellt, dass auch die vorsätzliche Herbeiführung des Todes von § 251 umfasst ist. Das war bis dahin umstritten.[50]

Im Fall 5 ist der Raub mit Todesfolge nicht vollendet, da es zur Wegnahme nicht gekommen ist, und X hat sich i.S.v. § 22 vorgestellt, § 251 zu verwirklichen. Er handelte mithin vorsätzlich mit Blick auf alle Tatbestandsmerkmale. Darüber hinaus hat er zur Tatbestandsverwirklichung angesetzt (Y ist sogar schon tot). Folglich hat er einen Versuch nach §§ 251, 22 begangen.

Auf Widerstand stößt die Versuchsbejahung nur dann, wenn etwa Y im Fall 5 nicht stirbt. In solchen Fällen lehnt *Bacher* den Versuch des § 251 ab. Er geht davon aus, dass „... die durch einen Erfolg qualifizierten Delikte ihrer Struktur und ihrem Wesen nach gerade durch den Eintritt dieses Erfolges gekennzeichnet [seien], die Konstruktion eines Versuchs ohne Eintritt eben dieses Erfolges ... nicht denkbar [sei] ..."[51] Indes: Wann ein Versuch vorliegt, das sagt § 22. Diese Norm lässt für *Bachers* Zweifel keinen Raum, denn wegen Versuchs wird gerade deshalb bestraft, weil ein Stück objektives Unrecht fehlt. Würde es nicht fehlen, könnte der Täter wegen des vollendeten Delikts be-

---

[49] Der Streit, ob zur Annahme einer Versuchsstrafbarkeit der Erfolgsqualifikation der jeweilige Grundtatbestand strafbar sein muss, kann hier dahinstehen, da der Versuch des § 249 strafbar ist gemäß §§ 249 I, 23 I, 12 I. Vgl. zum Streit *Cramer/Sternberg-Lieben*, in: Schönke/Schröder, § 18 Rn. 9; *Hardtung*, Versuch und Rücktritt, 250 ff.; *Küper*, JZ 1997, 229 (233 in Fn. 27); *Rengier*, Erfolgsqualifizierte Delikte, 245; *Stree*, GA 1960, 289 (294).

[50] *Hörnle*, JURA 1998, 169 (174).

[51] *Bacher*, Versuch beim erfolgsqualifizierten Delikt, 289.

straft werden. Nach *Bachers* Ansicht wäre damit „... der Versuch eines jeden Erfolgsdeliktes straflos!“[52] Denn bei jedem Versuch fehlt das objektive Unrecht oder zumindest ein Teil dessen. *Bachers* Einwand kann folglich nicht überzeugen.

Es bleibt also festzuhalten, dass jedenfalls der Täter, der die schwere Folge mit in seinen Vorsatz aufgenommen hat, einen Versuch im Sinne der §§ 251, 22 begeht.

III. Der erfolgsqualifizierte Versuch

Schwieriger zu beurteilen ist der erfolgsqualifizierte Versuch. In dieser Konstellation hat der Täter bereits durch den Raubversuch leichtfertig die schwere Folge verursacht. Als Ausgangspunkt sei erneut auf Fall 1 verwiesen.[53] Die meisten erblicken darin einen Versuch des Raubes mit Todesfolge (§§ 251, 22).[54] Diese Ansicht (sog. Versuchslösung), kommt wegen der verwirklichten schweren Folge (Tod des Opfers) zu dem hohen Strafrahmen des § 251, mit einer Milderungsmöglichkeit gemäß § 23 II. Andere gehen für Fall 1 lediglich von einem versuchten Raub aus (§§ 249, 22).[55] Da die schwere Folge (Tod des Opfers) jedoch eingetreten ist, soll der Strafrahmen gemäß § 23 II aus § 251 entnommen werden (sog. Strafschärfungslösung).[56] Auch dabei besteht die Möglichkeit der Strafrahmenmilderung (§ 23 II). Im Ergebnis ergäbe sich für A im Fall 1 daher eine Strafbarkeit aus §§ 249, 22, 251.[57]

Begründet wird die Strafschärfungslösung und die Ablehnung der Versuchslösung im Wesentlichen damit, dass der Täter bei Tatbegehung nicht die Vorstellung hatte, das Opfer zu töten. Für einen Versuch gemäß § 22 – so der Haupteinwand – sei aber die Vorstellung mit Blick auf alle objektiven Tatbestandsmerkmale unbedingt erforderlich. Folglich könne man im Fall 1 nicht von einem Versuch des § 251

---

52 *Hardtung*, Versuch und Rücktritt, 214.

53 Siehe Seite 123.

54 BGHSt 42, 158; *Bacher*, Versuch beim erfolgsqualifizierten Delikt, 301; *Hirsch*, FS-Oehler, 111 (129 mit Fn. 57); *Jakobs*, AT, 25/26; *Joecks*, in: StK-StGB, § 18 Rn. 6; *Küper*, JZ 1997, 229; *Tröndle/Fischer*, § 18 Rn. 4; *Wessels/Beulke*, AT, § 14 Rn. 617 etc.

55 *Hardtung*, Versuch und Rücktritt, 35 ff. sowie MüKo-StGB, § 18 Rn. 75 ff.; *Herzberg*, in: MüKo-StGB, § 23 Rn. 8 f.

56 Problematisch ist an dieser Stelle bereits, ob man über § 23 II *tatsächlich* zum Strafrahmen des § 251 gelangen kann. Dies soll hier aber unberücksichtigt bleiben.

57 Die Anhänger der Strafschärfungslösung nennen diese Versuchskonstellation „folgenschwerer Versuch“, *Hardtung*, Versuch und Rücktritt, 15 f.

sprechen.[58] Die Versuchslösung sei daher wegen Art. 103 II GG, § 1 abzulehnen mangels gesetzlicher Bestimmtheit.[59] Für die Annahme eines Versuchs des § 251 sei in dieser Fallkonstellation vielmehr folgende Rechtsregel nötig: „Eine Straftat im Sinne des § 11 II versucht auch, wer zur Verwirklichung des Vorsatzteils nach seiner Vorstellung von der Tat unmittelbar ansetzt und dadurch den Fahrlässigkeitsteil verwirklicht."[60]

Tatsächlich muss der Vorsatz jedoch keineswegs immer alle objektiven Tatbestandsmerkmale umfassen. Bestimmte objektive Unrechtsmerkmale müssen generell nicht vom Vorsatz umfasst sein, etwa die objektiven Bedingungen der Strafbarkeit.[61] Dennoch ist ein Versuch konstruierbar, etwa bei § 283. Gemäß §§ 283 III, 22 muss sich dabei die Vorstellung des Täters nicht auf alle objektiven Unrechtsmerkmale beziehen, nämlich nicht auf die objektive Bedingung der Strafbarkeit gemäß § 283 VI.[62] Dagegen könnte man einwenden, dass dies für einen Versuch des § 251 nichts besage, denn die objektive Bedingung der Strafbarkeit gemäß § 283 VI ist erkennbar nicht Vorsatzgegenstand für den Versuch nach §§ 283 III, 22, da sie „abgerückt" von der eigentlichen Tathandlung, vom Vorsatzteil zu finden ist (§ 283 VI). Ähnlich liegen die Dinge jedoch auch bei § 251. Ausdrücklich genügt darin leichtfertiges Handeln. Es ist also ebenso zu erkennen, dass der Vorsatz bezüglich der schweren Folge nicht nötig ist.[63] Die Strafschärfungslösung würde somit zu Spannungen zwischen den Anforderungen an ein vollendetes erfolgsqualifiziertes Delikt im Vergleich zu den Anforderungen an den bloßen Versuch führen. Während für den vollendeten § 251 bloße Leichtfertigkeit genügt, wäre für den Versuch des § 251 gemäß § 22 die Vorstellung der Tatbestandsverwirklichung, d.h. der Vorsatz erforderlich. Das ist nicht sachgemäß: In subjektiver Hinsicht können beim Versuch keine höheren Anforderungen gelten als

---

[58] Im Ergebnis existiert der „erfolgsqualifizierte Versuch" für die Anhänger der Strafschärfungslösung somit nicht. Es liegt alternativ der Versuch des § 251 vor (d.h. der Täter hatte auch die Vorstellung sein Opfer zu töten), oder aber nur ein Grunddeliktsversuch (§§ 249, 22), dessen Strafrahmen aber wegen der eingetretenen schweren Folge dem § 251 entnommen wird.

[59] *Hardtung*, Versuch und Rücktritt, 33 ff. sowie MüKo-StGB, § 18 Rn. 74.

[60] *Hardtung*, in: MüKo-StGB, § 18 Rn. 74.

[61] *Schlehofer*, Vorsatz und Tatabweichung, 101; *Wessels/Beulke*, AT, § 5 Rn. 149; *Satzger*, NStZ 1998, 112 (116).

[62] *Lackner/Kühl*, § 283 Rn. 26.

[63] Ebenso *Glaeser*, Kritische Betrachtung, 38 f.; *Wolters*, GA 2007, 65 (71).

bei der Vollendung.[64] Die gesetzliche Unbestimmtheit kann der Versuchslösung somit nicht entgegengehalten werden. Einer zusätzlichen Rechtsregel bedarf es insoweit nicht. Der Versuchslösung ist damit zu folgen, denn sie entspricht strukturell genau der Lösung, wie sie für Vorschriften mit einer objektiven Bedingung der Strafbarkeit unumstritten ist.[65] Im Fall 1 wäre A strafbar nach §§ 251, 22.

D. Rücktritt vom Versuch

Erneut muss zwischen den beiden bereits dargestellten Konstellationen unterschieden werden: dem Versuch der Erfolgsqualifikation und dem erfolgsqualifizierten Versuch.

I. Rücktritt vom Versuch der Erfolgsqualifikation (§ 251)

Der Rücktritt vom Versuch des § 251 wirft keine Probleme auf, wenn der Täter den Tod des Opfers mit in seinen Vorsatz aufgenommen hat und der Tod noch nicht eingetreten ist. Dann ist der Rücktritt nach allgemeinen Regeln möglich (§ 24). Tritt der Täter vom nur versuchten Raub zurück, erhält er nicht nur Straffreiheit mit Blick auf den Versuch des § 249, sondern auch mit Blick auf den Versuch des § 251. Hat der Täter hingegen den Raub bereits vollendet, kommt ein Rücktritt insoweit nicht mehr in Betracht. Dennoch kann der Täter Straffreiheit vom Versuch des § 251 erlangen. Er muss dazu die Vollendung der besonderen Todesfolge im Sinne von § 24 I 1 Alt. 2 verhindern.[66]

Schließlich bleibt die Möglichkeit, dass der Tod des Opfers eintritt, ohne dass es zur Vollendung des Raubes gekommen ist. Dabei stellt sich die Frage, ob ein strafbefreiender Rücktritt überhaupt noch möglich ist. Diese Frage stellt sich ebenso beim erfolgsqualifizierten Versuch (sogleich unter II.). Daher kann an dieser Stelle auf die folgenden Ausführungen verwiesen werden.

---

[64] *Bacher*, Versuch beim erfolgsqualifizierten Delikt, 109; *Roxin*, AT II, § 29 Rn. 327; *Ulsenheimer*, GA 1966, 257 (266).

[65] Genauer soll auf das Für und Wider der beiden vorgestellten Lösungen nicht eingegangen werden, da sie im Ergebnis vergleichbar sind: Beide Ansätze nehmen einen Versuch an und gelangen zu dem Strafrahmen des § 251, vgl. dazu *Kühl*, FS-Gössel, 191 (201); *Cramer/Sternberg-Lieben*, in: Schönke/Schröder, § 18 Rn. 8; für die Rücktrittsfälle kommen sie zum selben Ergebnis, dazu unten S. 140 ff., insb. Fn. 75.

[66] Vgl. *Kühl*, JURA 2003, 19 (22); *Rudolphi*, in: SK-StGB, § 18 Rn. 8a; *Schroeder*, in: LK-StGB, § 18 Rn. 42; *Ulsenheimer*, in: FS-Bockelmann, 405 (417 f.).

II. Rücktritt vom erfolgsqualifizierten Versuch

Die Frage nach dem Rücktritt vom erfolgsqualifizierten Versuch ist umstritten. Der BGH kommt in seiner Entscheidung vom 14.5.1996[67] zu dem Ergebnis, dass der strafbefreiende Rücktritt auch dann noch möglich ist, wenn die schwere Folge bereits eingetreten ist.[68] Die Begründung ist jedoch eher eine verfassungsrechtliche, da das Ergebnis im Wesentlichen damit gerechtfertigt wird, dass die Versagung des Rücktritts einen Verstoß gegen das Gesetzlichkeitsprinzip i.S.v. Art. 103 II GG, § 1 darstelle.[69] Eine Auslegung des entscheidenden § 251 oder die Prüfung des § 24 findet sich in der Entscheidung nicht. Daher muss untersucht werden, ob mittels Auslegung und Prüfung des § 24 das gleiche Ergebnis erzielt werden kann. „Erst wenn die ‚Sachfrage' eine Lösung erfordert, die mit dem Imperativ des Art. 103 Abs. 2 GG kollidieren könnte, sollte – nach genauer Wortsinnanalyse – auf das Analogieverbot zurückgegriffen werden."[70] Ob der Täter die weitere Ausführung der Tat aufgegeben hat oder ob er die Vollendung der Tat verhindert hat, erschließt sich erst aus der strafrechtlichen Dogmatik,[71] in diesem Fall nämlich aus der Auslegung des § 251. Eines Rückgriffs auf das Gesetzlichkeitsprinzip bedarf es dann nicht.

1. Aufgeben der Tat/Verhinderung der Vollendung i.S.v. § 24 I 1

Ausgangspunkt der meisten Überlegungen ist die Frage nach dem Tatbegriff i.S.d. § 24.[72] Einerseits wird dabei angenommen, dass die „Tat" i.S.v. § 24 nur den Grundtatbestand umfasst und der Täter durch Aufgabe der Wegnahme gleichzeitig die Vollendung des Tatbestandes abwenden kann.[73] Insoweit sei der Täter also vom Raubversuch zurückgetreten. Wenn aber die Strafbarkeit des Grunddeliktsversuchs entfällt, dann entfalle auch automatisch die Strafbarkeit aus dem er-

---

[67] BGHSt 42, 158 ff.

[68] Ebenso *Eser*, in: Schönke/Schröder, § 24 Rn. 26; *Lackner/Kühl*, § 24 Rn. 22; *Otto*, JURA, 1997, 464 (476); *Kühl*, JURA 2003, 19 (22 f.); *Küper*, JZ 1997, 229 (232 f.); *Schroeder*, in: LK-StGB, § 18 Rn. 42.

[69] BGHSt 42, 158 (160 f.).

[70] *Küper*, JZ 1997, 229 (231).

[71] *Anders*, GA 2000, 64 (66 f.); vgl. auch *Wolters*, GA 2007, 65 (74).

[72] BGHSt 42, 158 (160 f.); *Anders*, GA 2000, 64 (74 f.); *Kostuch*, Versuch und Rücktritt, 113; *Kühl*, JURA 2003, 19 (23); *Otto*, JURA 1997, 464 (476); *Rengier*, BT I, § 9 Rn. 17; *Rudolphi*, in: SK-StGB, § 18 Rn. 8a; *Sander*, in: MüKo-StGB, § 251 Rn. 15; *Wessels/Hillenkamp*, BT II, § 8 Rn. 358.

[73] BGHSt 42, 158 (160); *Beineke*, JuS 1997, 1151; *Kudlich*, JuS 1999, 349 (355).

folgsqualifizierten Versuch, da sozusagen das Fundament, das „untere Stockwerk“[74] für die Strafbarkeit aus einem erfolgsqualifizierten Delikt wegbreche (sog. grunddeliktische Versuchsakzessorietät).[75] Andererseits wird vertreten, dass die „Tat“ das gesamte Delikt (§ 251) umfasst.[76] Daher ließe „... sich die Ausführung der Tat nicht mehr aufgeben, soweit deren qualifizierender Erfolg bereits eingetreten ist.“[77] Begründet wird dieses Ergebnis damit, dass mit Eintritt der schweren Folge die Tat „... bereits im wesentlichen ‚ausgeführt‘ oder ‚vollendet‘ sei und deshalb ein ‚Aufgeben‘ der ‚weiteren Tatausführung‘ nicht mehr in Betracht komme.“[78] Ähnlich argumentiert *Ulsenheimer*, der zwischen materieller und formeller Vollendung differenziert: Das „... für die *Erfolgsqualifikation wesentliche Teilstück* des Tatbestandes ist mit der Vornahme der tatbestandsmäßigen Handlung bzw. desjenigen Teilaktes, von dem die besondere Gefährdung ausgeht, und deren Manifestation in Gestalt der schweren Folge bereits vollständig abgeschlossen, *also vollendet*, so daß *insoweit* ein Rücktritt vom ‚Versuch‘ begrifflich ausscheiden muß. Gesetzestechnisch ... sind zwar noch nicht *alle* zur Vollendung des ‚Gesamt-Tatbestandes‘ gehörenden Merkmale erfüllt, so daß – *formal* gesehen – ein *Versuchs*fall vorliegt, doch *materiell* ... steckt in diesem Versuch bereits ein ‚vollendetes‘ Delikt ...“[79] Zum gleichen Ergebnis kommt *Jäger*, der davon ausgeht, dass der Rücktritt Gefährdungsumkehr bedeute.[80] Aus diesem Grund sei ein Rücktritt in den Fällen nicht mehr möglich, in denen sich „... die rechtsgutsgefährdenden Wirkungen ... bereits in einem objektiven Erfolg verwirklicht haben ...“[81] Diese Ansätze tragen dem Umstand Rechnung, dass die Zubilligung des Rücktritts vielfach als unbefrie-

---

[74] *Küper*, JZ 1997, 229 (232).

[75] Zum gleichen Ergebnis, jedoch mit einem anderen Begründungsansatz gelangen die Anhänger der hier abgelehnten Strafschärfungslösung. Durch den Verzicht auf die Wegnahme entfällt der lediglich vorliegende Grunddeliktsversuch. Mangels „schärfbaren“ Versuchs kann dann auch nicht über § 23 II auf den Strafrahmen des § 251 verwiesen werden. Vgl. *Hardtung*, Versuch und Rücktritt, 278.

[76] *Jäger*, NStZ 1998, 161 (163); *Roxin*, AT II, § 30 Rn. 290 sowie Höchstrichterliche Entscheidungen, 199 f.

[77] *Roxin*, AT II, § 30 Rn. 290.

[78] *Küper*, JZ 1997, 229 (232).

[79] *Ulsenheimer*, in: FS-Bockelmann, 405 (414 f.) – Hervorhebungen im Original; im Ergebnis ähnlich *Glaeser*, Kritische Betrachtung, 38 f.

[80] *Jäger*, NStZ 1998, 161 (162) sowie der Rücktritt vom Versuch, 62 ff.; diesem Ansatz zustimmend *Scheinfeld*, Der Tatbegriff des § 24 StGB, 15.

[81] *Jäger*, NStZ, 1998 161 (162).

digendes Ergebnis angesehen wird,[82] denn immerhin ist ein Mensch zu Tode gekommen und „irgendwie" ist ja gerade das eingetreten, was auf den ersten Blick in § 251 unter Strafe gestellt ist.[83]

Konsequent angewandt, müsste man dann aber in einer Vielzahl von weiteren Fällen ebenso den Rücktritt verwehren. *Hardtung* findet zur Verdeutlichung dieses Dilemmas erhellende Beispiele: „A versucht … einen Raub mit Waffen; er hält dem B … zur Drohung die Pistole vor (§§ 250 II Nr. 1, 22); dann hat er Einsehen und geht unverrichteter Dinge. Soll A etwa nicht zurückgetreten sein, weil er den straferhöhenden Umstand (vorsätzliche Verwendung einer Waffe) schon voll verwirklicht hat?" und: „Wir würden doch auch beim Versuch eines einfachen Raubes, bei dem der Täter das Opfer schwer verprügelt und dann freiwillig von der Wegnahme Abstand nimmt, nicht behaupten, der Täter habe das ‚für die Qualifikation wesentliche Teilstück' der Gewalt gegen eine Person bereits vollendet, so dass … ein Rücktritt vom Versuch … ausscheiden müsse."[84] In diesen beiden Fällen liegt es in der Sache wie bei § 251. Der straferhöhende Umstand,[85] also das, was auf den ersten Blick in der jeweiligen Norm (im Vergleich zum Grundtatbestand) gerade unter Strafe gestellt ist, ist bereits „verwirklicht". Lehnt man aus den oben genannten Gründen den Rücktritt bei §§ 251, 22 ab, dann müsste man es konsequenterweise auch bei den oben dargestellten Beispielen tun. Das würde jedoch die Rücktrittsmöglichkeit enorm einschränken, da von bestimmten Delikten ein Rücktritt per definitionem unmöglich wäre. Dieses Vorgehen ist nicht sachgemäß und würde das Rücktrittsprivileg des § 24 nahezu ad absurdum führen. Weil das aber zu Recht niemand erwägt, muss man in umgekehrter Richtung konsequent sein und in allen genannten Konstellationen den Rücktritt anerkennen.

Das schlichte Rechtsgefühl kann also kaum ausschlaggebend sein für die Anerkennung oder die Versagung des Rücktritts. Vielmehr kann nur entscheidend sein, wie weit das Gesetz den Rücktritt gewährt.

---

[82] *Anders*, GA 2000, 64 (72); *Lackner/Kühl*, § 24 Rn. 22; *Radbruch*, VDA II, 236; *Roxin*, Höchstrichterliche Rechtsprechung, 200; *Schneider*, JZ 1956, 750 (751); *Widmann*, Der Versuch eines erfolgsqualifizierten Delikts, 33.

[83] Vgl. *Roxin*, AT II, § 30 Rn. 288 ff. sowie Höchstrichterliche Rechtsprechung, 199 f.; *Ulsenheimer*, in: FS-Bockelmann, 413 ff.

[84] *Hardtung*, Versuch und Rücktritt, 259; ebenso *Kostuch*, Versuch und Rücktritt, 104 f.; *Küper*, JZ 1997, 229 (232 f.).

[85] Dabei handelt es sich um den Tod bei § 251, die Verwendung der Waffe bei § 250 und die Gewalt gegen eine Person bei § 249.

Bereits in Teil B[86] wurde festgestellt, dass alle Tatbestandsmerkmale des § 249 über einen Verweis in § 251 zu zwingenden Tatbestandsmerkmalen des § 251 werden. Nun ist es beim Rücktritt vom Versuch des § 251 wie bei allen anderen Delikten: Solange der Tatbestand noch nicht vollständig erfüllt ist, kann sich der Täter nur im Versuchsstadium befinden. So ist es auch in den fraglichen Konstellationen des erfolgsqualifizierten Versuchs, bei dem es zur Vollendung des § 251 noch der Wegnahme bedarf. Verzichtet der Täter freiwillig auf die Wegnahme, die ja Tatbestandsmerkmal des § 251 ist, gibt der Täter die weitere Tatausführung auf. Zur Vollendung des § 251 kommt es nicht mehr. Folglich muss dem Täter der Rücktritt nicht nur von §§ 249, 22, sondern auch von §§ 251, 22 zugebilligt werden. Bereits *Radbruch* kam zu diesem Ergebnis und nannte diesen Schluss einen „unvermeidlichen"[87]. „Denn dem Gesetz (§ 24) geht es immer um einen Rücktritt vom kompletten Straftatbestand, nicht um den Rücktritt von einem Tatbestandsmerkmal. Deshalb kann der Täter, wenn er nur auf den letzten Unrechtsakt verzichtet, zurücktreten, und zwar auch ‚insoweit' er den Tatbestand bereits verwirklicht hat."[88] Genau das ist auch *Jäger* entgegenzuhalten. Zwar kann der Rücktritt durchaus i.S. einer Gefährdungsumkehr verstanden werden. Jedoch muss der Täter nur die Gefahr der Tatbestandsverwirklichung umkehren, d.h. die Vollendungsgefahr abwenden. Die Vollendung des § 251 hat der Täter aber verhindert, wenn er auf die Wegnahme verzichtet, denn sie ist Tatbestandsmerkmal des § 251.

In Wahrheit kommt es also auf den Streit, ob die „Tat" i.S.v. § 24 die in § 249 oder die in § 251 beschriebene ist, gar nicht an! Wenn die Tatbestandsmerkmale des § 249 zu solchen des § 251 werden, dann kann es kein anderes Ergebnis geben: Jedenfalls hat der Täter die weitere Ausführung der Tat des § 249 aufgegeben und ist insoweit zurückgetreten (das ist unstreitig). Darüber hinaus hat er aber auch die weitere Ausführung der Tat des § 251 aufgegeben, denn alle Tatbestandsmerkmale des § 249 sind solche des § 251; das gilt auch für die Wegnahme. Nach beiden Ansichten ist ein Rücktritt somit zu bejahen.

Damit wird auch deutlich, dass grundsätzlich nur zwei Ansichten in sich schlüssig sind. Ausgangspunkt der Überlegungen muss stets die Frage danach sein, wie das Wort „Raub" i.S.v. § 251 interpretiert wird. Entweder man geht davon aus, dass bereits der versuchte Raub ein

---

86 Siehe S. 134.

87 *Radbruch*, VDA II, 252. Er fordert einen Zusatz zum Rücktrittsparagrafen, der den Rücktritt in den Fällen des erfolgsqualifizierten Versuchs ausschließt.

88 *Hardtung*, Versuch und Rücktritt, 259.

„Raub" i.S.v. § 251 ist und kommt zu dem Ergebnis, dass § 251 in den fraglichen Konstellationen bereits vollendet ist (Vollendungslösung), oder man fordert die Vollendung des § 249 als zwingendes Erfordernis für die Vollendungsstrafbarkeit des § 251. Dann muss aber auch der Rücktritt anerkannt werden, weil dann nun einmal die Tatbestandsmerkmale des § 249 solche des § 251 sind und der Täter die weitere Ausführung der Tat aufgegeben hat, sofern er auf die Verwirklichung eines Merkmals verzichtet (sei es auch nur auf die Wegnahme). Für einen Mittelweg bleibt hingegen kein Raum.[89]

Betrachtet man dahingehend die Ausführungen von *Roxin* und *Ulsenheimer*, drängt sich der Schluss auf, dass auch sie zur Vollendungslösung neigen, wenn sie von „materieller Vollendung"[90] und dem „im wesentlichen ausgeführten Delikt"[91] sprechen. Den konsequenten Schritt zur Vollendungslösung wagt indes keiner von beiden. Insoweit sei eine Lanze für die Anhänger der Vollendungslösung gebrochen, da sie wesentlich stringenter argumentieren. Drängt das Rechtsgefühl also so stark gegen die Strafaufhebung des § 24, bliebe de lege lata nichts anderes als der Vollendungslösung zu folgen. Allerdings muss man sich dann auch darüber im Klaren sein, dass insoweit keine Strafrahmenmilderung mehr in Betracht kommt.

Nach dem hier gefundenen Ergebnis (unter B.) tritt der Täter stets auch vom erfolgsqualifizierten Versuch zurück, wenn er freiwillig die weitere Ausführung der Tat aufgibt.[92]

Jäger meint, in diesem Ergebnis Wertungswidersprüche zu entdecken. Deutlich zu machen versucht er dies mit Blick auf einen Totschlagsversuch (§§ 212, 22). Er sagt, dass der Rücktritt vom Totschlagsversuch nach h.M. dem Täter auch nichts nützt, wenn der Erfolg, also der Tod des Opfers, später noch eintritt. Nichts anderes könne beim Raub mit Todesfolge gelten, weil sich auch bei § 251 die rechtsgutsgefährdende Wirkung des Versuchs in einem objektiven Erfolg (nämlich dem Tod des Opfers) verwirklicht habe.[93] In seinem Beispiel ist jedoch der gesamte tatbestandliche Erfolg nachträglich noch eingetreten. Der Totschlag (§ 212) ist also vollendet. In den fraglichen Konstellationen

---

89 Im Ergebnis ebenso *Küper*, JZ 1997, 229 (233); er nennt die rücktrittsfeindliche Lösung einen „halbherzigen Kompromiss"; auch *Wolters*, GA 2007, 65 (68 f.).

90 *Ulsenheimer*, in: FS-Bockelmann, 405 (415).

91 *Roxin*, AT II, § 30 Rn. 290 sowie Höchstrichterliche Rechtsprechung, 199 f.

92 Im Ergebnis ebenso BGHSt 42, 158 ff.; *Radbruch*, VDA II, 252.

93 *Jäger*, NStZ 1998, 161 (162 ff.) sowie Der Rücktritt vom Versuch, 62 ff.; im Ergebnis ähnlich *Wolter*, JuS 1981, 168 (170).

des erfolgsqualifizierten Versuchs, tritt aber gerade nicht der gesamte tatbestandliche Erfolg ein, denn dieser setzt sich zusammen aus der Wegnahme, dem gewaltsamen Nötigungsmittel und dem Tod des Opfers. Stirbt das Opfer, kommt es somit lediglich zu einem zusätzlichen Erfolg. Dieser kann aber keine Auswirkungen auf den Rücktritt haben, denn durch den Verzicht auf die Wegnahme verhindert der Täter, dass § 251 insgesamt vollendet wird (s.o.), unabhängig davon, ob das Opfer tot ist oder nicht.

Der Vergleich offenbart, dass keine Wertungswidersprüche vorliegen, es bleibt also bei dem soeben gefundenen Ergebnis. Verzichtet der Täter auf die Wegnahme, verhindert er gleichzeitig die Vollendung des § 251, da die Wegnahme zwingender Bestandteil des § 251 ist.[94]

2. Freiwilligkeit[95]

Bei der Frage, ob der Täter strafbefreiend vom erfolgsqualifizierten Versuch zurückgetreten ist, bleibt ein weiteres Regulativ, das Kriterium der Freiwilligkeit i.S.d § 24. Allerdings wird es in den hier besprochenen Fallkonstellationen teilweise anders gedeutet als beim „normalen" Rücktritt. So differenziert *Schneider* nach dem Zeitpunkt des Todeseintritts des Opfers: Nimmt der Täter nach Eintritt des Todes Abstand von der Wegnahme, komme ein Rücktritt mangels Freiwilligkeit nicht mehr in Betracht, da der Täter „... an der Ausführung der Tat durch Umstände gehindert [war], die von seinem Willen unabhängig [seien]."[96] *Bacher* geht sogar noch einen Schritt weiter und differenziert nicht nach dem Zeitpunkt des Todeseintritts, sondern sieht generelle Schwierigkeiten in Bezug auf das Kriterium der Freiwilligkeit: „Im Ergebnis [sei es] nicht zuletzt aus Gründen der Rechtssicherheit und Rechtsklarheit ... wenig ratsam, die für das Strafmaß so entscheidende Frage, ob der Täter trotz Eintritts der schweren Folge mit strafbefreiender Wirkung zurückgetreten ist oder nicht, allein vom Begriff der Freiwilligkeit abhängig zu machen."[97] Daher sollte dem Täter der Rücktritt in den fraglichen Fallkonstellationen generell versagt bleiben. Dagegen spricht jedoch, dass es nun einmal in der Natur der Sache liegt, dass der Rücktritt letztlich „nur" von der Freiwilligkeit abhängt, nämlich dann, wenn alle anderen Voraussetzungen des § 24 vorliegen.

---

94 Vgl. dazu auch *Hardtung*, Versuch und Rücktritt, 258.

95 Der Streit, ob das Freiwilligkeitskriterium im Wege einer psychologisierenden oder aber einer normativen Betrachtungsweise zu verstehen ist, soll hier außen vor bleiben, statt aller *Roxin*, AT II, § 30 Rn. 354 ff.

96 *Schneider*, JZ 1956, 750 (751); im Ergebnis auch *Sonnen*, JA 1997, 184 (185).

97 *Bacher*, Versuch beim erfolgsqualifizierten Delikt, 242.

Letztlich hängt somit *jeder* Rücktritt (gleichviel von welchem Delikt), von der Freiwilligkeit ab! Auch ist es keine gute Methode, Schwierigkeiten, die ein Merkmal aufwirft, zum Anlass zu nehmen, die klar erfüllten anderen Normvoraussetzungen zu negieren.

Bacher stellt weiterhin heraus, dass nie sicher festzustellen sei, welche „... inneren Vorgänge die Entscheidung des Täters ausgelöst haben und ob diese Beweggründe noch Raum für eine freie Willensentschließung ließen ..." Diese Frage könne „... nicht einmal von einem bei der Tat anwesenden Menschen eingeschätzt werden, geschweige denn vom Richter im Rahmen einer rückblickenden Bewertung."[98] Auch deshalb sei der Rücktritt generell abzulehnen. Will *Bacher* also den Rücktritt aus Gründen der Rechtssicherheit *insgesamt* abschaffen, weil ihm das Kriterium der Freiwilligkeit zu unklar ist? Konsequenterweise müsste er den Rücktrittsparagrafen immer für unbefriedigend und daher für unanwendbar erklären, da sich die Frage nach der Freiwilligkeit nun einmal bei jeder Rücktrittsprüfung stellt. Dabei handelt es sich keineswegs um ein spezielles Problem des erfolgsqualifizierten Versuchs. Zu unterstreichen versucht *Bacher* sein Ergebnis mit scheinbaren Wertungswidersprüchen, die er in der Abhängigkeit des Rücktritts vom Freiwilligkeitskriterium erblickt. Er bildet zunächst folgenden Fall (hier der 6.):

R will der O die Handtasche entreißen. Als die Hilferufe der O einen Passanten P herbeieilen lassen, flüchtet R ohne Beute, um einer Festnahme zu entgehen. Und sodann die folgende Variante:

Im Grundfall hat R eine Pistole dabei, die er auf P richtet, damit dieser zurückweicht. Dabei löst sich ein Schuss, der P tötet. Damit hatte R nicht gerechnet. Daher flüchtet er ohne Beute.[99]

Bacher stellt zutreffend fest, dass R in der Variante zurückgetreten ist, im Grundfall hingegen nicht. Dieses Ergebnis ist für den Grundfall ein eindeutiges, für die Variante immerhin ein vertretbares. Mit diesen Ergebnissen versucht er herauszustellen, dass die rücktrittsfreundliche Lösung zu unbilligen Ergebnissen führe: „Überspitzt gesagt hat es R im Grundfall nach der rücktrittsfreundlichen Versuchslösung versäumt, den P nicht noch versehentlich zu töten, bevor er die Flucht ergriff."[100]

Vergleicht man beide Fälle miteinander, klingt das Gesagte zunächst überzeugend, da der Täter im Grundfall wegen eines Verbrechens (§§ 249, 22), in der Variante hingegen nur wegen eines Vergehens

---

[98] *Bacher*, Versuch beim erfolgsqualifizierten Delikt, 240.

[99] *Bacher*, Versuch beim erfolgsqualifizierten Delikt, 243.

[100] *Bacher*, Versuch beim erfolgsqualifizierten Delikt, 244.

(§ 222) bestraft würde, obwohl dabei das Opfer zu Tode gekommen ist. Genauer betrachtet ist sein Vergleich jedoch schief, weil der Täter des Ausgangsfalls „unfreiwillig" die Vollendung unterlässt. Unterließe er autonom, wäre er straflos, und die Variante erschiene angemessen erfasst von § 222. Was *Bacher* also in Wahrheit nur rügt, ist die täterfreundliche Rechtsfolge des § 24. Über sie kann man de lege ferenda streiten, de lege lata muss der Rechtsanwender sie akzeptieren. Tatsächlich ergeben sich also keine Wertungswidersprüche.[101]

Im Ergebnis bleibt somit festzuhalten: Das Freiwilligkeitskriterium ist im Gesetz (§ 24) vorgesehen. Folglich kann und muss der Rücktritt davon abhängig gemacht werden. Allein aufgrund seiner prinzipiellen Bedenken darf *Bacher* dem Täter nicht, contra legem, generell den Rücktritt verweigern. Ob der Täter freiwillig oder unfreiwillig handelte, ist (wie immer) eine Frage des Einzelfalls. Insoweit muss auch *Schneider* widersprochen werden, der eine generelle Unfreiwilligkeit im Falle des Todes des Opfers vor der Aufgabe der Wegnahme annimmt. Zwar mag manchmal wegen der inneren Zwangslage, die der Tod des Opfers beim Täter auslöst, die Freiwilligkeit zu verneinen sein.[102] Welche Beweggründe den Täter aber *tatsächlich* zur Aufgabe der Tat bewogen haben, kann nicht einheitlich an objektiven Gegebenheiten festgemacht werden.

3. Zwischenergebnis

Die Auslegung des § 251 sowie die Prüfung der Merkmale des § 24 I 1 ergeben damit, dass ein Rücktritt nach allgemeinen Regeln auch beim erfolgsqualifizierten Versuch möglich ist. Dies entspricht dem vom BGH gefundenen Ergebnis. Der zusätzliche Einwand des BGH, dass der Raub im Falle der Ablehnung des Rücktritts unzulässigerweise in ein Unternehmensdelikt umgewandelt werde, kann ergänzend angeführt werden. Denn würde „... man den Rücktritt beim erfolgsqualifizierten Delikt ablehnen, dann stünde [der] strukturell nur versuchte [Raub] bezüglich der Rücktrittsmöglichkeit tatsächlich dem vollendeten [Raub] gleich."[103]

[101] Vgl. dazu auch *Hardtung*, Versuch und Rücktritt, 258 ff.

[102] *Radbruch*, VDA II, 236.

[103] *Kostuch*, Versuch und Rücktritt, 99.

E. Ergebnis der Bearbeitung

Der Rücktritt vom Versuch der Erfolgsqualifikation (§ 251) ist nach allgemeinen Regeln möglich. Mit Blick auf den erfolgsqualifizierten Versuch hat die Auslegung des § 251 ergeben, dass mit „Raub" der vollendete gemeint ist und auch die Formulierung „durch den Raub" nicht bedeutet, dass ein bloßer Raubversuch genügt für die Annahme eines vollendeten § 251. Die Vollendungslösung ist somit abzulehnen. Davon ausgehend wurde klar, dass es de lege lata nur eine einzige Lösung mit Blick auf den Rücktritt vom Versuch geben kann: Verzichtet der Täter beim erfolgsqualifizierten Versuch freiwillig auf die Wegnahme, ist er strafbefreiend gemäß § 24 I 1 vom Versuch des § 251 zurückgetreten. Es kommt lediglich eine Strafbarkeit gemäß § 222 in Betracht. Daran kann auch das Gerechtigkeitsempfinden nichts ändern, das aufgrund der eingetretenen schweren Folge zur Nichtanwendung des § 24 drängen mag. Dem solcherart empfundenen Unbehagen kann nur der Gesetzgeber abhelfen, etwa durch eine Sonderregelung des Rücktritts.[104] Das geltende Recht führt zu dem hier gefundenen Ergebnis.

---

[104] *Kühl*, JURA 2003, 19 (23); *Radbruch*, VDA II, 252.

Kapitel 6: Formatierungsanleitung

In diesem Kapitel finden Sie eine Zusammenfassung der Empfehlungen zur Formatierung, kombiniert mit Hinweisen zur Umsetzung mit „MS Word“.

Ich weiß, es gibt neben dem Textverarbeitungsprogramm von Microsoft auch noch andere Programme, etwa das quelloffene Projekt OpenOffice.org oder LaTeX, die gegenüber „Word“ möglicherweise Vorzüge haben. Das Programm von Microsoft zählt indes zum De-facto-Standard, weshalb man mir verzeihen möge, dass ich die Darstellung (noch) auf „Word“ beschränke.

Bestandteil des Office-Pakets 2007 ist eine neue Word-Version, die der Version „Word 2003“ folgt. Die umgestaltete Benutzeroberfläche weist statt Menüs jetzt eine Multifunktionsleiste auf. Davon haben sich viele Benutzer verschrecken lassen. In meinen Augen gibt es dafür keinen Grund, denn die neue Version hat klare Vorteile. Im Folgenden gehe ich nicht zuletzt deshalb auch auf „Word 2007“ ein, wobei „Word 2003“ (noch) dominieren wird. Das erklärt sich auch daraus, weil viele Funktionen, Abläufe und Benutzeroberflächen „Word 2003“ entsprechen. Meist weicht lediglich der „Einstieg“ davon ab.

A. Grundeinstellungen bei Formatierungen

Literaturhinweise zur Vertiefung: *Müller, Norman*: Hausarbeiten mit Word, JURA 2000, S. 164 ff.; *Nicol, Natascha / Albrecht, Ralf*: Wissenschaftliche Arbeiten schreiben mit Word – Formvollendete und normgerechte Examens-, Diplom- und Doktorarbeiten, München 2004

Viele von Ihnen werden vermutlich auf das Textverarbeitungsprogramm „Word“ von Microsoft zurückgreifen, um eine schriftliche Arbeit zu erstellen. Im Großen und Ganzen hält das Programm eine Menge Vereinfachungen bereit. Davon zu profitieren, setzt allerdings die Kenntnis des Programms voraus.

Nun haben Sie während der Bearbeitungszeit anderes im Kopf, als sich ausführlich mit einem Textverarbeitungsprogramm auseinanderzusetzen. Mein Rat lautet deshalb: Beschäftigen Sie sich mit den notwendigen Funktionen, solange Sie auf deren Kenntnis nicht angewiesen sind. Weil das sowieso die meisten nicht beherzigen, habe ich für Sie auf den folgenden Seiten die wichtigsten Funktionen aufgelistet und versucht, deren Einsatz möglichst einfach zu erläutern. Nicht alles wird beim ersten Versuch gelingen. Experimentieren Sie einfach etwas. Vorher sollten Sie allerdings die aktuelle Version unter einem neuen Namen abspeichern (dazu → Rn. 59).

Damit Sie Formatierungen gezielt einsetzen können, ist es zunächst wichtig zu wissen, wie man die meisten von ihnen sichtbar macht. Sichtbar oder unsichtbar machen lassen sich Formatierungen mit dem Zeichen:

Zu finden ist es meist in den so genannten Kopfzeilen:

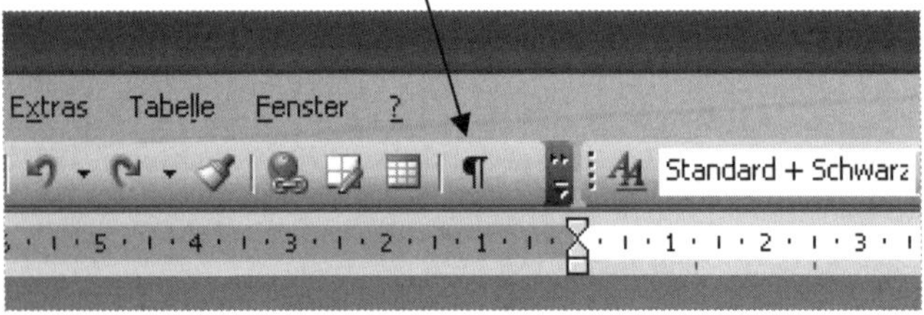

In der Version „Word 2007“ ist das Zeichen in der Kategorie „Start“ zu finden, und zwar hier:

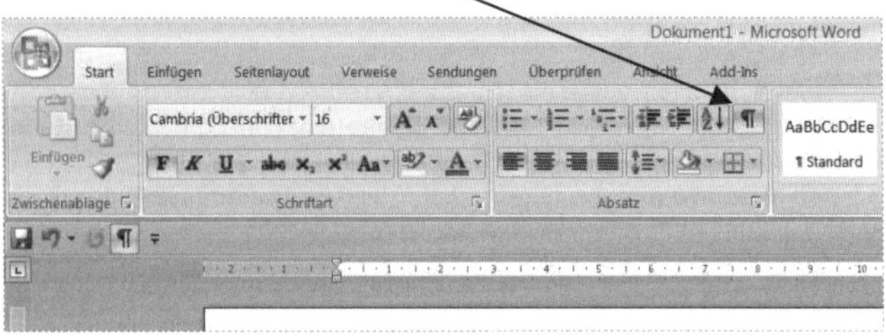

Falls dieses Zeichen nicht in den Kopfzeilen vorhanden ist (gilt nur für „Word 2003“), sollten Sie es dort einrichten. Dafür gehen Sie auf „Extras“, dort auf „Anpassen“. Im dann sichtbaren Fenster klicken Sie auf „Befehle“ und innerhalb des Feldes „Kategorien“ auf „Ansicht“. Sie sehen dann folgendes Fenster:

Auf der rechten Seite dieses Fensters sehen Sie den betreffenden Button. Klicken Sie ihn mit der linken Taste der Maus an, und ziehen Sie ihn – indem Sie die Taste gedrückt halten – an den von Ihnen gewünschten Platz innerhalb der Kopfzeilen. Erscheint dort ein schwarzer senkrechter Strich, können Sie die Maustaste loslassen.

Der Button ist nun eingefügt. Wenn Sie ihn aktivieren, sieht der Text mit sichtbaren Formatierungen so aus:

Hier·ein·paar·Beispiele·für·sichtbare·Formatierungen:¶
¶
Leerzeichen·sind·Punkte··········in·der·Mitte·der·Zeile,¶
¶
Tabulatoren· → → → Pfeile,¶
¶
einen·Absatz·erkennt·man·daran,·dass·das·„Formatierungs¬¶
zeichen“·am·Ende·der·Zeile·erscheint.¶
¶
So·sieht·ein·Abschnittswechsel·aus:¶
¶:::::::::::::::::::::::Abschnittswechsel (Nächste Seite):::::::::::::::::::::::

Derselbe Text sieht ohne sichtbare Formatierungen so aus:

Hier ein paar Beispiele für sichtbare Formatierungen:

Leerzeichen sind Punkte in der Mitte der Zeile,

Tabulatoren Pfeile,

einen Absatz erkennt man daran, dass das „Formatierungs zeichen" am Ende der Zeile erscheint.

So sieht ein Abschnittswechsel aus:

Hinweis: Selbst wenn die Formatierungszeichen sichtbar sind, bleiben sie auf einem Ausdruck unsichtbar. Sie müssen die Formatierungszeichen also vor dem Drucken nicht extra ausschalten. Bei aktivierten Formatierungszeichen kann es aber passieren, dass Sie auf dem Monitor Seitenumbrüche sehen, die nicht deckungsgleich sind mit dem Ausdruck. Denn die sonst unsichtbaren Zeichen nehmen sichtbar ja einen gewissen Platz ein, was zur Folge haben kann, dass sich etwas verschiebt. Vor dem Druck ist es deshalb besser, die Formatierungszeichen auszuschalten, damit Sie sicher sein können, dass exakt das gedruckt wird, was Sie auf dem Monitor sehen.

B. Seitenränder

I. Richtwerte

Seitenrand für Deckblatt, Sachverhalt, Gliederung, Literatur- und Abkürzungsverzeichnis: Oben: 2,0 cm, Unten: 2,5 cm, Links: 3,0 cm, Rechts: 2,0 cm.

Rand für den **Hauptteil** der Arbeit, d.h. bei der Hausarbeit das Gutachten: Oben: 2,0 cm, Unten: 2,5 cm, Links: 7,0 cm (oder ½-seitig = 10,5 cm), Rechts: 2,0 cm (oder 1,5 cm, wenn Sie links 10,5 cm verwenden).

II. Umsetzung mit „MS Word“

1. Version 2003

1. Schritt:

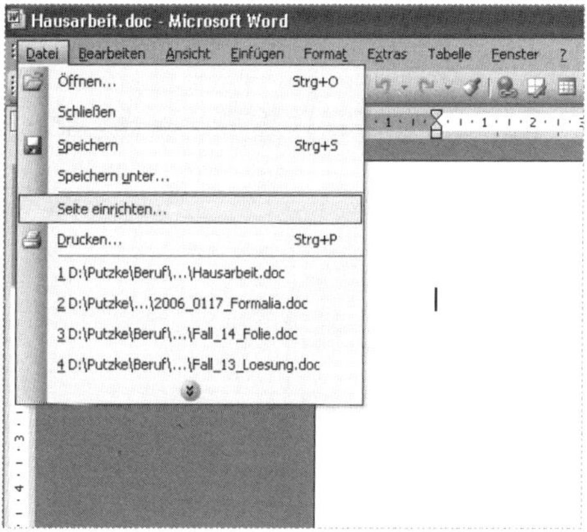

2. Schritt:

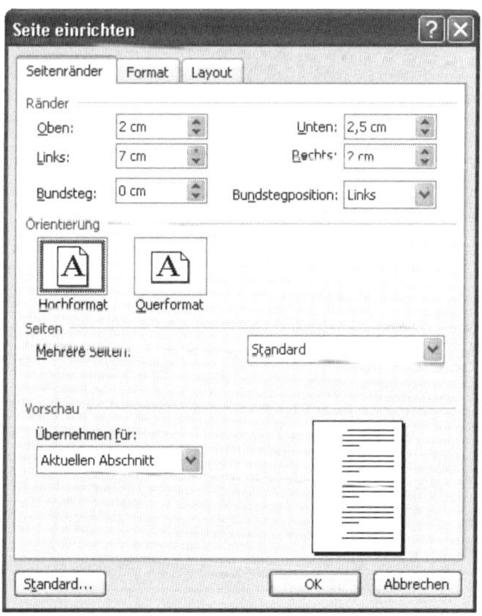

Problem: Wie lassen sich die unterschiedlichen Seitenränder bei Deckblatt, Sachverhalt, Gliederung etc. (links 3,0 cm) und dem Hauptteil der Arbeit (links entweder 7,0 oder 10,5 cm) innerhalb eines Dokuments einstellen? **Lösung:** Stellen Sie zunächst auf einer Seite den Rand für das Deckblatt etc. ein (Empfehlungen s.o.). Dann müssen Sie einen „Abschnittswechsel" einfügen. Vorgehen wie folgt:

1. Schritt:

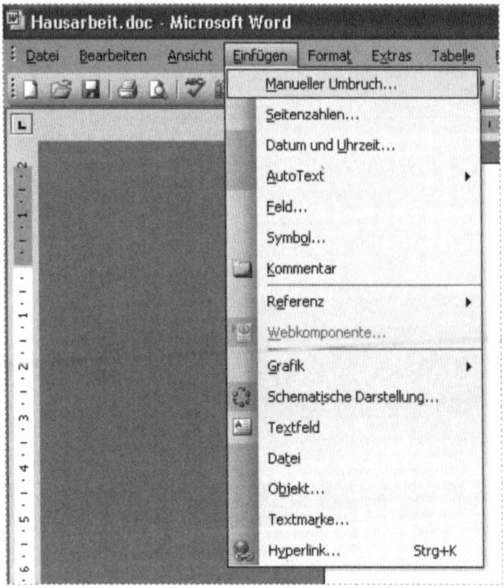

2. Schritt:

Bei sichtbaren Formatierungen sehen Sie dann etwa Folgendes:

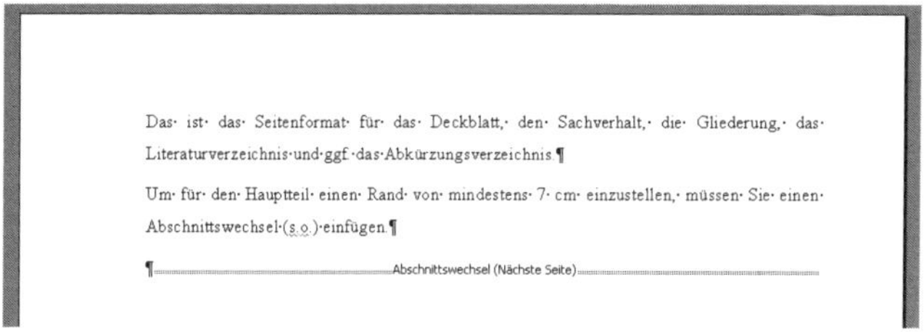

Sie haben jetzt vor dem Abschnittswechsel den ersten Abschnitt und danach – logischerweise – den zweiten. Nun gehen Sie mit dem Cursor in den zweiten Abschnitt und können auch dort die entsprechenden Seitenränder einrichten. Achten Sie jeweils unbedingt darauf, dass im Fenster „Seite einrichten" (→ S. 153) unter „Vorschau" im Feld „Übernehmen für" die Einstellung „Aktuellen Abschnitt" zu sehen ist. Andernfalls verändern Sie bei jeder Festlegung die Seitenränder im gesamten Dokument.

2. Version 2007

Um die Seitenränder einzustellen, müssen Sie zunächst die Kategorie „Seitenlayout" wählen. Dort finden Sie das Feld „Seitenränder", worauf Sie klicken müssen.

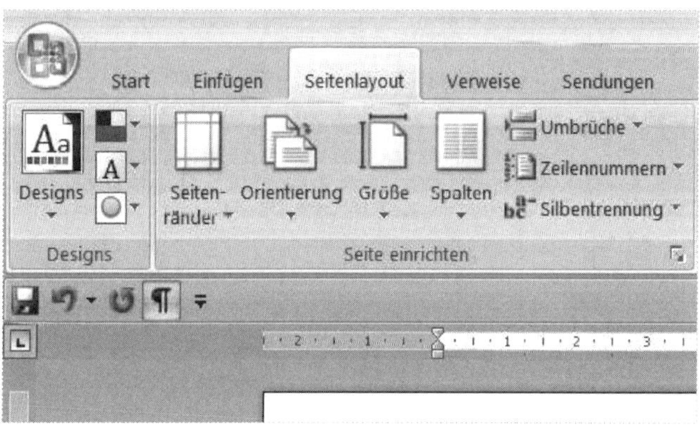

Es erscheint sodann ein Bild, woraus folgender Ausschnitt stammt:

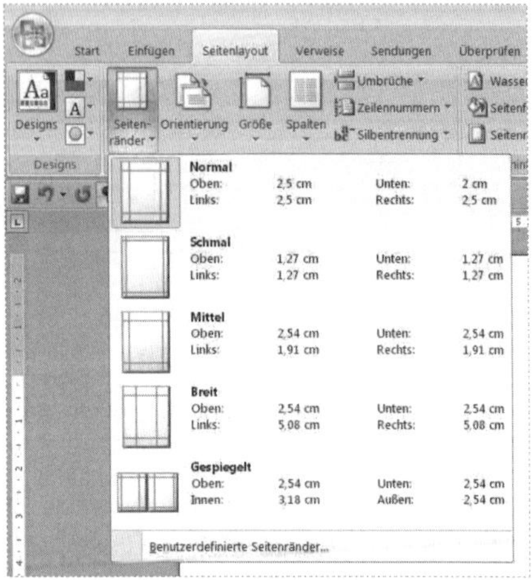

Um die von mir in diesem Buch vorgeschlagenen Seitenränder einzustellen, klicken Sie am unteren Ende des geöffneten Feldes auf „Benutzerdefinierte Seitenränder“. Es öffnet sich ein Fenster, das sich von dem auf S. 153 kaum unterscheidet.

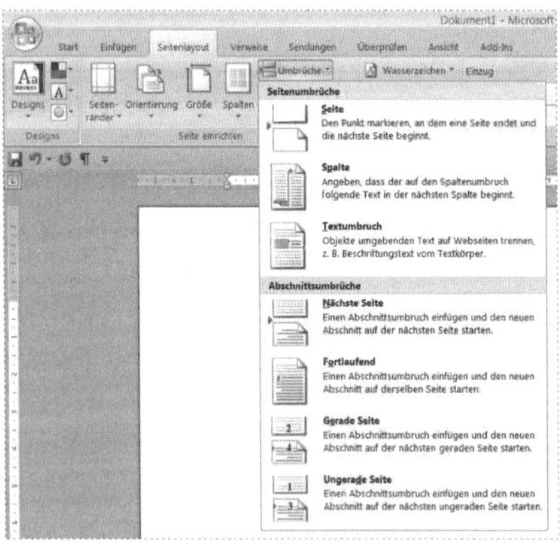

Das Einfügen eines Abschnittswechsels ist einfach. Gehen Sie zur Kategorie „Seitenlayout“ und dort auf „Umbrüche“. Es öffnet sich das nebenstehende Feld, woraus Sie – wie bei Version 2003 – den passenden Abschnittswechsel wählen können.

C. Seitenzahlen

I. Richtwerte

Die Zählung der Seiten mit **römischen Zahlen** (also II, III, IV usw.) ist vorgesehen für das Deckblatt, ggf. den Sachverhalt, die Gliederung, das Literaturverzeichnis (soweit es nicht ans Ende der Arbeit verortet wird – dann erhält es arabische Zahlen, die nicht bei der Ziffer 1 beginnen, sondern an das Vorstehende anknüpfen), ggf. das Abkürzungsverzeichnis und ggf. das Rechtsprechungsverzeichnis. Das Deckblatt wird zwar mitgezählt, eine sichtbare Seitenzahl (also eigentlich „I") erhält es gleichwohl nicht.

Im Hauptteil der Arbeit, also bei einer Hausarbeit im Gutachten oder im Textteil einer Seminararbeit, sind **arabische Zahlen** (also 1, 2, 3 usw.) zu verwenden.

II. Umsetzung mit „MS Word"

1. Version 2003

Um römische Zahlen im so genannten wissenschaftlichen Apparat neben arabischen im Hauptteil anordnen zu können, ist es – ebenso wie bei den Seitenrändern – zunächst erforderlich, zwei Abschnitte anzulegen. Damit Sie in einem Abschnitt andere Seitenzahlen einfügen können (also für Deckblatt, Sachverhalt etc. römische Zahlen und arabische für den Textteil), müssen Sie veranlassen, dass die Abschnitte in den Kopf- oder Fußzeilen „unabhängig" voneinander sind.

Das geht wie folgt: Gehen Sie mit dem Cursor in den zweiten Abschnitt (also den Textteil). Klicken Sie sodann in der Kopfzeile auf „Ansicht" und auf das Feld „Kopf- und Fußzeile". Sie sehen dann folgendes Bild:

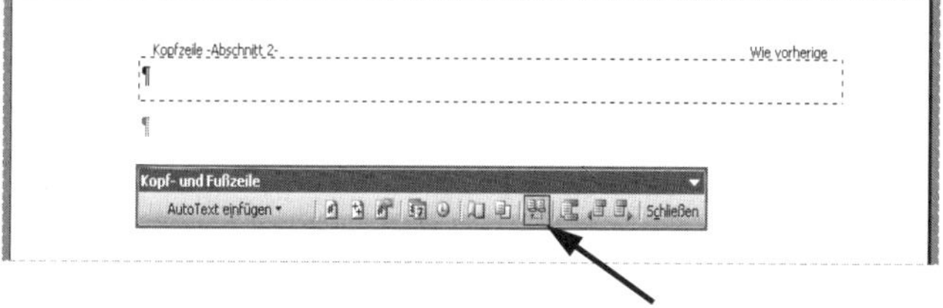

Klicken Sie dann auf folgenden Button (auf der vorigen Seite mit dem Pfeil markiert):

Damit schalten Sie das dort oben rechts sichtbare „Wie vorherige" aus (vgl. den Ausschnitt auf der vorigen Seite). Nachdem Sie den Button betätigt haben, sollte die Seite wie folgt aussehen:

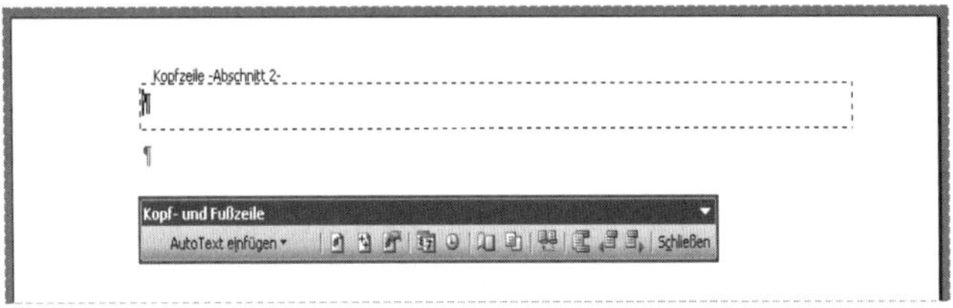

Jetzt können Sie – mit dem Cursor im betreffenden Abschnitt – die entsprechenden Seitenzahlen einstellen, ohne dass dies Auswirkungen auf das gesamte Dokument hat. Zum Erstellen der Seitenzahlen gehen Sie mit dem Cursor zuerst in den Teil mit dem Deckblatt etc. Dann klicken Sie in der Kopfzeile von „Word" auf „Einfügen" und dort auf „Seitenzahlen". Sie erhalten folgendes Fenster:

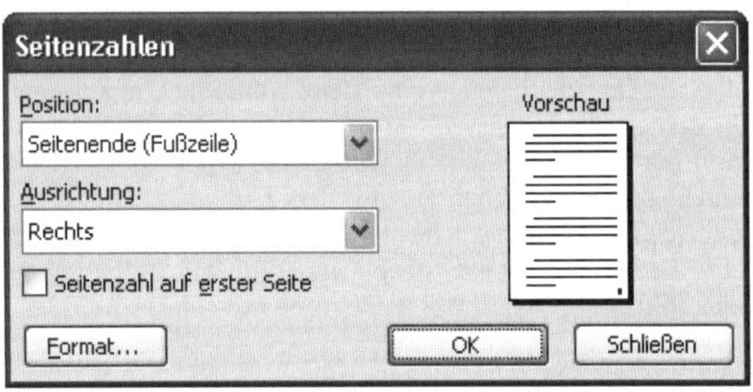

Um die Seitenzahl auf dem Deckblatt unsichtbar zu machen, müssen Sie das Häkchen im Kasten vor „Seitenzahl auf der ersten Seite" entfernen! Stellen Sie die Position und die Ausrichtung der Seitenzahlen im betreffenden Kasten ein (ich empfehle als Position: „Seitenende (Fußzeile)" und als Ausrichtung: „Rechts". Sie sollten die Seitenzahlen im gesamten Dokument einheitlich anbringen, also nicht etwa die römischen mittig und die arabischen unten links.

Die Art der Zahlen (also ob römisch oder arabisch) lässt sich einstellen, indem Sie zuerst im geöffneten Fenster auf den Button „Format“ klicken. Es erscheint folgendes Fenster:

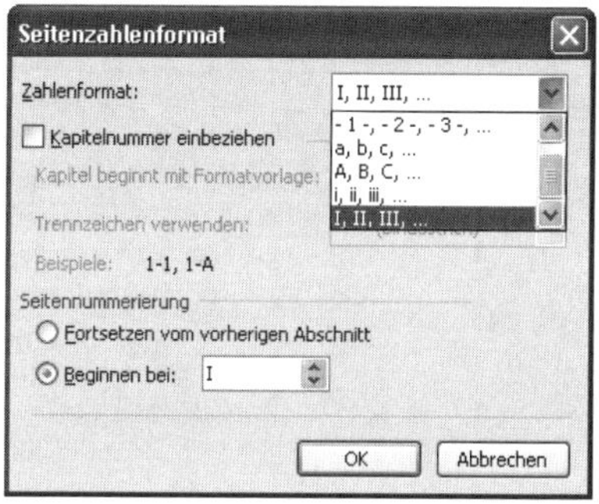

Im Feld „Zahlenformat“ sehen Sie unterschiedliche Formate, wovon Sie „I, II, III, …“ wählen. Bei der „Seitennummerierung“ können Sie das Feld „Beginnen bei: I“ einstellen. Sodann schließen Sie beide geöffneten Felder, indem Sie den Button „OK“ betätigen. Automatisch werden sodann die römischen Zahlen erstellt. Um im Hauptteil die arabischen Zahlen einzufügen, verfahren Sie in der gleichen Weise, allerdings muss das Häkchen bei „Seitenzahl auf der ersten Seite“ zu sehen sein (denn auf der ersten Seite des Hauptteils soll ja die Seitenzahl – anders als beim Deckblatt – sichtbar sein).

2. Version 2007

Zum Einfügen von Seitenzahlen muss man in Word 2007 die Kategorie „Einfügen“ betätigen. Dort gibt es das Feld „Seitenzahl“. Geht man mit dem Cursor auf das sich öffnende Feld „Seitenzahlen“, kann man sodann verschiedene Varianten wählen.

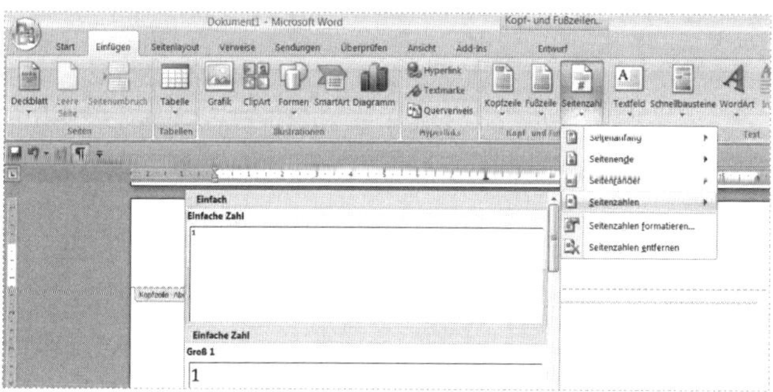

Wollen Sie arabische Seitenzahlen römischen folgen lassen, müssen Sie – wie oben bereits erklärt – einen Abschnittswechsel vornehmen.

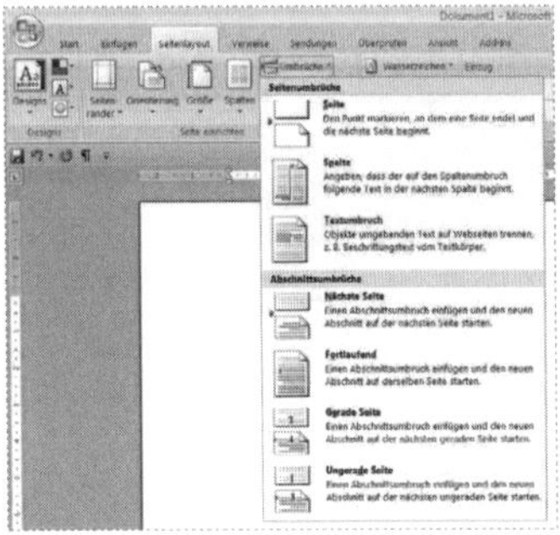

Dafür wählen Sie die Kategorie „Seitenlayout". Sie finden sodann ein Feld „Umbrüche". Betätigen Sie es, erhalten Sie verschiedene Varianten, wovon Sie innerhalb der „Abschnittsumbrüche" die Möglichkeit „Nächste Seite" wählen müssen. Und schon haben Sie einen Abschnittswechsel eingefügt.

Um den Abschnitten unterschiedliche Seitenzahlen zu geben, müssen Sie die Verbindung der Abschnitte auflösen. Dafür klicken Sie am besten auf den obersten Teil Ihrer Seite (meist ist ein Doppelklick nötig). Es müsste sich die Kopfzeile öffnen (falls nicht, finden Sie in der Kategorie „Einfügen" ein Feld „Kopfzeile").

Um die Abschnitte voneinander zu trennen, müssen Sie das Feld „Mit vorheriger verknüpfen" betätigen, d.h. deaktivieren.

Was Sie dann nicht mehr sehen, ist dieses Feld:

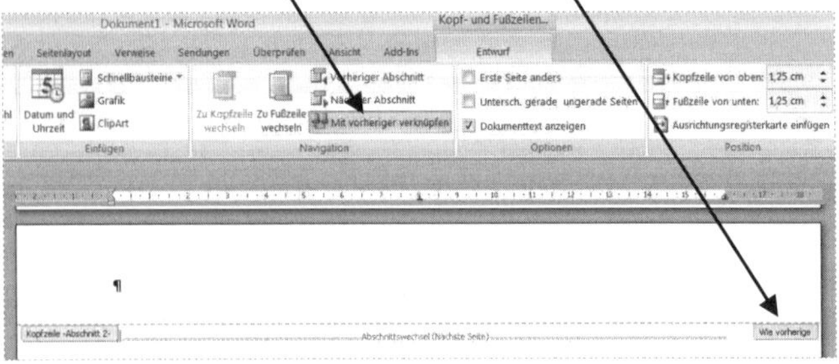

D. Textformat

I. Richtwerte

Schriftgröße 12 pt, Absatz: vor 6 pt; gängige Schriftart (z.B. Arial oder Times New Roman); normaler Zeichenabstand; Zeilenabstand mindestens 16 pt, üblich ist teilweise 1,5-zeilig; Blocksatz (**nicht** linksbündig).

II. Umsetzung mit „MS Word"

1. Version 2003

Wenn Sie ein neues Dokument öffnen, stellt „Word" eine Formatvorlage zur Verfügung, nämlich „Standard". Meistens können Sie das Feld in den Kopfzeilen finden:

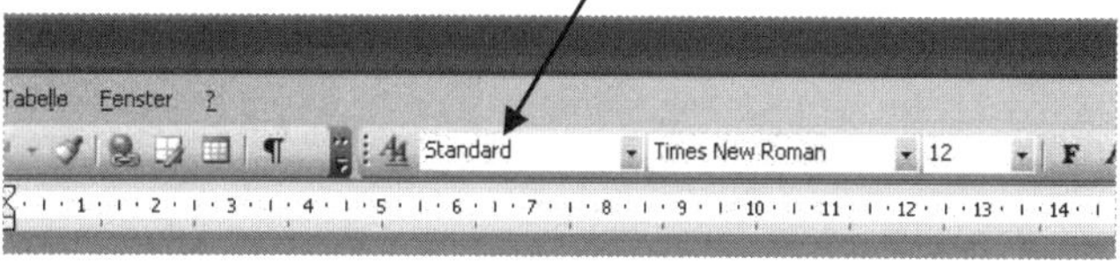

Ist dieses Feld bei Ihnen nicht vorhanden, können Sie es auf die gleiche Art und Weise in die Kopfzeilen integrieren, wie oben beim Zeichen „¶" beschrieben (→ S. 151).

Die Formatvorlage „Standard" können Sie verändern, d.h. ganz individuell Schriftgröße, Schriftart, Zeilenabstand etc. einstellen. Dafür klicken Sie zunächst in der Kopfzeile auf „Format" und dann auf „Formatvorlagen und Formatierung". Sie erhalten (dort wie hier meistens auf der rechten Bildschirmseite) folgendes Fenster:

Achtung: Änderungen der Formatvorlagen können Auswirkungen auf die Datei „Normal.dot" haben. Diese Datei ist wichtig, weil „Word" beim Erstellen neuer Dateien grundsätzlich darauf zurückgreift. Bevor Sie also Änderungen an den Formatvorlagen vornehmen, sollten Sie die Datei „Normal.dot" sichern. Um sie zu finden, gehen Sie im Menüpunkt „Extras" auf „Optionen" und sodann auf „Speicherort für Dateien". Wenn Sie einen Doppelklick auf „Benutzervorlagen" machen, wird Ihnen der Speicherpfad angezeigt. Öffnen Sie sodann mit Windows-Explorer diesen Ordner und kopieren Sie die Datei „Normal.dot." (erst Datei markieren, dann „Strg+C" über die Tastatur eingeben). Mit „Strg+V" können Sie die Datei an einem beliebigen Speicherort zur Sicherheit „parken". Beabsichtigen Sie, die Änderungen der Formatvorlagen wieder rückgängig zu machen, dann kopieren Sie die Sicherungskopie in den ursprünglichen Ordner zurück (die Nachfrage zum Ersetzen der Datei beantwortet man mit „Ja"). Die „alten" Formatvorlagen stehen dann wieder zur Verfügung.

Wenn Sie mit dem Cursor auf das obere Feld „Standard" gehen, dann darin den Pfeil betätigen, können Sie ein Feld mit der Aufschrift „Ändern ..." sehen, also folgendes Bild:

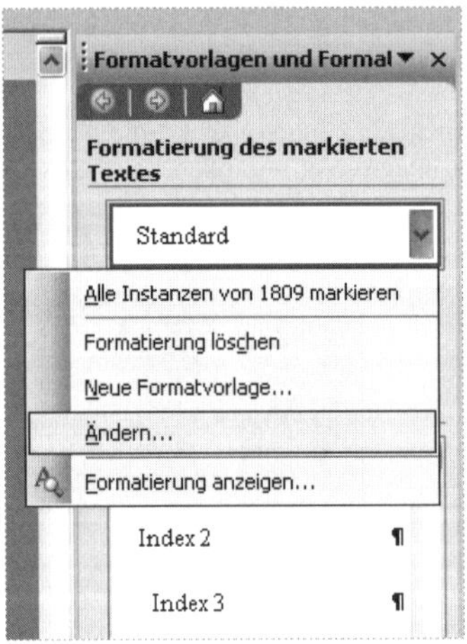

Wenn Sie mit dem Cursor darauf klicken, erhalten Sie das auf der nächsten Seite sichtbare Fenster. Nunmehr können Sie einiges einstellen, etwa ...

- die Schriftart (❶),
- die Schriftgröße (❷),
- Blocksatz (❸),
- oder den Zeilenabstand, indem Sie den Button „Format" (❹) drücken und darin auf das Feld „Absatz" klicken.

Wenn Sie die Schritte wie soeben unter Nr. ❹ beschrieben vornehmen, erhalten Sie das unten abgedruckte Fenster („Absatz"). Übernehmen Sie am besten die dort sichtbaren Einstellungen und beenden Sie den Vorgang, indem Sie in den noch geöffneten Fenstern den Button „OK" betätigen!

Sie haben die Formatvorlage „Standard" jetzt entsprechend den allgemeinen Vorgaben für Haus- und Seminararbeiten, Häusliche Arbeiten sowie Bachelor- und Masterarbeiten verändert.

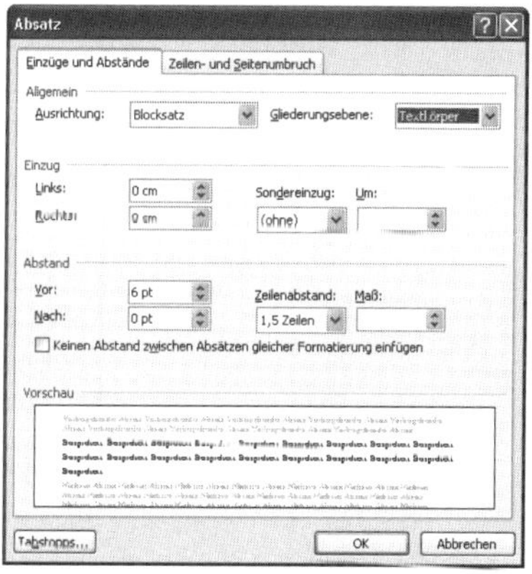

Die Einrichtung der Formatvorlage „Standard" hat einen bedeutenden Vorteil: Wenn Sie etwa Texte aus anderen Dokumenten in Ihren Haupttext hineinkopieren, dann können Sie die im Haupttext verwendeten Formateinstellungen übertragen (also Schriftart, Zeilenabstand, Absatz etc.). Zuerst markieren Sie den betreffenden Abschnitt (meist genügt es, wenn Sie mit dem Cursor in den Abschnitt gehen). Sodann gehen Sie mit der Maus auf das Kästchen, wo sonst „Standard" erscheint, öffnen die dort vorhandene Liste und suchen die Formatvorlage „Standard". Diese klicken Sie an. Fertig.

2. Version 2007

Zum Ändern der Formatvorlagen in Word 2007 wählen Sie zunächst die Kategorie „Start“. Ziemlich weit rechts befindet sich das (bunte) Feld „Formatvorlagen ändern“. Wenn Sie es betätigen und mit dem Cursor auf „Formatvorlagensatz“ gehen, wählen Sie am besten „Word 2007“ (welchen Formatvorlagensatz Sie gerade verwenden, sehen Sie an dem Häkchen).

Wollen Sie die Formatvorlage „Standard“ ändern, müssen Sie (weiterhin befinden wir uns in der Kategorie „Start“) diese Vorlage erst einmal auswählen (das ist unnötig, wenn sie links neben dem Feld „Formatvorlagen ändern“ bereits zu sehen ist (unterhalb der Buchstabenfolge „AaBbCcDdEd“). Gehen Sie mit dem Cursor auf das Feld, welches ich mit dem Pfeil markiert habe. Es öffnet sich ein Feld, das Sie unten sehen können.

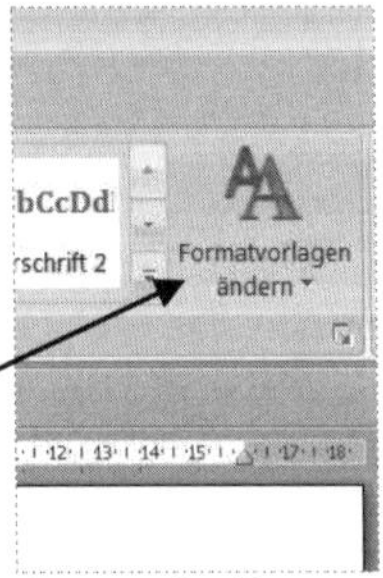

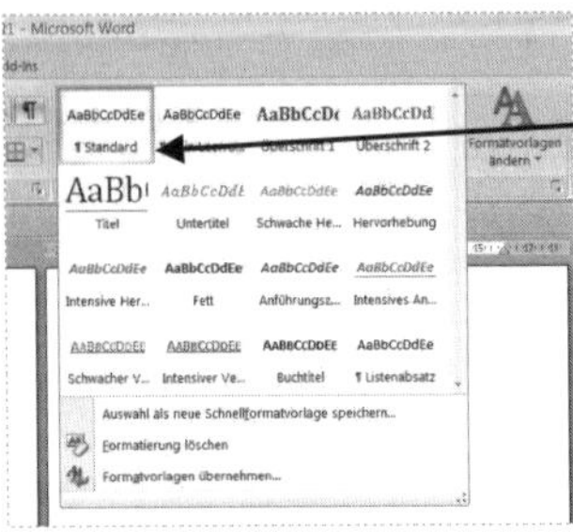

Wählen Sie daraus die Formatvorlage „Standard“!

Diese Formatvorlage erscheint sodann in der Kategorie „Start“ (siehe unten, markiert mit ❶). Wenn Sie mit dem Cursor auf dieses Feld gehen und die rechte Maustaste betätigen, können Sie das im unten abgebildeten Ausschnitt vorhandene Feld sehen.

Ein Klick auf „Ändern“ bringt Sie zu einer Benutzeroberfläche, die derjenigen aus der Version 2003 stark ähnelt (siehe dort).

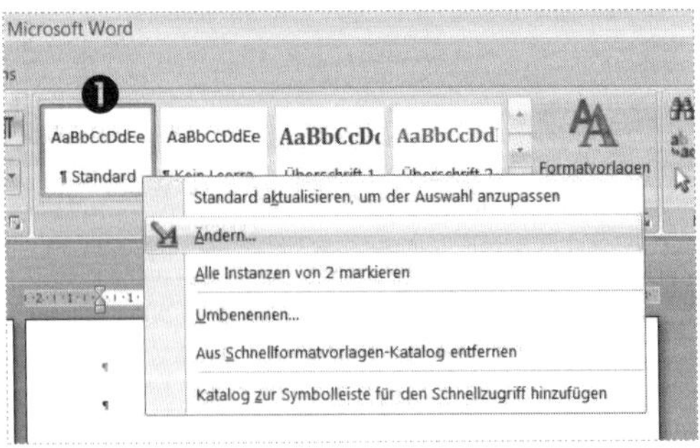

E. Überschriften (Formatvorlagen)

I. Richtwerte

Die Überschriften sollten die gleiche Schriftart haben wie der Text. Die Schriftgröße kann 14 pt betragen (wenn Text 12 pt). Zusätzlich können Sie die Hauptüberschriften **fett** setzen. Verzichten Sie auf sonstige Spielereien, wie *Kursivdruck* oder Unterstreichungen! Für den Abstand zum Text empfehle ich die Einstellungen „vor“ 18 pt oder 12 pt und „nach“ 12 pt bzw. 6 pt.

II. Umsetzung mit „MS Word“

1. Version 2003

Der Text einer Haus- oder Seminararbeit enthält in der Regel zahlreiche Überschriften. Daraus manuell eine Gliederung zu erstellen, ist mühsam und bei der Änderung des Textes einer Überschrift muss stets die Gliederung angepasst werden. Vermeiden lassen sich diese Schwierigkeiten mit der automatischen Erstellung einer Gliederung.

Damit das Programm allerdings die unterschiedlichen Ebenen der Überschriften als solche identifizieren und daraus eine Gliederung erstellen kann, müssen Sie die Überschriftenebenen „zuweisen“, und zwar mithilfe der Formatvorlagen.

Zunächst klicken Sie in der Kopfzeile auf „Format“ und darin auf „Formatvorlagen und Formatierungen“. Sie erhalten dasselbe Fenster wie beim Einrichten der Formatvorlage „Standard“ (→ S. 161).

Am unteren Ende des Fensters finden Sie das Feld „Anzeigen“. Dort wählen Sie „Alle Formatvorlagen“ (siehe ❶ in dem Feld auf der nächsten Seite). In der Mitte erscheint sodann eine lange Liste mit bereits vorhandenen Formatvorlagen. Suchen Sie die Einträge „Überschrift 1“, „Überschrift 2“ usw.! Die Formatierungen für diese Überschriften können Sie meist nicht verwenden, weil bei den Voreinstellungen die Schriftgröße, die Schriftart etc. nicht stimmen.

Die vorhandenen Überschriftenformate können Sie aber ändern. Dafür gehen Sie mit dem Cursor auf das Feld mit der Überschrift, die Sie ändern wollen. Wenn Sie auf den Pfeil, der sich auf der rechten Seite des Überschriftenfeldes befindet, klicken, erhalten Sie folgendes Fenster:

Wählen Sie aus den möglichen Varianten die Option „Ändern"! Sie erhalten das Fenster „Formatvorlage ändern" (→ S. 162) und können nun die von mir oben (S. 165) vorgeschlagenen Einstellungen vornehmen.

Wenn sie nun im Text eine Überschrift geschrieben haben, klicken Sie einfach auf die jeweilige Formatvorlage (z.B. „Überschrift 1“) und schon formatiert „Word“ Ihre Überschrift mit den Einstellungen, die Sie zuvor bei der Formatvorlage (z.B. „Überschrift 1“) vorgenommen haben. Diesen Vorgang wiederholen Sie bei allen weiteren Überschriften in Ihrem gesamten Text, je nach Gliederungsebene. Wenn Sie also „A. …“ als erste Überschriftenebene vorgesehen haben, formatieren Sie „A. …“ mit „Überschrift 1“, „I. …“ mit „Überschrift 2“, „1. …“ mit „Überschrift 3“ usw.

2. Version 2007

Zur Einstellung der von mir vorgeschlagenen Parameter müssen Sie in Word 2007 die gleichen Schritte erledigen, wie ich sie zur Änderung der Formatvorlage „Standard“ beschrieben habe (→ S. 164). Anstelle der Formatvorlage „Standard“ wählen Sie einfach die Überschrift aus, deren Format Sie einstellen möchten.

F. Automatisiertes Erstellen einer Gliederung

I. Version 2003

Gehen Sie zuerst mit dem Cursor auf die Seite, auf der Sie die Gliederung erstellen möchten. Klicken Sie dann in der Kopfzeile auf Einfügen und dort auf „Referenz“ und betätigen Sie schließlich in dem sich öffnenden Feld „Index und Verzeichnisse“.

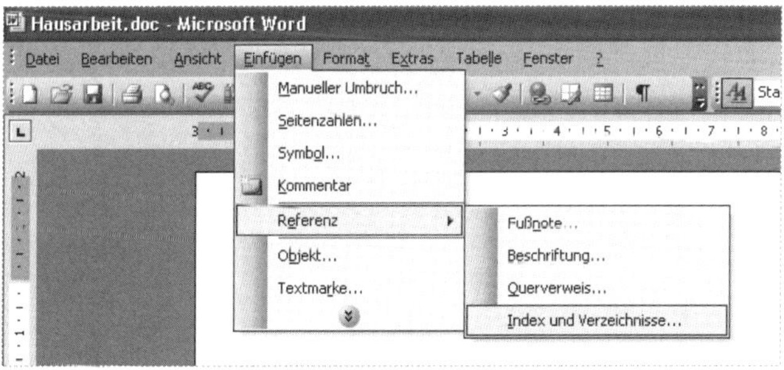

Nachdem Sie diese Option gewählt haben, klicken Sie in dem sichtbaren Fenster in der ersten Zeile auf „Inhaltsverzeichnis“. Sie sehen dann das unten folgende Fenster. Am besten Sie übernehmen die hier sichtbaren Einstellungen (bei den Ebenen wählen Sie die benötigte Anzahl).

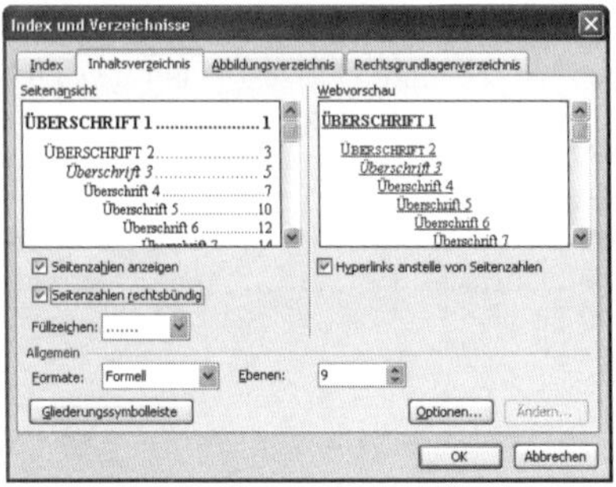

Haben Sie die Einstellungen vorgenommen, beenden Sie den Vorgang mit „OK". Und schon erstellt „Word" automatisch eine Gliederung.

Bei langen Überschriften sieht es in der Gliederung unschön aus, wenn der Überschriftentext bis an die rechtsbündig angeordnete Seitenzahl heranreicht. Um dies zu vermeiden, müssen Sie den rechten Einzug in den Formatvorlagen der Gliederung ändern. Setzen Sie dazu den Cursor in der automatisch erstellten Gliederung unmittelbar vor die Seitenzahl. Als Formatvorlage wird nun „Verzeichnis 1", „Verzeichnis 2" usw. angezeigt (je nachdem, auf welcher Gliederungsebene Sie sich befinden). Sodann folgen Sie dem Ablauf, wie ich es bei der Änderung der Formatvorlage Standard beschrieben habe (→ S. 161 ff.). Wenn Sie das Fenster „Absatz" erreicht haben (→ S. 163), geben Sie im Feld „rechts" (unterhalb von „Einzug") mindestens „1,5 cm" ein.

Ab und zu müssen Sie die Gliederung aktualisieren. Bei neueren Versionen von „Word" können Sie, wenn sich der Cursor innerhalb der Gliederung befindet, die rechte Maustaste betätigen und erhalten folgendes Fenster:

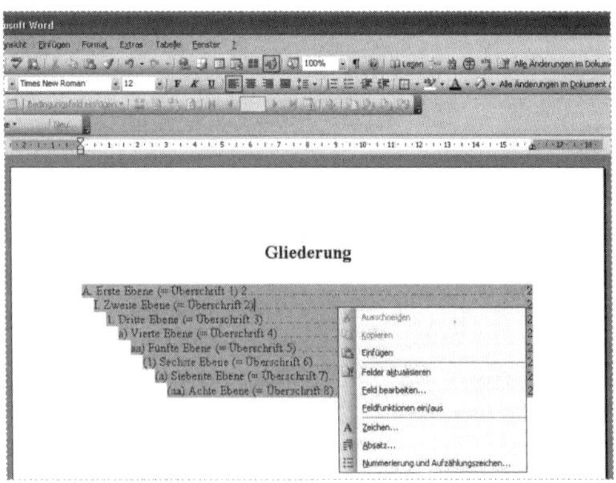

Klicken Sie auf „Felder aktualisieren„! Sie sehen dann das unten sichtbare Fenster, worin Sie einstellen: „Gesamtes Verzeichnis aktualisieren“. Beenden Sie den Vorgang mit „OK“!

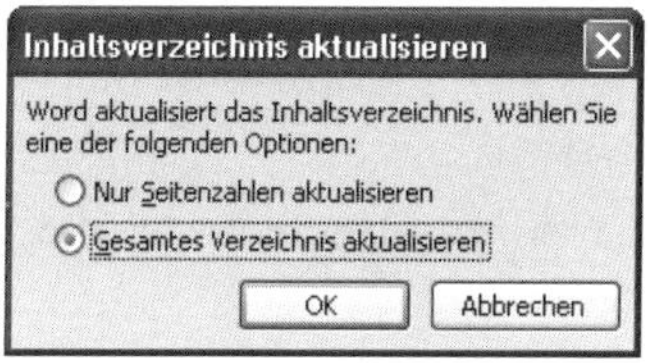

II. Version 2007

Das Erstellen einer Gliederung ist in der Version 2007 leicht. Zunächst muss man sämtliche Überschriften Formatvorlagen zuweisen (→ S. 165 ff.). Anschließend öffnen Sie die Kategorie „Verweise“ und betätigen dort das sich links befindende Feld „Inhaltsverzeichnis“. Darin wählen Sie die Variante „Inhaltsverzeichnis einfügen“. Es öffnet sich eine Plattform, die derjenigen aus der Version 2003 ähnelt (→ S. 168).

Das Aktualisieren des Inhaltsverzeichnisses geschieht, indem Sie mit dem Cursor auf das bereits vorhandene Inhaltsverzeichnis gehen und die rechte Maustaste betätigen. Es öffnet sich ein Feld, woraus Sie „Felder aktualisieren“ wählen müssen. Das sodann erscheinende Feld finden Sie am Ende der vorigen Seite dieses Buches.

G. Fußnoten, Silbentrennung und geschütztes Leerzeichen

I. Fußnoten

1. Version 2003

Zum Einfügen von Fußnoten gehen Sie wie folgt vor:

1. Schritt:

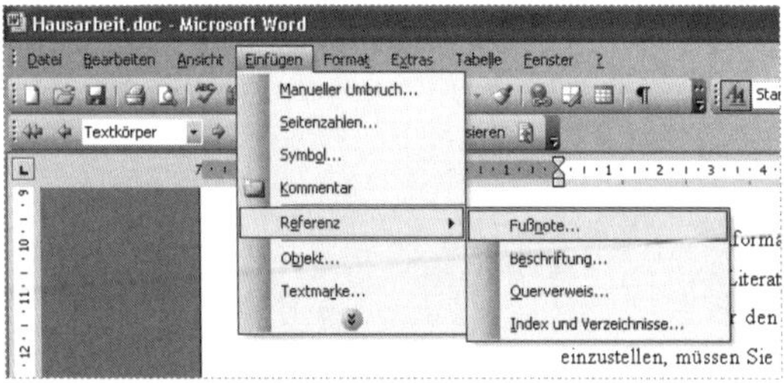

2. Schritt:

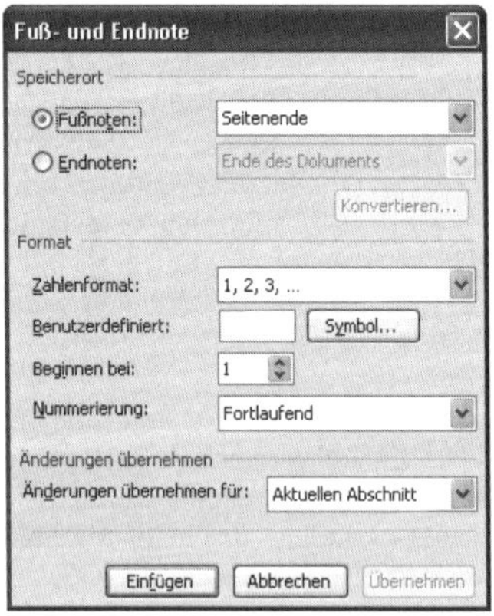

Wollen Sie die **Fußnoten** formatieren, d.h. etwa die Schriftgröße oder den Zeilenabstand verändern, dann benötigen Sie die Liste mit den Formatvorlagen (über „Format" und „Formatvorlagen und Formatierungen"). Gehen Sie dann mit dem Cursor auf eine Fußnote. Als Formatvorlage erscheint dann „Fußnotentext". Über „Ändern" gelangen Sie zum Fenster „Formatvorlage ändern". Dort können Sie alle gewünschten Einstellungen vornehmen (z.B. Schriftgröße 11 pt).

Um den Einzug „hängend“ zu gestalten, klicken Sie im Feld „Formatvorlage ändern“ auf „Format“ und dann auf „Absatz“ (wie in der folgenden Abbildung zu sehen).

Sie erhalten dann das unten abgedruckte Fenster. Die dort sichtbaren Einstellungen können Sie übernehmen. Den Vorgang beenden Sie mit Betätigung des Buttons „OK“.

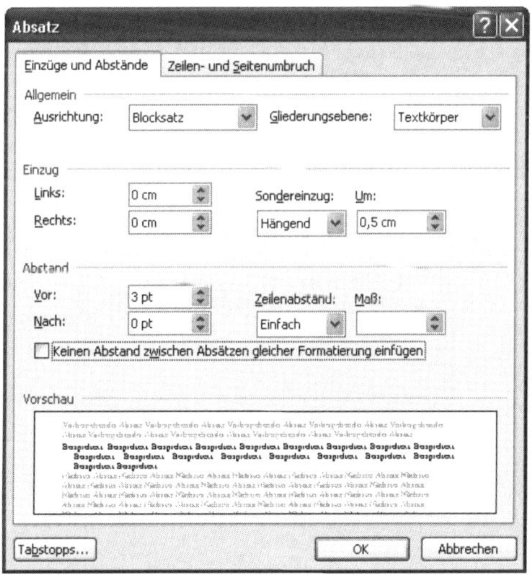

2. Version 2007

Fußnoten lassen sich über die Kategorie „Verweise“ einfügen. Dort betätigen Sie einfach das Feld „Fußnote einfügen“ und schon fügt Word im Text eine Fußnote ein.

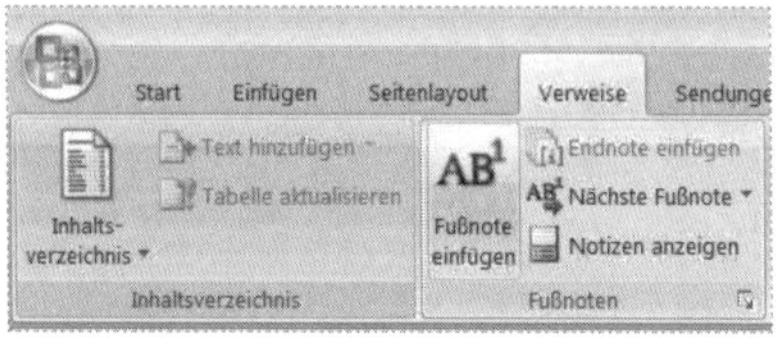

II. Automatische Silbentrennung

1. Version 2003

Die automatische Silbentrennung verbessert das Schriftbild. Außerdem nimmt sie Ihnen die manuelle Trennung von Wörtern ab. Gehen Sie wie folgt vor:

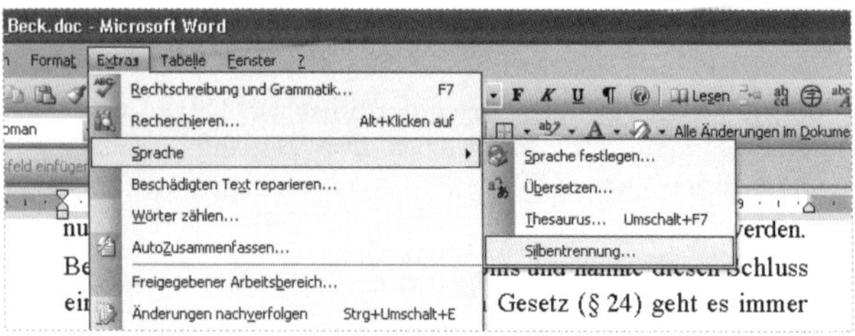

Es öffnet sich das unten abgebildete Fenster. Die dort sichtbaren Einstellungen können Sie übernehmen. Betätigen Sie dann den Button „OK“; schon trennt „Word“ alle trennbaren Wörter Ihres Textes automatisch. Sie müssen sich nie wieder darum kümmern, selbst wenn Sie noch Ergänzungen des Textes vornehmen.

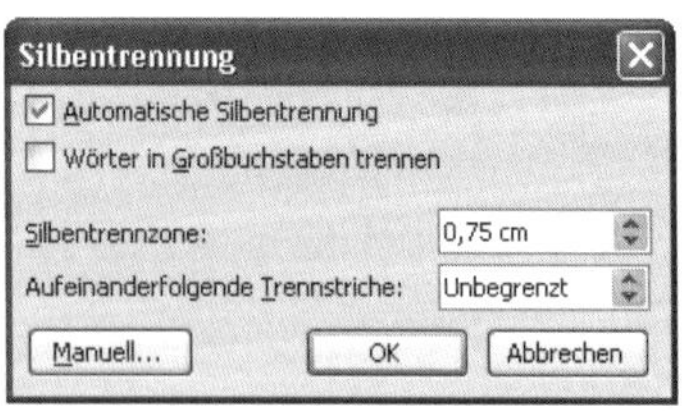

2. Version 2007

In der Kategorie „Seitenlayout" finden Sie das Feld „Silbentrennung". Wenn Sie es mit dem Cursor betätigen, öffnet sich ein Feld, worin Sie die automatische Silbentrennung aktivieren können. Das Feld „Silbentrennungsoptionen" gibt Ihnen die Möglichkeit, Feinabstimmungen vorzunehmen (dort sollte im Kasten „Wörter in Großbuchstaben trennen" kein Häkchen sein).

III. Geschütztes Leerzeichen

Das geschützte Leerzeichen verbessert (ebenso wie die automatische Silbentrennung) das Schriftbild. Was ist ein „geschütztes Leerzeichen"? Es verhindert, dass Zeichen, die durch ein Leerzeichen getrennt werden müssen, auf verschiedene Zeilen „rutschen"; das geschützte Leerzeichen „schweißt" die Teile untrennbar aneinander (zum Anwendungsbereich → S. 10).

Wie erhalten Sie dieses (unsichtbare) Zeichen? Wenn Sie etwa das Zeichen „§" getippt haben, drücken Sie unmittelbar danach (ohne zuvor die Leertaste zu betätigen) folgende Tastenkombination (gleichzeitig!): Strg+Shift+Leertaste (auch Leerschritttaste genannt). Die Leertaste ist in der Regel die längste Taste auf Ihrer Tastatur; die Taste „Strg" (auf englischen Tastaturen ist es die Taste „Ctrl") finden Sie meist zwei Mal (links und rechts) auf der Tastatur; bei der Shift-Taste handelt es sich um jene mit dem Pfeil nach oben (siehe die nebenstehende Abbildung).

Nachdem Sie die besagte Tastenkombination gedrückt haben, verändert sich das Schriftbild genauso wie bei der Einfügung eines normalen Leerzeichens. Das geschützte können Sie nur sehen, wenn Sie Ihre Formatierungen sichtbar gemacht haben (wie das geht, erkläre ich auf S. 150). Geschützte Leerzeichen erkennen Sie (bei sichtbaren Formatierungen) an folgendem Zeichen „°", das sich dann zwischen „§", „Abs." usw. und der anschließenden (oder vorausgehenden) Zahl befindet. Beispiele:

S.°122¶
Art.°5·Abs.°3·GG¶
§°242·Abs.°1·BGB¶
§°201·Abs.°2·Satz°1·Nr.°1·StGB¶

Anhang (Deck- und Titelblätter)

A. Klausur

(Informationen zum Deckblatt finden Sie auf S. 29)

Stud. iur. Mia Ländle
Universitätsstraße 10
78464 Konstanz
laendle_bw@gmx.de
07531/880

17. Mai 2010

5. Semester
Matrikelnummer: 591445

1. Klausur

Übung im Bürgerlichen Recht
bei Prof. Dr. Jens Koch

Universität Konstanz
Sommersemester 2010

B. Hausarbeit

(Informationen zum Deckblatt finden Sie auf S. 32)

Stud. iur. Adolf Todtenhaupt
Universitätsstraße 150
44801 Bochum
adolf_todtenhaupt@web.de
0234/3225246

15. September 2009

5. Semester
Matrikelnummer: 108 096 983 876

Ferienhausarbeit

Übung im Strafrecht
bei Prof. Dr. Jörg Scheinfeld

Ruhr-Universität Bochum
Wintersemester 2009/2010

C. Seminararbeit

(Informationen zum Titelblatt finden Sie auf S. 39)

Seminar:
Privatisierung von Staatseigentum

Juristische Fakultät
Universität Passau

Thema:

Die Privatisierung der Deutschen Bundesbahn im Lichte des Grundgesetzes

bei
Prof. Dr. Urs Kramer
Sommersemester 2010

vorgelegt von:

Stud. iur. Korbinian Gruber
Dr.-Hans-Kapfingerstr. 13
94032 Passau
k_gruber@t-online.de
0851/509-2373

5. Semester
Matrikelnummer: 460382

Passau, 13. Juni 2010

D. Häusliche Arbeit

(Informationen zum Titelblatt finden Sie auf S. 39)

Häusliche Arbeit
im Schwerpunktbereich 13: Zivilrechtspflege
(Internationale, insolvenz- und berufsrechtliche Bezüge)
an der Juristischen Fakultät der Universität Passau

Thema:

Rechtsbehelfe im ZVG-Verfahren

bei
Prof. Dr. Tomas Kuhn
Wintersemester 2009/2010

vorgelegt von:

Stud. iur. Korbinian Gruber
Dr.-Hans-Kapfinger-Str. 13
94032 Passau
k_gruber@t-online.de
0851/509-2373

5. Semester
Matrikelnummer: 460382

Passau, 12. September 2009

E. Bachelorarbeit

(Informationen zum Titelblatt finden Sie auf S. 41)

Bachelor-Arbeit im
Bachelor-Studiengang
Unternehmensjurist Universität Mannheim
Fakultät für Rechtswissenschaft und Volkwirtschaftslehre
Universität Mannheim

Thema:

Energierechtliche Probleme beim Netzzugang kommunaler Energieversorger

bei
Dr. Guido Morber, LL. M. (Krakau)
Wintersemester 2008/09

vorgelegt von:

Adolf Todtenhaupt
Schloss Westflügel
68131 Mannheim
adolf_todtenhaupt@web.de
0621/1811311

6. Semester
Matrikelnummer: 3060880

Bochum, 15. September 2008

F. Masterarbeit

(Informationen zum Titelblatt finden Sie auf S. 41)

Masterarbeit im
Masterstudiengang „Kriminologie und Polizeiwissenschaft"
Ruhr-Universität Bochum
Juristische Fakultät

Thema:

Kriminologische Aspekte der religiösen Beschneidung von Jungen

Betreuer:
Prof. Dr. Thomas Feltes, M.A.

vorgelegt von:

Karlheinz Grabowski
Massener Straße 33
59423 Unna
bangboombang@online.de
02303/251120
Matrikelnummer: 108 010 982 111

Unna, 15. September 2010

G. Dissertation

(Informationen zum Titelblatt finden Sie auf S. 42 ff.)

Rechtsbeugung in Kollegialgerichten

Zur Bestimmung des tatbestandsmäßigen Verhaltens

Inaugural-Dissertation
zur Erlangung des akademischen Grades eines
Doktors der Rechte durch die Juristische Fakultät
der Ruhr-Universität Bochum

vorgelegt von:

Christina Klaas

Bochum 2010

Stichwortverzeichnis